RESEARCH ON IDEOLOGICAL AND POLITICAL EDUCATION IN COLLEGES AND UNIVERSITIES UNDER THE CIRCUMSTANCE OF WE MEDIA

自媒体环境下
高校思想政治教育研究

崔欣玉 著

上海社会科学院出版社

序 Preface

人类刚刚跨入21世纪，自媒体便在科学技术的支撑与人类需求的呼唤中应运而生。作为一个新生概念，“自媒体”几乎从其诞生之日起就引起人们的广泛关注，并快速走进人们的生活、学习、工作、娱乐和社交之中。2003年，当美国人谢因·波曼(Shein Bowman)和克里斯·威理斯(Chris Willis)给“自媒体”下了明确的定义之后，人们对自媒体的认识和研究也开始逐渐走向深入。

在近20年的研究中，学界对自媒体的研究和探讨不断深化，并取得了许多可喜的成果。学者们之所以对自媒体产生浓厚的研究兴趣，一是因为自媒体对人类社会生活实现了全方位、全覆盖、全过程的参与，深刻地改变了人们的生产、生活和交往方式，而且让人们享受了前所未有的体验；二是因为自媒体对人类产生了从思维到行为、从习惯到依赖的深入且持续的影响，人们的社交方式、阅读方式、思维方式、话语方式等无一不出现适应性调整。尤其是对于当下的青年学生而言，自媒体的参与度和影响力几乎渗透到他们的全部生活。

面对这些参与和影响，新时代的思想政治教育者在对“科技改变生活”的图景表示欣慰之余，也敏锐地捕捉到可能伴随这一美好图景而来的危机与挑战，因此必须深入认识并妥善应对自媒体及其构建的自媒体环境可能带来的负面影响。

正是出于对上述问题的思考，作者从思想政治教育的视角对自媒体进行了全面审视和系统研究，以期探讨在自媒体对人类进行全过程参与和全方位影响的宏观背景下，高校思想政治教育如何在理念、内容、形式、方法、载体等方面不断发展和创新，着重从思想政治教育的各要素出发，通过对自媒体环境中教育者、教育对象、教育内容、教育方法、教育载体的变化以及变化成因进行分析，寻找顺利、高效开展高校思想政治教育工作的有效路径。与此同时，作者也对自媒体的内涵和特征进行了深入阐释，将“自媒体”与“旧媒体”“新媒体”“融媒体”“全媒体”等概念作了比较分析，构建了一个关于自媒体的全景画面。此外，作者还依托中国互联网络信息中心发布的《中国互联网络发展状况统计报告》，对当前人们常用的部分自媒体平台进行了分析，使读者通过量化的数字更加直观地感受自媒体这些年来的发展和使用状况。

作者曾经跟随我攻读思想政治教育专业的博士学位，这部著作是其在学位论文的基础上修改而成。本书的最大亮点在于，作者多角度研究了在自媒体环境中提升高校思想政治教育实效性的具体路径，如：作为高校思想政治教育者，要从情怀、担当、本领、规矩等方面入手，塑造良好的形象，提升自身的政治素养和人格魅力；要引导高校思想政治教育对象减轻对自媒体的过分依赖，提升其主体性，帮助教育对象构建虚拟与现实的统一、认知与行为的统一；通过理论的引导、形式的多样、语境的还原和话语的创新，不断优化高校思想政治教育内容；注重实现不同方式方法之间的协同与配合，打造可推广、成体系、实用性强的方法链条；让高校思想政治教育载体在实现优势互补的同时，增强融合共建，构建强大的媒介合力；等等。这些路径既具有理论深度，又具有实践价值，为我们探讨在自媒体环境中有效开展高校思想政治教育的理论研究和实践活动提供了重要依据。

在研究过程中，作者对搜集的资料进行认真研读、分类整理和深度分析，表现出刻苦、踏实的学习态度和积极、主动的钻研精神，希望作者在今后的教学科研道路上能够继续保持这种良好的学习和研究习惯，为后续的自媒体与思想政治教育研究创造出更多的优秀成果。

付　洪
2022年5月1日于南开园

目录 Contents

导　论

第一节　选题背景与研究意义

“问题的提法，便是问题的解决。”①为了在自媒体环境中更有效地开展高校思想政治教育活动，需要首先对本书选题的研究背景和研究意义进行分析，从源头上对选题进行充分、细致的梳理。

一、选题背景

作为近年来较为新颖、流行且便捷的一类信息传播平台，自媒体及其所构建的自媒体环境越来越全方位地影响阅听大众的生活方式、学习方式、工作方式、社交方式、娱乐方式甚至思维方式。作为高校思想政治教育者，对自媒体环境下高校思想政治教育展开深入研究既是我们与时俱进、顺应时代发展潮流的直接体现，更是切实提升高校思想政治教育实效性、针对性的必然要求。因此，本书选题的提出主要是基于以下三个方面的考虑。

（一）自媒体技术的到来势如破竹

“自媒体”（we media）是进入21世纪之后，基于传媒手段的不断发展、科学技术的日趋进步以及人类需求的日新月异而产生的一种依托互联网、具有个体性的媒体形式，相较传统媒体（old media）和新媒体（new media）而言，自媒体可以说正处于媒体发展的最新阶段。对于自媒体的这一发展态势，有学者指出：“自媒体变革了信息的生产方式，它以一种狂飙突进的发展姿态逐渐影响着曾经被传统媒体牢牢控制的领域，在这一过程中新媒体呈现出不同的形态，深刻改变着社会信息生产和接收方式，从新闻门户时代到搜索引擎时代，继而到社交网络时代，再到现在的移动自媒体时代。”②

---

① 侯外庐、赵纪彬、杜国庠：《中国思想通史》（第一卷），人民出版社2011年版，第320页。

② 聂智：《自媒体领域我国主流意识形态的话语权研究》，人民出版社2020年版，第58页。

早在2003年7月，美国新闻学会媒体中心就发布了谢因·波曼和克里斯·威理斯的研究报告，并第一次较为明确地对“自媒体”进行了阐释和解读：自媒体是作为这样一种途径存在的——它能够让我们更好地知晓大众在通过数字科技与全球知识体系相连之后如何分享他们的信息与新闻。① 正是得益于自媒体的产生与发展，每个阅听大众都同时成了信息生产者、信息传播者、信息接收者，而以往长期存在的“点对面”“一对多”的信息传播方式也迅速转变为“点对点”“多对多”的传播。在众多自媒体平台中，我们较为熟知的主要包括：博客、微博、微信、抖音、维基百科、BBS、Twitter、Facebook、MySpace等。

近年来，随着手机、平板电脑(Pad)等移动终端和移动互联网的广泛普及与覆盖，自媒体的使用人群无论是在范围上还是在数量上都较过去有很大程度的提升。

数据显示，“截至2021年6月，我国网民规模为10.11亿，较2020年12月新增网民2 175万，互联网普及率达71.6%，较2020年12月提升1.2个百分点。”②

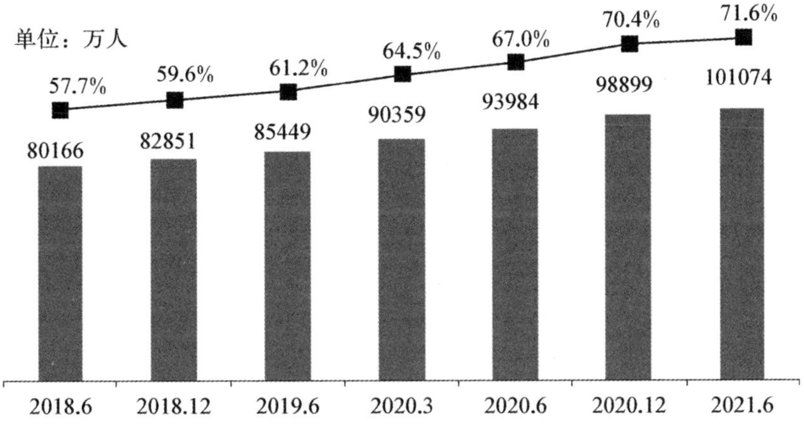

图0-1 2018年6月—2021年6月中国网民规模和互联网普及率

图片来源：中国互联网络信息中心：第48次《中国互联网络发展状况统计报告》，2021年6月。

---

① Shayne Bowman, Chris Willis, We Media: How Audiences are Shaping the Future of News and Information, The American Press Institute, 2003, p. v.

② 中国互联网络信息中心：第48次《中国互联网络发展状况统计报告》。

“截至 2021 年 6 月，我国手机网民规模为 10.07 亿，较 2020 年 12 月新增手机网民 2 092 万，网民中使用手机上网的比例为 99.6%，与 2020 年 12 月基本持平。”①通过数据不难推断，手机网民数量的提升会在很大程度上增强网民使用自媒体平台的可能性。

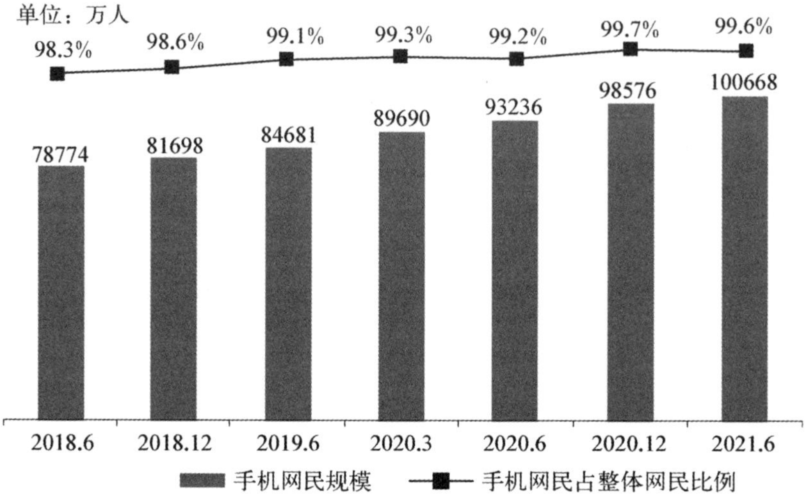

图 0－2　2018 年 6 月—2021 年 6 月中国手机网民规模及其占网民比例

图片来源：中国互联网络信息中心：第 48 次《中国互联网络发展状况统计报告》，2021 年 6 月。

除了上面提到的手机、平板电脑、移动互联网等因素加速了自媒体的到来之外，自媒体环境能够如此迅速并全方位走进人类社会生活还有赖于另一个重要因素，那就是人类分享、表达等欲望的逐渐增强。“互联网降低了沟通和交易的成本，也营造了互惠分享的网络空间。本次调查显示，2014 年，有 60.0% 的网民对于在互联网上分享行为持积极态度，其中非常愿意的占 13.0%，比较愿意的占 47.0%。借助网络空间，网民在信息和资源方面互惠分享，不仅降低了交易成本，也创造了新的价值。”②可以说，人类自身因素同样是自媒体平台飞速发展、自媒体环境得以迅速形成的重要条件。若人类本身缺乏自我表达的意愿、不肯分享个人生活，那么自媒体的发展势头也必然会受

① 中国互联网络信息中心：第 48 次《中国互联网络发展状况统计报告》。
② 中国互联网络信息中心：第 35 次《中国互联网络发展状况统计报告》。

到影响和削弱。

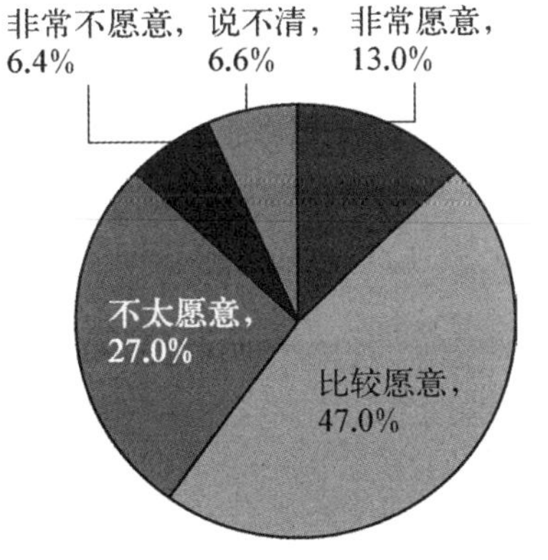

图 0－3　2014 年中国网民分享意愿

图片来源：中国互联网络信息中心：第 35 次《中国互联网络发展状况统计报告》，2014 年 12 月。

(二) 自媒体对高校思想政治教育的影响不容忽视

有学者指出："整个世界发生了某种极为广泛而又不可逆转的事——地球已经成为一个整体的星球，我们唯一的家，这个星球上的所有人都变成了一个互相沟通的整体。"①电报、电话、互联网、手机、平板电脑等技术的发展不仅突破了地理障碍，改变了人类沟通交流的方式，而且这些技术似乎逐渐成为人类生活的重要组成部分，并开始改变我们的阅读方式、思考方式和话语方式。对高校思想政治教育而言，自媒体的影响更是十分全面的，其几乎从产生伊始就给高校思想政治教育者、教育对象、教育内容、教育方法、教育载体等要素带来了不可忽视的影响。

第一，在自媒体环境中，高校思想政治教育收获新的育人平台。博客、微博、微信、QQ、抖音、B 站等不仅可以作为社交平台实现人与人之间的连接，还可以充当有效的教育平台来传播"一定的思想观念、政治观点、道德规范和法律意识"②，进而实现对思想政治教育对象的引导。根据第 35 次《中国互联网络发展状况统计报告》的数据可知，在移动互联网的推动之下，尽管社交仍然是自媒体平台的主要功能，并仍然具有较高的使用率，但最初作为社交手段出现的这些平台显现出"社交性退化，媒体功能凸显"③的趋势，即人们也开始关注这些平台在引导社会舆论、传播主流价值、进行宣传教育等方面所发挥的作用。这在一定程度上也表明，随着阅听大众对自媒体平台的全功能、全方位使用，思想政治教育者占领自媒体环境这一重要阵地，依托自媒体平台传播思想理论、价值观念、实践经验、知识体系等思想政治教育内容是势在必行的。

---

① [美] 玛格利特·米德：《代沟》，曾胡译，光明日报出版社 1988 年版，第 95—96 页。
② 刘建军：《寻找思想政治教育的独特视角》，中国人民大学出版社 2017 年版，第 120 页。
③ 中国互联网络信息中心：第 35 次《中国互联网络发展状况统计报告》。

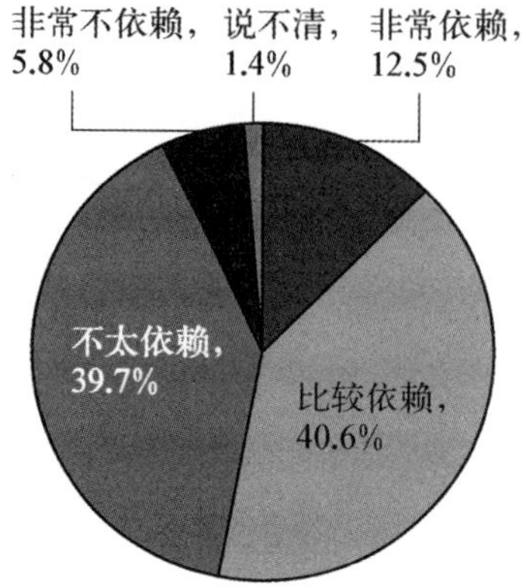

图 0－4　2014 年中国网民对互联网的依赖程度

图片来源：中国互联网络信息中心：第 35 次《中国互联网络发展状况统计报告》，2014 年 12 月。

同时，第 35 次《中国互联网络发展状况统计报告》的数据表明，“随着各类互联网应用的快速发展，互联网越来越成为网民日常工作、生活、学习中必不可少的组成部分，人们对网络的依赖程度越来越高。本次调查显示 53.1％的网民认为自身依赖互联网，其中非常依赖的占 12.5％，比较依赖的占 40.6％。”①

而且，截至 2014 年 12 月的调查数据显示，“学历程度越高的网民对互联网的依赖比例越大。小学及以下网民中有 44.9％的人比较或非常依赖互联网，大学本科及以上的网民中这一比例达到 63.9％。网民对互联网依赖的比例随学历增长而增长，说明互联网已经成为社会精英、白领阶层的工作、生活和娱乐的‘基础元素’。”②

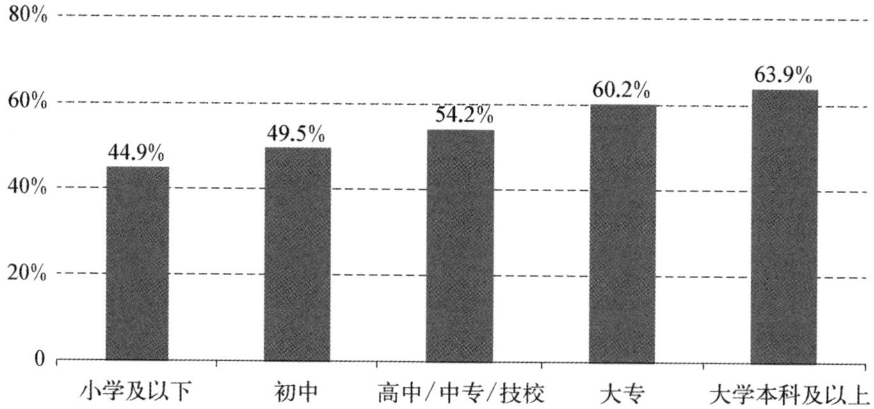

图 0－5　2014 年中国不同学历网民互联网依赖比例

图片来源：中国互联网络信息中心：第 35 次《中国互联网络发展状况统计报告》，2014 年 12 月。

①② 中国互联网络信息中心：第 35 次《中国互联网络发展状况统计报告》。

作为社会人群中学历较高的群体和推动社会发展的潜在力量，高校大学生对互联网络、对自媒体平台极高的使用黏性必须引起高校思想政治教育者的高度重视。这也意味着，高校思想政治教育者必须加强对自媒体平台育人功能的开发与探索，使之成为助力大学生成长、引导大学生成才的重要媒介。

第二，在自媒体环境中，大学生的学习方式、思维方式、社交方式、阅读方式、娱乐方式等都不可避免地受到影响。

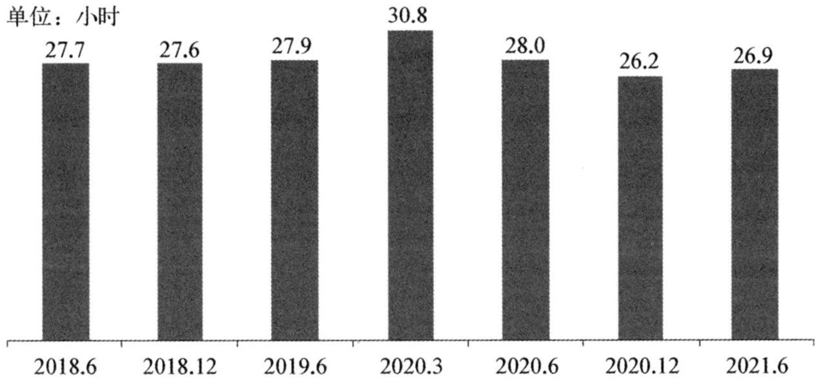

图 0－6　2018 年 6 月—2021 年 6 月中国网民人均每周上网时长

图片来源：中国互联网络信息中心：第 48 次《中国互联网络发展状况统计报告》，2021 年 6 月。

图 0－6 显示的是我国网民平均每周上网时长，即“截至 2021 年 6 月，我国网民的人均每周上网时长为 26.9 个小时，较 2020 年 12 月提升 0.7 个小时”①。但事实上，就高度依赖网络进行生活、学习、工作、社交、娱乐的大学生群体而言，其每周上网时长大概率要远远高于上面这些数值。特别是在新冠肺炎疫情的影响之下，线上教学、线上会议、线上调研等活动广泛开展，也在一定程度上不可避免地拉长了大学生的每周上网时长。

除此之外，“不同年龄段在应用使用上呈现出不同的特点。20—29 岁年龄段网民对网络音乐、网络视频、网络直播等应用的使用率在各年龄段中最高，分别达 84.1%、97.0%和 73.5%。30—39 岁年龄段网民对网络新闻类应用

① 中国互联网络信息中心：第 48 次《中国互联网络发展状况统计报告》。

的使用率最高,达83.4%。10—19岁年龄段网民对在线教育类应用的使用率最高,达48.5%。"① 这些数据表明,处于20—29岁年龄段的网民在网络应用方面展现出更为多样化、新颖化的特征,这与该年龄段的网民思维较为活跃、敢于尝试新领域、乐于追求新事物有很大关系。但网络使用领域的多样化、新颖化也势必会带来网络影响领域的多元化、复杂化。因此,我们也可以这样推断:与其他年龄段的网民相比,20—29岁年龄段网民所受到的网络影响不仅会是更加全方位的,也会是更加深入与复杂的。就本书所要研究的思想政治教育对象——大学生群体来说,他们毫无疑问也正处于这一年龄区间。

(三)自媒体环境下高校思想政治教育要不断创新发展

"思想政治工作是我们党的优良传统和政治优势,是坚持党对教育事业全面领导的具体体现,是各级党委管党治党、办学治校的重要抓手。实践证明,学校抓住了、抓好了思想政治工作,就能沿着正确方向前进;放松了、丢弃了思想政治工作,就会迷失方向。面对新形势新任务,思想政治工作只能加强不能削弱,只能前进不能停滞,只能积极作为不能被动应对。要从进行伟大斗争、建设伟大工程、推进伟大事业、实现伟大梦想的高度,腰杆硬、底气足地加强思想政治工作。"②作为肩负立德树人使命的新时代高校思想政治教育者,我们不仅有责任反思"怎样从新的角度去观察和研究思想政治教育以及怎样在实践中改进和创新思想政治教育等问题"③,更有义务在自媒体环境中构建一个高效、立体、动态的育人网络。

因此,本书将"高校思想政治教育"置于"自媒体"这一新型媒介空间进行研究,分析自媒体环境中高校思想政治教育各要素的改变,并积极、主动、深入探索提升高校思想政治教育实效性的有效路径,期望在改进和创新高校思想政治教育的道路上不断向前迈进,为高校思想政治教育的持续发展贡献力量。

---

① 中国互联网络信息中心:第48次《中国互联网络发展状况统计报告》。
② 本书编写组:《习近平总书记教育重要论述讲义》,高等教育出版社2020年版,第27页。
③ 刘建军:《寻找思想政治教育的独特视角》,中国人民大学出版社2017年版,第119页。

二、研究意义

（一）理论意义

第一，丰富思想政治教育的理论体系。探究自媒体环境下高校思想政治教育路径创新问题，是对思想政治教育基本理论的继承和发展。思想政治教育基本理论是在我国革命、建设和改革的实践中逐渐形成并不断丰富和发展起来的，可以说，与时俱进是其极为鲜明的特征。如今，自媒体环境中的人类实践活动已悄然发生改变，而对人类实践活动具有现实指导意义的思想政治教育基本理论唯有紧随新时代的新实践，唯有直面新阶段的新挑战，才能继续保持旺盛生命力并发挥巨大影响力。正是基于对上述问题的思考，本书试图从自媒体基本概念出发，对高校思想政治教育各要素在自媒体环境中的变化进行学理性说明，进而提出应对新变化的具体措施，以期为新时代思想政治教育实践提供可靠、丰富的路径选择，为思想政治教育在自媒体环境中的创新发展注入新的活力。

第二，提升思想政治教育的学科建设水平。“思想政治教育在我国革命和社会主义现代化建设中，发挥着‘生命线’和‘中心环节’的作用，积累了丰富的实践经验和理论成果。”①“思想政治教育学科以马克思主义为理论指导，以党的思想政治工作为实践基础……在新的历史条件下，本学科面临着拓展学科领域、丰富学科内涵、增强学科特色、提高学科水平的建设任务。”②相比思想政治教育的实践活动来看，思想政治教育作为一门学科的发展历史相对较短，许多深层次的理论问题仍需新时代的思想政治教育者潜心钻研、不断创新、归纳总结，思想政治教育学的学科特色仍需不断凸显。本书将“高校思想政治教育”置于自媒体这一新型媒介环境中，对高校思想政治教育各要素进行全方位的深入分析，就是希望通过在创新新举措、解决新问题、应对新挑战的过程中，一方面总结提升高校思想政治教育实效性的长效机制，另一方面不断助力思想政治教育学科的调整与发展，使思想政治教育在实践层面与理论层面都能实现新的进步。

---

① 教育部思想政治工作司：《加强和改进大学生思想政治教育重要文献选编（1978—2014）》，知识产权出版社2015年版，第333页。

② 同上书，第334页。

(二) 实践意义

第一,指导高校思想政治教育实践顺利进行。思想政治教育作为“一定社会或社会群体通过宣传教育等方式,向其成员传播一定的思想观念、政治观点、道德规范和法律意识等,使他们形成符合一定社会或社会群体所需要的价值观念或思想政治品德的社会实践活动”①,其“归属是‘社会实践活动’”②,因此,思想政治教育具有鲜明的实践性。作为人类社会的一种特殊历史现象,思想政治教育总是以不同形式存在于古今中外的各个社会历史时期,而不同阶段思想政治教育实践活动的顺利开展在很大程度上都要得益于顺应时代发展潮流的科学理论的指导。本书对自媒体环境下的高校思想政治教育进行理论研究,归根到底是希望该理论成果能够与新时代的高校思想政治教育实践活动顺利对接,进而有效指导高校思想政治教育各项活动的高质量、高成效、高效率开展。

第二,促进个人自由全面的发展。“思想政治教育从根本上讲,就是要提高人认识世界和改造世界的能力,促进人的自由而全面的发展。”③如今,大学生群体正亲身感受自媒体环境带给其在生活、学习、社交、娱乐、出行、购物、运动等各个领域的愉悦、便利和快感,毫无疑问,他们所受到的自媒体环境的影响是极为深刻和广泛的。本书的研究,旨在帮助大学生群体形成关于自媒体的准确认知,为他们厘清技术可能给人类自由全面发展带来的威胁与挑战,进而引导大学生群体恰当使用自媒体等媒介手段,自觉规避自媒体可能带来的负面影响与异化困扰。

第二节 研究现状

一、国外相关研究

在技术给人类带来的影响方面,尼尔·波兹曼(Neil Postman)在《技术垄

---

① 刘建军:《寻找思想政治教育的独特视角》,中国人民大学出版社 2017 年版,第 120 页。
② 同上书,第 122 页。
③ 同上书,第 129 页。

断》(*Technopoly*)、《娱乐至死》(*Amusing Ourselves to Death*)、《童年的消逝》(*The Disappearance of Childhood*)等著作中集中批判了新技术给教育对象带来的威胁;尼古拉斯·卡尔(Nicholas G. Carr)也在《浅薄》(*The Shallows*)一书中重点述说了网络媒介对人类思维方式的改变以及人类对此进行的适应性调整;马歇尔·麦克卢汉(Marshall McLuhan)在《理解媒介——论人的延伸》(*Understanding Media: The Extensions of Man*)中指出新的科技在一定程度上是人的延伸和发展,并提出"媒介即讯息"的著名论断。

在自媒体内涵方面,谢因·波曼和克里斯·威理斯在2003年出版研究报告《自媒体:受众如何形塑新闻和信息的未来》(We Media: How Audiences are Shaping the Future of News and Information),首次对"自媒体"进行定义并阐述了其潜在优势;丹·吉摩尔(Dan Gillmor)在2003年发表的《自媒体来临》(Here Comes We Media)与在2004年出版的《我们即媒体:民治、民享的草根新闻》(*We the Media: Grassroots Journalism by the People, for the People*),论述了自媒体对文化和教育等方面可能产生的影响;此后,保罗·莱文森(Paul Levinson)的《新新媒介》(*New New Media*),也给自媒体的研究提供了新的角度。

二、国内相关研究

(一) 在成果数量方面

首先,笔者以"自媒体"作为主题在知网中进行总体趋势的搜索,可以得出2003年至2022年相关研究成果的基本状况(图0-7[①])。

通过分析以上数据不难发现,2003年"自媒体"概念被提出后,学术界就开始对自媒体进行研究,并且从未间断。值得注意的是,我国真正开始较多地展开"自媒体"研究是在2012年之后,并在2018年达到近几年的最高值。2018年之后,"自媒体研究热"的现象似乎逐渐冷静下来并趋于相对平稳,对

① 图0-7—图0-12数据检索时间为2022年8—9月。检索时,2022年部分学术研究成果尚未收入中国知网数据库,加之现有的检索工具比较有限,因此上述表格的数据只能大致反映目前学术界对于自媒体这一新型媒介环境中思想政治教育的研究现状。

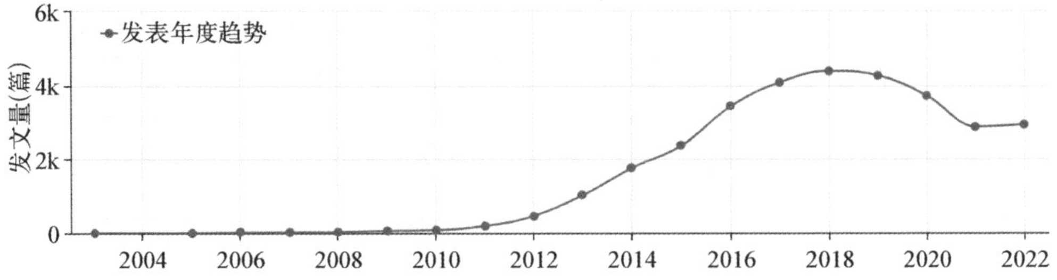

图 0-7　知网“自媒体”相关研究成果总体趋势

注：根据知网检索数据绘制。相关文献总数：29 774 篇；检索条件：主题＝自媒体或题名＝自媒体；检索范围：中文文献。

于科学研究而言，其实也并非一件坏事，因为这在一定程度上也表明该领域的研究正在逐渐走向更加深刻和成熟的状态。

其次，笔者以“思想政治教育”作为主题在知网中进行总体趋势的搜索，得出 1983 年至 2022 年相关研究成果的基本状况(图 0-8)。

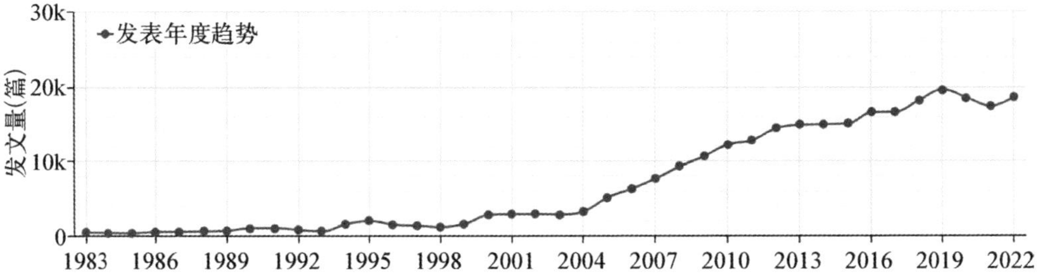

图 0-8　知网“思想政治教育”相关研究成果总体趋势

注：根据知网检索数据绘制。相关文献总数：268 380 篇；检索条件：主题＝思想政治教育或题名＝思想政治教育；检索范围：中文文献。

自 1984 年“思想政治教育”这门学科设立以来，思想政治教育领域的发展可以说是非常迅猛的。对此，有学者曾指出，“改革开放的历史是中国人民创造奇迹的历史。我国的经济发展和综合国力提升，展现的是奇迹般的速度和成果。其中，思想政治教育学科的崛起也可以说是一个不大不小的奇迹。经过短短 30 多年的努力，一个学科就建立和发展起来，这是不寻常的。不论就学科平台之大、学科点分布之广、培养层次之齐全来说，还是就学术研究规模之大、进步之快以及成果之繁富而言，都是历史罕见的。更可贵的是，这个学科目前人气正旺，意气风发，令人振奋。”①如今，“从量的方面讲，思想政治教育学科规模已经相当庞大，超过了许多相对成熟的老学科”②，关于这一点，我们从搜集到的数据就可以了解。这样的趋势一方面表明学术界对“思想政治教育”的高度重视，另一方面也表明该学科有着较大的上升和发展空间。

再次，笔者以“思想政治教育＋自媒体”“高校思想政治教育＋自媒体”作为主题在知网中进行总体趋势的搜索，得出相关研究成果的基本状况（图 0－9、图 0－10）。

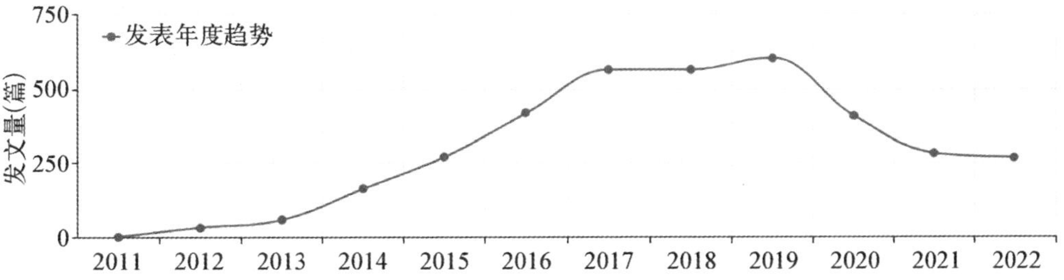

图 0－9 知网“思想政治教育＋自媒体”相关研究成果总体趋势

注：根据知网检索数据绘制。相关文献总数：3 446 篇；检索条件：主题＝思想政治教育＋自媒体或题名＝思想政治教育＋自媒体；检索范围：中文文献。

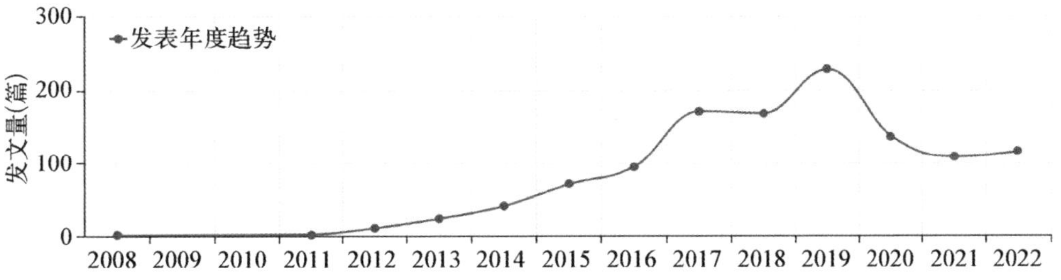

图 0－10 知网“高校思想政治教育＋自媒体”相关研究成果总体趋势

注：根据知网检索数据绘制。相关文献总数：1 100 篇；检索条件：主题＝高校思想政治教育＋自媒体或题名＝高校思想政治教育＋自媒体；检索范围：中文文献。

通过对比、分析、整理上面的数据，可以发现：与“自媒体”研究相比而言，似乎直至 2010 年前后学者们对“思想政治教育与自媒体”“高校/大学生思想

---

① 刘建军：《寻找思想政治教育的独特视角》，中国人民大学出版社 2017 年版，第 169 页。

② 同上书，第 170 页。

政治教育与自媒体”的研究才逐渐兴起并不断增加。但对比之下不难发现，当前关于“思想政治教育＋自媒体”“高校/大学生思想政治教育＋自媒体”的研究成果明显少于关于“自媒体”本身的研究。在一定程度上，这表明在“思想政治教育＋自媒体”“高校/大学生思想政治教育＋自媒体”领域中仍有很大的研究空间，同时，这也意味着深入开展“自媒体环境下高校思想政治教育研究”，对丰富思想政治教育基本理论体系、提高思想政治教育学科建设水平具有重要理论意义和现实意义。

(二) 在学科分布方面

通过在知网检索有关数据，可以看到“自媒体”相关研究的学科分布情况：

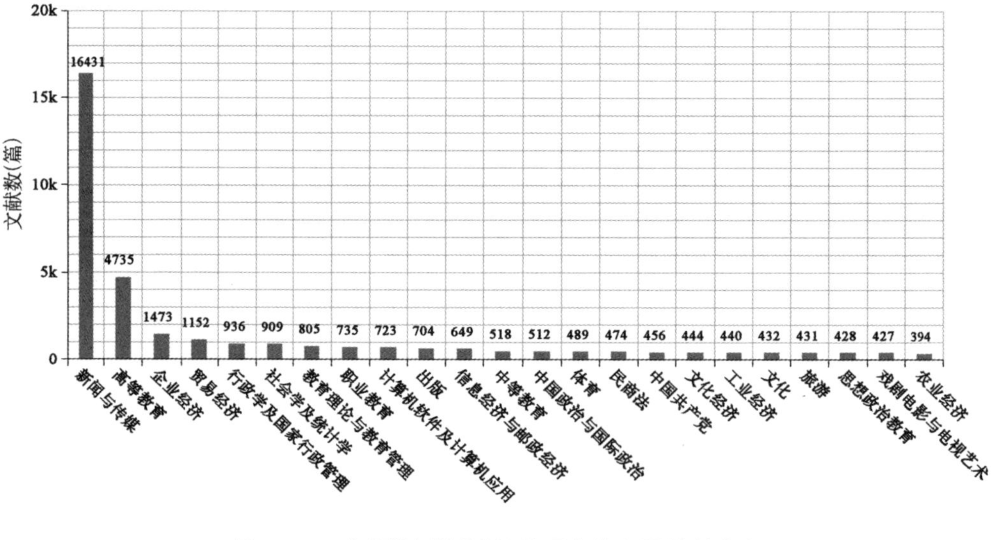

图 0－11　知网“自媒体”相关研究的主要学科分布

注：根据知网检索数据绘制。

除图 0－11 中列举的学科外，所涉及学科还包括美术、书法、雕塑与摄影，音乐、舞蹈，中国文学，初等教育等。

“思想政治教育”相关研究的学科分布情况：

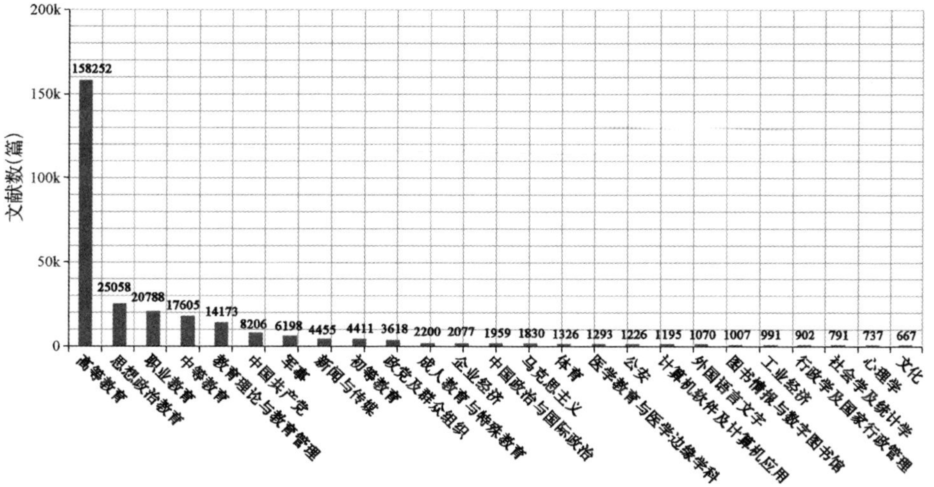

图 0-12　知网“思想政治教育”相关研究的主要学科分布

注：根据知网检索数据绘制。

除图 0-12 中列举的学科外，所涉及学科还包括人物传记、法理、法史、学前教育、中国近现代史、哲学等。

上述大量研究成果的涌现在很大程度上表明社会各个领域对“自媒体”、对“思想政治教育”的重视与关注，也表明随着国内外形势的发展变化，“自媒体”“思想政治教育”的影响范围以及发挥作用的空间日益扩大。对思想政治教育者而言，这也意味着我们要不断增强研究的敏锐性和前瞻性，及时将最新、最前沿的问题纳入研究视野；不断增强研究的广泛性和全面性，充分考察思想政治教育的影响和效果；不断增强研究的深入性和学理性，挖掘各领域问题背后的本质和规律。唯有如此，思想政治教育的实效性和针对性才能得到实质性的提升。

(三) 在研究视角方面

通过对相关研究成果进行梳理、分类与总结，笔者发现，当前学者们的研究主要涉及以下几个方面。

1. 关于自媒体内涵的研究

高金超、曹晶晶认为，“自媒体是以个人传播为主，以现代化、电子化手段，向不特定的大多数或者特定的单个人传递规范性及非规范性信息的媒介总称，目前常见的有微博、微信、QQ、客户端、博客、播客、论坛(BBS)等网络平台”[①]；武治国认为，“自媒体”的“自”“精准点明其信息发布与共享的主体性本位”[②]；孔文军、黄体锐认为，“简单来讲，自媒体就是自己的媒体，每个人都是发声者，每个人都是扬声器，可以自主地发布自己的意见和观点。具体地说，目前网络自媒体就是微博、微信、QQ空间、MSN、脸书等信息平台”[③]；王仕民、丁存霞认为，“自媒体是兼具私密性和公开性的网络信息交流平台……其中最有代表性的当属‘微信’，其广泛的应用标志着自媒体时代的来临”[④]；廖海花认为，“自媒体是当今网络传播的新模式”[⑤]。

对当前关于自媒体内涵的研究成果进行系统梳理，不难发现，学者们的研究，基本上都是以丹·吉摩尔、谢因·波曼与克里斯·威理斯对自媒体的研究为基础展开，进而结合学者本身的专业以及对自媒体的理解所作出的内涵阐释。如：有的学者从传播学视角出发，有的学者从经济学视角出发，有的学者从教育学视角出发，还有的学者从管理学视角出发，等等。但不论视角如何，在对内涵进行考察与定义的过程中，学者们基本上都达成了一个共识，即自媒体是人类科学技术发展到一定阶段的新产物，也是媒体发展的新阶段，我们正在应用的微信、微博、抖音、知乎、B站等都是自媒体平台的典型代表，自媒体及其所构建的自媒体环境全面地、充分地、有效地彰显了“自我”的声音、诉求以及个性。

2. 关于自媒体特征的研究

第一，自媒体具有便捷性。徐金超认为，“自媒体具有自主、迅捷、灵活等优势”[⑥]；姜竹青认为，“作为互联网媒体发展的高级阶段，自媒体之‘自’在于

---

① 高金超、曹晶晶：《自媒体视域下高校思想政治教育协同创新研究》，《黑龙江高教研究》2020年第11期，第122—125页。

② 武治国：《自媒体应用思想政治教育的“工具性”危机与治理》，《黑龙江高教研究》2019年第4期，第135—139页。

③ 孔文军、黄体锐：《自媒体时代高校思想政治教育方法创新研究》，《教育理论与实践》2018年第3期，第26—28页。

④ 王仕民、丁存霞：《自媒体视域下的主流意识形态认同》，《湖北社会科学》2017年第2期，第11—16页。

⑤ 廖海花：《自媒体时代大学生抵制历史虚无主义思潮路径探讨》，《思想理论教育导刊》2017年第5期，第74—77页。

⑥ 徐金超：《自媒体环境下大学生社会主义核心价值观教育探析》，《学校党建与思想教育》2022年第6期，第61—63页。

其工具载体的私有性、个人性和便携性”①；郭芸也认为，“随着网络技术的日新月异，自媒体因其众多的传播平台、较低的准入门槛、自由的开放便捷性，日益成为人们阐发观点、发表话语的大众平台”②。

总结上述研究成果，不难发现，不论对于阅听大众而言还是对于研究者而言，“便捷性”都是自媒体显而易见的特性之一，许多研究成果也都或多或少地对“便捷性”进行过不同程度的探讨和分析。正是因为自媒体这种“便捷性”的优势，个体的思想、观点、诉求以及个性才能够在较合理的成本消耗、较简易的技术操作下就得到充分释放，毫无疑问，这也是自媒体能够迅速流行并收获众多阅听大众的关键原因之一。

第二，自媒体具有去中心性。张林认为，“在自媒体诞生以前，信息资源往往由少数政治文化精英掌控，组织化、专业化、集中化的信息生产在整个信息流通过程中居于绝对的主导地位”③；闫研认为，“与传统媒体的职业性、专业性不同，自媒体并无可循的组织原则，在传播模式上表现为‘去中心’的个体化传播”④；张鑫也指出，“自媒体是将去中心化实践的最彻底的媒介”⑤。关于去中心性的具体表现，丁凯、宋林泽认为，“随着自媒体的勃兴，开启了一个话语权的‘去中心化’时代，这在一定程度上弱化了教育者对话语权全面主导的格局，随之带来的是对话语权掌控能力、掌控方法、掌控条件的变化”⑥。

对学者们的研究进行梳理与探究，我们发现，许多学者都非常敏锐地捕捉到了自媒体“去中心性”的特征，并对此展开了不同维度的分析。自媒体的“去中心性”之所以得到学者们的广泛关注，一方面是因为，自媒体及其所构建的

---

① 姜竹青：《自媒体时代下思想政治教育的话语权提升路径研究》，《黑龙江高教研究》2019 年第 4 期，第 130—134 页。

② 郭芸：《自媒体场域主流意识形态话语权的式微与重构》，《中学政治教学参考》2021 年第 12 期，第 7—11 页。

③ 张林：《自媒体空间主流意识形态话语“传播力”的提升策略》，《广西社会科学》2020 年第 12 期，第 47—52 页。

④ 闫研：《自媒体视域下高校“三全育人”工作策略研究》，《思想教育研究》2021 年第 3 期，第 140—144 页。

⑤ 张鑫：《自媒体去中心化传播分析》，《传媒》2017 年第 7 期，第 47—48 页。

⑥ 丁凯、宋林泽：《试论自媒体时代高校思想政治教育话语权的建构》，《思想理论教育导刊》2018 年第 6 期，第 134—138 页。

自媒体环境打破了传统媒介环境中信息生产者的权威性，从而使信息生产者、信息传播者、信息接收者在信息占有方面都发生了不同以往的改变；另一方面则是因为，学者们都不约而同地认为，这种信息占有方面的改变必将引发整个媒介生态环境中各个要素的调整。

第三，自媒体具有互动性。朱可嘉认为，“自媒体传播强调传受双方的互动，即信息发布者和受众之间可以通过信息反馈加强联系，进而通过受众个体与传播者的聚集，形成黏性极强的圈子”①；张丽霞也认为，“信息的有效互动是自媒体最为明显的特点之一，在自媒体平台上，只要需要，进行相应的许可性技术设置，任何读者均可以对信息内容进行浏览、评论，能够起到相应的互动作用，即时的信息反馈使得信息发布与接收迅速转换，融为一体”②。对于这种“互动性”所产生的直接效果，袁春平指出，“自媒体的自由表达和积极互动，极大满足了现代社会人们的心理需求，以前的单方面被动信息接受变为了主动参与和发布，社会个体随时可以向他人传递自己的观点和声音”③。

梳理学者们关于自媒体“互动性”特征的相关研究，我们发现，一方面，无论是学者还是阅听大众都对自媒体“互动性”的特征表现出肯定的、积极的态度，该特征的存在不仅让信息生产者、信息传播者、信息接收者在身份上实现了流动与变换，也让信息生产者、信息传播者、信息接收者在整个媒介生态中都获得了前所未有的体验；另一方面，在“互动性”特征的作用下，自媒体环境中的不同阅听大众或因此而构建了连接关系，或因此而强化了已有的连接关系。

3. 关于自媒体对高校思想政治教育影响的研究

高海燕认为，“自媒体是一种即时媒体，各种网络信息的即时发布，极大地满足大学生日常学习、生活中的各种资料的及时获取，可以实现相互间思想交流的即时展开、学习生活等某些问题的及时解决”④；梁钦认为，“思想政治教

---

① 朱可嘉：《自媒体环境下高校舆情工作路径探析》，《中国高等教育》2020 年第 11 期，第 50—51 页。

② 张丽霞：《自媒体时代高校思想政治工作的挑战与对策》，《河南社会科学》2017 年第 8 期，第 120—124 页。

③ 袁春平：《自媒体语境下教师权威的消解与重构》，《教学与管理》2017 年第 3 期，第 64—66 页。

④ 高海燕：《自媒体时代大学生思想政治教育实效性提升策略》，《继续教育研究》2017 年第 7 期，第 49—51 页。

育工作者既可以通过自媒体平台及时掌握学生思想动态变化风向，又可以在事情发展之初根据事件不同的情况以及学生认识上的不同反馈进行思想引导和舆论控制”①；袁雅莎认为，“每个学生都可以在这样一个环境里畅所欲言，表达自己真实的看法，身份的隐蔽性往往能够体现他们思想的真实性，这更有利于我们从中了解到大学生的真实想法，从而使我们的思想政治教育工作能够有的放矢，进而增强思想政治教育的实效性”②，同时，与传统高校思想政治教育相比，自媒体能够通过其“传播快捷、图文并茂和声像俱佳”③等特点吸引大学生注意力，进而有助于提高高校思想政治教育内容的生动性、感染性和影响力；高金超、曹晶晶认为，“运用自媒体进行的思想政治教育能够站在广大青年学生的立场上，运用大众化的教学语言，贴近大学生的生活，运用多样化的形式将教学内容艺术加工后再现，顺应大学生的认知特点，提高学生的接纳程度”④；郑仕鹏认为，“自媒体时代的到来极大地缓解了课堂教学的压力，有效地弥补了课堂教学手段单一的不足，使教师可以更好地结合自媒体的特点实施信息化、点对点的高效教学”⑤。对于整个高校思想政治教育过程而言，这些不仅有益于拉近思想政治教育者与思想政治教育对象之间的距离，而且有助于帮助高校思想政治教育取得良好的育人效果。

但与此同时，有学者指出了自媒体可能带来的负面影响。魏晓波认为，自媒体环境下，高校思想政治教育者的“知识和信息主动地位随着知识大爆炸、信息碎片化和裂变式传播的出现而面临严峻的挑战”⑥；岳宗德认为，“自媒体消解了因教育者与受教育者拥有的教育资源多寡不同而建立的传统主客体关系，教育者不再是当然的主体，主客体关系不再事先预设，教育者的主体性在

① 梁钦：《自媒体对“00后”大学生思想政治教育的影响及对策》，《学校党建与思想教育》2020年第8期，第94—96页。

②③ 袁雅莎：《自媒体时代高校思想政治教育的应对途径探析》，《思想理论教育导刊》2015年第11期，第125—128页。

④ 高金超、曹晶晶：《自媒体视域下高校思想政治教育协同创新研究》，《黑龙江高教研究》2020年第11期，第122—125页。

⑤ 郑仕鹏：《自媒体环境下高校思想政治理论课创新机制构建研究》，《思想理论教育导刊》2016年第4期，第110—112页。

⑥ 魏晓波：《自媒体时代高校学生社会主义核心价值观认同对策探析》，《山东社会科学》2015年第S2期，第27—28页。

减弱，受教育者的主体性却在增强”①；刘醒、张健则指出，“自媒体环境造成思想政治教育对象的弥散化状态”，“自媒体背景下的思想政治教育过程呈现非系统化”②。

也有学者从自媒体让信息更加碎片化的视角进行了分析，如辜克霞认为，如今，随着“互联网的日益普及和社会工作生活节奏的不断加快，完整、深入的阅读习惯向碎片化阅读方式转变的趋势日益明显”③；段然也认为，“自媒体的碎片化特征不仅影响着高校大学生的阅读习惯，固化了其信息读取的路径依赖，也正在不断消解和重建当代大学生的思想认同和政治认同”④。

还有学者从自媒体环境中信息的多样性视角进行了分析，如张丽霞认为，“在自媒体传播和互动的信息中，虚假消息，享乐主义、拜金主义、个人主义，以及反伦理、暴力等颠覆性观念充斥其间”⑤；任凯歌、刘世勇、陈慧也指出，自媒体环境中“信息的良莠混杂、真伪难辨、正反交错、泥沙俱下对正处在生理和心理成长期的大学生群体在思想观念、行为举止养成方面产生了消极影响”⑥。

根据上述研究成果，我们愈加肯定，自媒体及其所构建的自媒体环境给高校思想政治教育带来的影响是全面的、深入的、隐蔽的、复杂的，涉及了高校思想政治教育中的所有要素，也涵盖了高校思想政治教育的全部过程。在这些影响中，既有很多能够推动、增强高校思想政治教育实效性的方面，也不乏一些可能会阻碍、消解高校思想政治教育效果的方面。因此，作为新时代的高校思想政治教育者，我们必须对此高度重视，合理、准确分析自媒体与自媒体环

---

① 岳宗德：《论自媒体环境下主体间性大学生思想政治教育的转向》，《学校党建与思想教育》2014 年第 3 期，第 66—68 页。

② 刘醒、张健：《从“最大变量”到“最大增量”：自媒体时代高校思想政治教育的新视野》，《江苏高教》2019 年第 11 期，第 74—79 页。

③ 辜克霞：《自媒体视域下大学生政治认同探析》，《学校党建与思想教育》2019 年第 23 期，第 69—71 页。

④ 段然：《自媒体碎片化对高校思想政治教育的挑战及其应对》，《学校党建与思想教育》2018 年第 16 期，第 47—49 页。

⑤ 张丽霞：《自媒体时代高校思想政治工作的挑战与对策》，《河南社会科学》2017 年第 8 期，第 120—124 页。

⑥ 任凯歌、刘世勇、陈慧：《自媒体传播语境下大学生思想政治教育研究》，《学校党建与思想教育》2016 年第 23 期，第 72—73、84 页。

境带来的机遇与挑战，在实际中积极、主动探寻巧妙的、高效的思想政治教育路径，不断提升思想政治教育在自媒体环境中的针对性和实效性。

4. 关于自媒体环境下有效开展高校思想政治教育的研究

目前学术界对于如何在自媒体环境下更好地开展高校思想政治教育也进行了多方探索：

第一，在高校思想政治教育者方面：邝家旺、王晓飞、张荣认为，“思想政治教育工作者要不断地加强专业理论学习，掌握党的路线、方针和政策和马克思主义中国化的最新理论成果等知识，在教育学生时保证自己知识的正确性和时效性，才能做到新趋势和新潮流的引领者”①；闫研认为，“思想政治工作者应与时俱进更新观念和技能，积极主动学习自媒体相关知识，把握不同类型自媒体所对应的受众群体”②；郭一认为，“教育者要引入大数据的观念，强化数据意识，了解大学生的舆论动向和网络活动”③；邵颖也认为，高校思想政治教育者需要“在网络自媒体空间中的意见发表、经验分享、知识传播中提高身份意识，谨言慎行，紧密围绕当前我国社会的核心价值体系对社会舆论予以正向引导，守住道德底线、行业底线”④；此外，孔文军、黄体锐还指出，高校思想政治教育者要“深刻认识到自媒体给高校思想政治教育工作带来的机遇和挑战，转变思维方式，变封闭、静态的思维为开放、动态的思维”⑤。

通过对学者们的上述阐释进行总结，笔者发现，学者们对“高校思想政治教育者如何在自媒体环境中有效开展育人实践”这一问题的分析可以从两个方面进行归纳。一方面，高校思想政治教育者要保持自身的稳定性，这就意味着高校思想政治教育者的某些行为要像在传统媒介环境中一样继续保持并不

---

① 邝家旺、王晓飞、张荣：《自媒体时代高校思想政治教育模式创新研究》，《吉首大学学报（社会科学版）》2019 年第 S1 期，第 44—47 页。

② 闫研：《自媒体视域下高校“三全育人”工作策略研究》，《思想教育研究》2021 年第 3 期，第 140—144 页。

③ 郭一：《自媒体时代高校学生思想政治教育工作创新探究》，《学校党建与思想教育》2017 年第 6 期，第 63—64、70 页。

④ 邵颖：《高校教师投身网络自媒体的社会影响及其机制——基于符号资本与符号权力的视角》，《当代教育科学》2019 年第 12 期，第 13—17 页。

⑤ 孔文军、黄体锐：《自媒体时代高校思想政治教育方法创新研究》，《教育理论与实践》2018 年第 3 期，第 26—28 页。

断实现新突破。这些“稳定性”表现在：高校思想政治教育者要加强对经典理论知识的研读和学习，加强对世情、党情、国情的把握和分析，加强对思想政治教育对象的关心和关怀，加强对思想政治教育内容的丰富和创新，加强对思想政治教育方法的调整与改进；等等。另一方面，高校思想政治教育者要提升自身的能动性，这就意味着高校思想政治教育者必须与时代同步伐、与发展同频率。这些“能动性”表现在：在面对自媒体与自媒体环境的过程中，高校思想政治教育者要善于学习新事物、了解新现象、掌握新技术、探索新方法、解决新问题，要善于转换思维模式、话语模式和行为模式，让高校思想政治教育在理论上、实践上都实现新突破与新发展。

第二，在高校思想政治教育对象方面：周源源、费国强认为，高校必须“强调大学生作为传播者的道德义务。在媒介环境中，大学生不仅仅是单纯的受众，在很大程度上也是信息的制造者和传播者”①；金飞认为，高校要“着力提升学生的自觉、自律意识，增强其守法、契约精神，最为根本的是要提升他们的思想境界和文明修养”②；张端端也认为，必须有效引导大学生，使其“提高获取和鉴别信息的真实性的能力”③；王超、张红霞还认为，高校要“培养大学生的权责意识，不断提高其自我管理和约束能力，引导其自觉维护网络环境，维护国家意识形态安全”④。

综合不同学者对高校思想政治教育对象的研究可见，在教育过程中，对高校思想政治教育对象的引导和培育也是多方面的：既有思想层面、价值观层面，也有道德层面、法律层面；既要帮助高校思想政治教育对象实现个人成长，又要引导其为国家、社会贡献自己的青春能量；既要提升高校思想政治教育对象在自媒体环境中的信息甄别能力，又要强化他们的信息解读能力；等等。通

---

① 周源源、费国强：《微博视野下大学生思想政治教育对策研究》，《思想理论教育》2011年第9期，第76—79页。

② 金飞：《公共理性精神的构建：自媒体环境下大学生思想政治教育的新视野》，《思想教育研究》2013年第9期，第61—64页。

③ 张端端：《自媒体时代高校思想政治教育话语权探究》，《学校党建与思想教育》2017年第20期，第48—49、52页。

④ 王超、张红霞：《自媒体时代加强大学生意识形态教育探究》，《学校党建与思想教育》2018年第6期，第48—50页。

过梳理学者们的研究，笔者同样发现，在对高校思想政治教育对象进行教育和引导的过程中，我们同样要遵循“稳定性”与“能动性”的规律，即高校思想政治教育对象的一些核心素养、核心能力无论何时都不能被放弃、被忽视，而是需要在时代的发展中使之不断调整并丰富。

第三，在高校思想政治教育话语方面：张林认为，“自媒体改变了整个社会的话语生产模式、话语主体形式和话语权力结构”①；陈志勇认为，高校“要遵循话语转变和传播规律，及时关注学生网络舆情动态，把握好话语规则制定和话语传播的时、度、效”②；张明平也认为，“在自媒体语境下，要创新话语表达方式，变革传统的专题报告、课堂讲座、报刊宣传等‘自上而下’、高势位、大剂量的‘漫灌’式教育方式，更多地采用对话谈心、圆桌会议、交流研讨、网络座谈会等参与性、互动性强的‘心平气和’的‘滴灌’式教育方式，循循善诱”③；阮涛还指出，“自媒体带来的不仅是教育技术上的一种变革，更应该是教育理念和教育思维上的一种变革。思想政治教育必须应对信息化时代做好范式转换，这样才能跟上时代的潮流，提高话语传播的时效性和实效性”④。

在对学者们的研究成果进行分类、研读和总结的过程中，笔者发现，学者们对自媒体环境中的“话语问题”是十分关注的，且对此进行了多维度研究。在这些研究中，有的学者侧重于解读自媒体和自媒体环境所引发的话语变化这一现象，有的学者侧重于分析话语变化背后的逻辑，还有的学者侧重于阐释如何有效应对高校思想政治教育对象的话语变化这一路径，等等。这些研究既有理论解说亦有经验总结，都为本书的后续研究奠定了丰厚的基础。而本书也将沿着不同学者对于话语问题的分析，努力实现研究成果方面的创新和发展。

---

① 张林：《自媒体时代社会话语生态变迁：生成模式、主体形式与权力结构》，《理论导刊》2019年第12期，第68—72页。

② 陈志勇：《自媒体环境下高校社会主义意识形态话语体系建构》，《思想理论教育导刊》2019年第12期，第77—80页。

③ 张明平：《自媒体语境下高校主流意识形态教育的路径创新》，《中国高等教育》2017年第24期，第50—51页。

④ 阮涛：《自媒体时代思想政治教育话语的范式转换》，《中共天津市委党校学报》2018年第2期，第66—71页。

第四，在高校思想政治教育内容方面：张锅红认为，“思想政治教育者需要科学合理地规划与编制思想政治教育内容，要把深刻道理、观点讲清楚、讲透彻，帮助解决大学生的困惑和问题，进而促使大学生达成理性共识，认同思想政治教育传播的内容”①；刘利娟认为，高校要“顺应大学生对网络信息求新求变心理需求，整合资源，创新高校网站、学校官网、事务咨询平台等，重点围绕解决学生思想成长、心理健康、就业等问题，打造特色专栏，以新颖引人、丰富多彩的内容，形式活泼、乐于接受的方式，增强主流思想舆论对大学生的吸引力和影响力”②；刘洪民则认为，“只有主动占领阵地，因势利导，加强信息建设，传播导向正确、内容高尚、可信度高、具有鲜明特色和吸引力的内容，才能提高大学生的主动参与热情，提升培养效果，强化大学生对正能量信息的接受能力”③。

高校思想政治教育的内容是极其丰富的，学者们对此也展开了很多探讨，在研究的过程中纷纷从不同视角进行了阐释，如：有的学者认为要提升思想政治教育内容的解释力，把道理讲清楚、讲明白、讲深刻；有的学者认为要让思想政治教育内容与时俱进，与大学生的关注点、兴趣点以及所学专业进行有效结合；有的学者认为思想政治教育内容的传播要结合自媒体的特征、遵循信息的传播规律，让正确信息最大限度地传递到大学生群体；等等。这些研究一方面表明学者们对自媒体以及高校思想政治教育本身都是较为熟悉的，另一方面也表明学者们对于通过思想政治教育内容强化思想政治教育效果的问题是高度关注的。对此，本书将从这些研究成果中所提到的重难点出发，深度挖掘、系统阐释，以期增强高校思想政治教育内容的解释力、影响力和传播力。

第五，在高校思想政治教育方法方面：陈嘉迪、郑永扣认为，高校要“注重思想政治教育传统方法与自媒体使用相结合的原则……发挥高校思想政治理论课的课程作用，大力推进高校文明校园创建，开展丰富多彩、积极向上、特色创新的校园文化活动，同时运用自媒体平台信息的灵活传播与推广广泛开展

---

① 张锅红：《自媒体时代大学生对思想政治教育的认同研究》，《中国高等教育》2019 年第 1 期，第 42—44 页。

② 刘利娟：《自媒体语境与大学生主流价值观教育成效提升》，《中学政治教学参考》2021 年第 44 期，第 22—24 页。

③ 刘洪民：《自媒体时代大学生社会主义核心价值观培养之我见》，《学校党建与思想教育》2016 年第 4 期，第 64—65 页。

各类社会活动和实践，从而在自媒体环境下让高校思想政治教育潜移默化地融入校园文化建设当中”①；黄苏芬、司雯、穆亭钰则认为，“网络‘意见领袖’拥有极大的能量，对舆情的发展走向有很大影响”②，因此，高校要形成“意见领袖”培养机制；雷彦巧、贾鹏、张丽萍还指出，“高校要不断完善信息监管的机制，做好信息传播的‘把关人’，规范自媒体环境，为大学生创造良好有序的网络空间，保证大学生思想政治教育的健康发展”③。

对比上述研究成果，笔者发现，自媒体环境下的高校思想政治教育方法正在呈现逐渐创新的发展势头，如：有的学者认为要充分发挥思想政治理论课的引导作用，让大学生正确、客观看待自媒体与自媒体环境；有的学者认为要通过自媒体进行校园文化的建设和校园氛围的营造，让大学生在积极、健康的环境中自觉树立正确的价值导向；有的学者认为要激发“意见领袖”的作用，对大学生进行积极引导；等等。作为新时代的高校思想政治教育者，我们还要继续将方法创新持续推进，唯有如此，才能让思想政治教育真正进入大学生的内心，才能让思想政治教育发展的进程稳步向前。

第六，在高校思想政治教育载体方面：笪蕾认为，“要通过融入自媒体新理念，转变思政教育方式，加强思政工作团队培养，提高对自媒体的运用，建设本校自媒体平台”④等路径提升高校思想政治教育的工作效果；朱可嘉认为，“要发挥校园新媒体联盟的作用，形成以官微为龙头，校属各单位、各学院新媒体平台百花齐放的新媒体矩阵工作格局，充分发挥合力，实现叠加放大的传播效果”⑤；陈锦、兰涵旗认为，可以“鼓励政治坚定、业务熟练、在师生中有影响力的老师和同学开设个人公众号、个人专栏，鼓励新闻媒体、文化传播公司参

① 陈嘉迪、郑永扣：《自媒体环境下高校思想政治教育的新特征及路径优化》，《南通大学学报（社会科学版）》2021 年第 6 期，第 129—136 页。

② 黄苏芬、司雯、穆亭钰：《自媒体时代高校网络舆情管控与引导机制创新研究》，《情报科学》2021 年第 4 期，第 62—67、91 页。

③ 雷彦巧、贾鹏、张丽萍：《论自媒体环境下大学生思想政治教育方法的优化》，《学校党建与思想教育》2016 年第 15 期，第 69—70 页。

④ 笪蕾：《自媒体时代高校思政工作模式的优化》，《学校党建与思想教育》2019 年第 18 期，第 77—78 页。

⑤ 朱可嘉：《自媒体环境下高校舆情工作路径探析》，《中国高等教育》2020 年第 11 期，第 50—51 页。

与作品创作，推出精研市场传播规律的精品”①；王煜、施威还认为，“高校要主动扩展校园传播边界，打造适应自媒体传播环境的综合性、一站式媒体融合平台，在整合广播、报纸、杂志、校园网等传统校园媒介基础上，深度挖掘自媒体资源，实现多媒体统筹联动”②。

在学者们的研究成果中，对载体的关注也呈现上升趋势。一方面是因为，自媒体本身能够成为高校思想政治教育的重要载体，且其对高校思想政治教育对象生活、学习、工作、娱乐、社交的参与度与日俱增；另一方面是因为，传统高校思想政治教育中的传媒载体如果不对自媒体等新的载体形式进行融合与吸收，其影响和效果必然日渐式微。因此，本书在对高校思想政治教育载体进行分析时，也会沿着上述融合与吸收的脉络，构建高校思想政治教育的载体合力。

三、当前研究存在的问题和发展趋势

综合当前学术界关于“自媒体环境下高校思想政治教育研究”的成果可以发现，各领域学者们越来越重视自媒体对高校思想政治教育的价值和意义，并且正在从不同视角出发，积极探寻提升高校思想政治教育实效性的可行性路径。因此，上述这些成果对我们进一步深入研究具有非常重要的理论意义和现实意义。同时，在对比上述研究成果之后，我们也能发现，关于在自媒体环境中开展高校思想政治教育的研究仍需思想政治教育者不断拓展并逐渐深入。

第一，学者们关于自媒体环境下高校思想政治教育的研究尚处在不断发展和丰富的阶段，研究深度还有待进一步挖掘。与高校思想政治教育、自媒体等领域的研究成果相比，自媒体环境下高校思想政治教育的研究成果数量相对较少、主题较为宏观，而且大部分成果的学理性和解释力有待加强，同时，关于该领域的学术专著也并不是十分丰富。

第二，对深受自媒体环境影响的大学生特征的研究有待进一步挖掘。对高校思想政治教育对象的深刻、透彻、准确把握，有助于我们更好地开展高校

---

① 陈锦、兰涵旗：《自媒体时代高校党建媒介传播力提升研究》，《学校党建与思想教育》2019年第4期，第32—34页。

② 王煜、施威：《自媒体时代大学生的自我伦理危机及其消解》，《学校党建与思想教育》2018年第22期，第49—51页。

思想政治教育实践活动。毫不夸张地说,今天的大学生几乎是从出生起就被各种数字技术、数字信息所包围着,其社交方式、思考方式、学习方式、娱乐方式等无不具有数字痕迹,而他们也可以称得上是彻底的、十足的"数字原住民"。综合当前对于新一批"数字原住民"特征的研究,我们发现,这些研究成果更多倾向于对表面现象进行阐述,在成因分析方面仍有待深入。对此,本书将会结合中外研究成果,深度挖掘大学生群体在自媒体环境影响下展现的新特征以及新特征产生的原因,进而为有效解决高校思想政治教育实践中遇到的挑战找寻路径。

第三,对如何利用自媒体促进高校思想政治教育创新发展的研究有待进一步挖掘。毋庸置疑,自媒体研究具有十分重要的现实价值,当前学术界也早已认识到这一点,但在如何有效利用自媒体这一问题的研究上却显得有些笼统,且多从宏观视角展开。对此,本书将在宏观研究的基础上,试图深入挖掘微观、具体途径,以期夯实新时代高校思想政治教育的理论基础并推动其实践活动的有效、顺利开展。

总体看来,当前学术界对自媒体环境下高校思想政治教育的研究视角多元,但研究程度仍需持续加深、研究领域仍需持续拓展。在自媒体这一新型媒介环境中,加强并完善高校思想政治教育的研究,既要深入了解自媒体,又要掌握自媒体环境下大学生的新特征;既要能够从宏观层面寻找解决方案,又要能够从微观角度探究实用路径;既要注重丰富和完善思想政治教育基本理论体系,又要兼顾促进实践活动的顺利、高效开展。因此,本书将在国内外已有研究成果的基础上,积极应对新挑战、新问题,主动探求新路径、新方法,以期为新时代高校思想政治教育的发展贡献力量。

第三节 研究思路与研究方法

一、基本思路

本书内容共六部分,在综合运用文献研究法、历史分析法和比较分析法等方法的基础上，将“高校思想政治教育”置于自媒体这一新的媒介环境之中，以期为增强高校思想政治教育实效性奠定理论基础、提供实践指导。

首先是导论，主要回答的问题是“自媒体环境下高校思想政治教育的研究何以重要”以及“自媒体环境下高校思想政治教育的研究何以开展”。通过阐述本书的选题背景、研究意义、研究现状、研究思路与研究方法、重点难点创新点等内容，厘清本研究的基本脉络、搭建本研究的基本框架，在整个研究中起到总括作用。

第一章是“自媒体的形成与发展”，主要回答的问题是“自媒体何以产生发展”以及“自媒体所构建的媒介环境如何发挥作用”。本章主要涉及“自媒体环境下高校思想政治教育研究”的一些基础性问题，通过对书中谈到的相关概念进行考察，厘清“自媒体”“新媒体”“传统媒体”“融媒体”“全媒体”的区别与联系，阐释自媒体与自媒体环境的基本特征；同时，通过从历史视角分析自媒体的产生、现状和未来，阐释新的媒介环境对人类的影响必须受到关注。上述这些内容的研究，也为后续分析自媒体环境下高校思想政治教育各要素的变化奠定了重要基础。

第二章、第三章是“自媒体环境对高校思想政治教育者和教育对象的影响”“自媒体环境对高校思想政治教育内容、方法和载体的影响”，主要回答的是“自媒体环境下高校思想政治教育各要素如何变化与何以变化”。针对这一问题，第二章、第三章分别从高校思想政治教育者、教育对象、教育内容、教育方法、教育载体等角度进行探讨，并对变化背后的成因进行了细致分析，为后文关于如何深入、有效开展高校思想政治教育实践活动提供了突破口。

第四章是“自媒体环境下高校思想政治教育的路径探索”，主要回答的问题是“自媒体环境下高校思想政治教育实践如何开展”。通过对第二章、第三章进行针对性的回应，本章从高校思想政治教育者、教育对象、教育内容、教育方法、教育载体等方面入手进行挖掘和创新，旨在解决当下面对的种种问题，消解自媒体所产生的负面影响，切实提升自媒体环境中高校思想政治教育实践活动的效果。

最后是结语，主要是对全书进行的总结。通过对前文内容进行提炼与浓缩，对全书形成一个完整、全面、宏观的把握，进而构建对自媒体环境下高校思想政治教育的准确认知。

二、研究方法

正确、科学的研究方法的选用能够对研究进程起到事半功倍的效果，反之则会影响研究进程的顺利、高效开展。可以说，研究内容与研究方法也是相辅相成、相互促进的关系。正是出于对深入、高效研究的思考，本书注重多种研究方法的综合运用，以确保本书在研究过程中能够具有较强的学理性、科学性、逻辑性和严谨性。

（一）文献研究法

任何学术研究的开展，如果没有对文献资料的广泛搜集、有序整理、充分消化和彻底吸收，都是不可能顺利完成的。事实上，唯有站在前辈的肩膀上，我们才能看得更远、看得更清楚。正因如此，文献研究法也常常被作为基本研究方法来使用。在本书的研究中，笔者也十分注重对文献资料的合理使用，以期形成对研究内容的科学认知和准确把握。为此，本书搜集、积累、查阅大量国内外专著、论文、报刊、报告等资料，根据实际研究需要对其进行鉴别、判断，进而归纳、整理并形成了关于“自媒体”“高校思想政治教育”的系统研究资料，以期为深入分析自媒体环境下的高校思想政治教育搭建文献资源库。

（二）历史分析法

季羡林先生曾经说过：“看待一切问题，都要有历史眼光。”①对社会发展问题的研究与探索，需要我们具备历史的眼光和历史的思维。历史分析法是将研究对象放在一定的历史背景和环境之中，运用历史思维加以考察、分析和研究的一种方法。作为新时代的高校思想政治教育者，对自媒体的产生、现状和未来发展作出历史性思考与研究，并对此作出规律性阐释，有利于我们准确把握和有效开展高校思想政治教育实践活动。同时，思想政治教育本身就是在一定的社会历史条件之中产生的，有着独特的发展历程和发展规律，因此，

---

① 季羡林：《季羡林谈人生》，浙江人民出版社 2016 年版，第 184 页。

运用历史分析法分析高校思想政治教育现象在自媒体环境中的发展状况不仅是出于理论研究的客观需要，更是我们分析历史现象时必须遵循的客观规律。此外，运用历史分析法进行研究，还将有利于推动高校思想政治教育与时俱进、创新发展，有利于增强自媒体环境下高校思想政治教育的实效性。

（三）比较分析法

比较分析法也是本书进行深入研究的另一种重要方法。在比较中，我们更能发现问题、发现规律，也更能找出创新点与突破口。本书在掌握大量文献资料的基础上，将对近年来学术界关于自媒体研究的各种代表性观点进行系统梳理和纵向比较。这一方法的选用不仅有益于我们清晰认识和掌握关于自媒体环境中高校思想政治教育的研究现状，而且有益于我们在比较中甄别出更加实用、更加高效的路径与方法。

第四节　重点难点与创新之处

一、研究重点与难点

第一，深入分析自媒体环境下高校思想政治教育各要素的新变化、探究这些新变化产生的原因，而不是笼统宽泛地阐释，是本书的研究重点和研究难点。这一重点难点的解决事关我们能否提出正确、有效的教育对策。对此，本书将通过个人访谈、文献研究等实践与理论相结合的方法归纳总结高校思想政治教育要素产生的新变化，并尝试从经济学、传播学、心理学、教育学、神经学等视角对这些变化产生的根源进行细致剖析，进而为高校思想政治教育路径创新寻找突破口。

第二，在自媒体这一新型媒介空间探寻高校思想政治教育的新途径是本书的研究目标，也是本书的又一研究重点和研究难点。从某种意义上来讲，路径问题既是本书的研究起点，也是本书的研究终点，因为本书的研究旨在为高校思想政治教育活动的顺利开展提供理论依据和实践指导。因此，关于路径问题，本书将用较多笔墨进行研究和阐释。而我们对自媒体概念、自媒体特征、自媒体环境特征进行考察，对高校思想政治教育的教育者、教育对象、教育内容、教育方法、教育载体等要素进行分析都是为了给这一问题的解决提供理论指导和切入点，其最终落脚点都在于提升高校思想政治教育在自媒体环境中的实效性和针对性。

二、创新点

第一，从大学生社交方式、阅读方式、思维方式、话语方式等入手探讨自媒体环境下大学生群体的基本特征是本书的创新点。关于新时代大学生群体特征，不少学者都从自己的视角进行了论述，并发表了诸多研究成果。可以说，自互联网产生以来关于大学生群体特征的讨论就从未停止过，但这些研究主要从大学生热衷追求新事物、价值观易受到影响、海量信息鱼龙混杂等角度进行阐释，或者对某一高校大学生进行量化分析得出该高校大学生的基本特征。基于以往的研究成果，本书将更加侧重微观、深入的分析，即主要从社交方式、阅读方式、思维方式、话语方式等入手解读自媒体以及自媒体环境给大学生群体带来的心理、生理等变化，为高校更加具体、高效、有针对性地开展思想政治教育实践活动提供理论依据和实用建议。

第二，从高校思想政治教育对象思维方式的培育视角进行分析是本书的另一个创新点。以往关于如何在自媒体环境中开展高校思想政治教育的研究，习惯于将视角投向内容、方法、载体等方面，鲜有关于思维方式的探讨。本书以现有研究成果为基础，试图突破这一研究定式，从高校思想政治教育对象的思维方式塑造入手进行探究，即厘清在自媒体环境中哪些思维方式是需要进行转变和调整的，哪些思维方式是需要规避的，哪些思维方式是需要创新的，力求对处于自媒体媒介空间中的高校思想政治教育活动进行一种新的探索，从而为有效开展高校思想政治教育实践活动提供助力。

第一章

自媒体的形成与发展

人类依托互联网技术与移动通信技术的结合所创造出的诸多新事物不断刷新和丰富着人类对世界的既有认知，这不仅使我们能够更自由、更迅捷、更高效、更立体、更全面地认识世界、改造世界、认识自己、发展自己，也让人类因此获得了前所未有的身心体验。伴随这些新事物一同到来的除了新体验之外，还有许多琳琅满目，甚至让人有些眼花缭乱的新名词、新概念、新称谓（如旧媒体、新媒体、融媒体、全媒体、互联网＋、Web2.0、自媒体、新媒介、新新媒介、博客、播客、掘客、微博、微信、抖音、知乎、B站，等等）以及人类的新机遇、新挑战、新行为。如今，因新事物的层出不穷而提出一个新名词似乎已经成为一件极为简单、容易并且常见的事情，而这些新名词、新概念、新称谓也逐渐开始在传播学、教育学、社会学、心理学、政治学等不同研究领域的研究成果中被广泛传播并使用，且日趋成为解释人类社会生活中新问题和新现象的一种不可或缺的存在。

尽管以新词名新物是人类厘清不同事物的重要方式，是出于人类精准认知世界的客观需要，但面对诸多新名词、新概念、新称谓的时候，我们还是不禁想要提出疑问：人们是否真正知晓这些层出不穷的新名词、新概念、新称谓之间的彼此关联？承载它们的新事物究竟为何？这一新事物是如何形成并发展的？具有何种特征？它们分别满足了人类的何种需要？会对人类产生何种影响？这些新事物的未来又会如何？等等。

正是基于上述萦绕于人们头脑中的种种疑问，在进一步研究自媒体环境下的高校思想政治教育之前，我们将首先从这些新名词、新概念、新称谓入手，厘清其基本内涵、主要特征、主要类别、形成发展过程以及其形成之后所构建的环境所具有的主要特征，等等。事实上，阐明概念、特征、原因等基本问题，不仅是自媒体环境下高校思想政治教育研究的基本前提，也是深入挖掘如何提升高校思想政治教育实效性的重要基础。

第一节　自媒体的含义与特征

科学技术的推动和影响，使人类经历了口语文化、手稿文化、印刷文化、电子文化的发展历程①，在不同的文化发展阶段，人类使用不同的技术认识世界、改造世界、认识自己、发展自己，改变自己与自然、与人类、与社会、与自我的关系。无论是甲骨、竹简、结绳还是纸张、毛笔、钢笔、电脑、手机，它们在各自记录历史的同时也在共同推动整个时代向前发展，因此，它们也是人类历史发展长河中不可或缺的存在。

“从人类社会信息传播的历史上看，任何一种新的传播媒介出现都会引发社会信息传播巨大的变化。”②作为电子文化的新产物，自媒体从一出场便受到各界瞩目和广泛应用，其普及速度之快、使用范围之广着实让人震惊。如今，自媒体已凭借其独特优势迅速渗透至包括经济、政治、文化、教育、医疗、娱乐等在内的人类社会生活的各个领域，并开始发挥巨大影响力。对于有责任给大学生提供正确认识世界、改造世界方法的高校思想政治教育者而言，厘清自媒体基本内涵、阐明自媒体主要特征、区分自媒体主要平台等有关自媒体的基本概况，是在自媒体环境下有效开展高校思想政治教育的重要任务之一。

一、概念考察

“自媒体”是人们在生活、学习、工作中常用的一个概念，是人们在社会交往中最常依赖的一种媒体平台。人们根据自身对“自媒体”的理解与认知来区分丰富多样的媒体类型，通过自身对自媒体平台的参与和使用来表征自己的时代性。在这一过程中，我们逐渐发现自己对自媒体工具的依赖程度日益加

---

① 口语文化、手稿文化、印刷文化、电子文化是传播学媒介环境学派的美国学者沃尔特·翁(Walter J. Ong)在其《口语文化与书面文化：语词的技术化》(*Orality and Literacy: The Technologizing of the Word*)一书中对文化史分期的细化。

② 陈宪奎、陈泽龙：《从大众传播到自媒体》，中国社会科学出版社2019年版，第2页。

深，因为不论何时何地，不论我们在从事何种实践活动，自媒体似乎都与我们形影不离。对于新时代的大学生来说，每天打开微信接收信息、发送信息，每天登录微博了解最近热搜、社会新闻，或每天浏览其他自媒体平台，似乎早已成为日常活动。也正因如此，不少人都理所当然地以为他们对自媒体的相关概念、诞生历史、社会作用等了如指掌。

但对新事物的正确认识以及科学研究的顺利开展并不是仅仅依托人类单纯的感性认知和娴熟操作就能完成的，这样的认知结论往往会带有主观偏见并略显浅薄。众所周知，自媒体不是从来就有的，它的出现既是对人类需求多样化的一种满足，亦是对人类科技进步的一种证明，因此，从与其有密切关联的“旧媒体”“新媒体”“融媒体”“全媒体”等概念入手进行分析，不仅有利于我们深刻把握“自媒体”的基本内涵，而且有利于我们从更为宏观的视角掌握时移世易过程中人类媒体技术的演进与发展。

（一）旧媒体

“旧媒体”又被称为“传统媒体”，人们所熟知的电报、报纸、杂志、广播、电视等媒体形式都属于这一范畴。在计算机和互联网诞生之前的漫长岁月里，传统媒体的广泛使用极大地增强了我们对自然、对社会、对人类的诸多认知。也正是传统媒体，帮助我们打开了最初的不需要跋山涉水也能观世界、知天下的大门。

在传统媒体诞生之前，人类获取新信息的路径可以说是比较有限的，如：朋友之间往来的书信，左邻右舍之间的聊天，偶遇的陌生人之间的短暂交流，外出旅游见到的新鲜事物以及学生在学校接受的教育，等等。在上述这些路径中，除通过学校教育所获取的信息之外，其余信息往往呈现出一个共性，即在空间覆盖范围上较为狭窄，在数量上也较为有限。

这并不是说远距离传输大量信息不具备实现的条件，只不过远距离传输往往需要花费相当长的时间，可能会导致传递的信息时效性不强，与此同时，还可能会伴随着大量人力、物力、财力的耗费。例如，雅典“飞毛腿”斐迪庇第斯奔跑着将祖国在希波战争中取得胜利的消息传给同胞后因劳累过度而死去的故事。除此之外，大量信息的远距离传播还存在着真实性、准确性、时效性被破坏等问题。

正因如此，在很长一段时间里，绝大多数人并不准确地知晓生活在地球对面的同类过着什么样的生活，讲着什么样的语言，有着什么样的文化，吃着什么样的饮食，穿着什么样的服饰，至于发生什么样的新闻就更是不能得知了。对此，尼尔·波兹曼曾有过一段论述，大致可以说明在传统媒体产生之前人类大部分信息的传播速度问题，他说："到 19 世纪中叶，美国的边境线已经延伸到了太平洋，始于 19 世纪 30 年代的基本铁路系统使得人和货物可以在全国范围流动。但是直到 40 年代，信息的传播还是无法超过信息传播者行进的速度，准确地说，无法超过火车的速度，更准确一点儿说，只能达到每小时 35 英里的速度。由于这种局限，美国作为一个国家的发展受到了限制。到 19 世纪 40 年代左，美国仍然只是由不同地区组成的一盘散沙，各个地区有自己不同的对话方式和利害冲突，要想实现全美洲统一的对话还只是一个梦想。"①由此我们也可以判断，正是这种大量信息还不能及时、高效、准确地在世界范围内互通有无的状况，使得不同民族、不同国家、不同地区之间的人们还没有被紧密地联结在一起，而世界逐渐变得平坦②也还是新千年的事情。

可以说，传统媒体一经出现就给人类生活带来了诸多实质性的改变，它将人类的认知能力和实践能力都提升到一个前所未有的水平。传统媒体极大地突破了以往书信、闲谈等路径的限制，消解了人类因为"空间"而产生的信息传递困难等问题。从一定意义上讲，传统媒体实现了人类想要更多更好地知晓地球另一端正在发生的故事的愿望，也让这种愿望在较短时间内就得到了满足。尽管这种满足还不是实时的，但与过去相比，它也极大地缩短了信息传递所需要的时间。此外，在传统媒体的推动下，世界各地的人们正在逐渐连接到一起，人类"征服空间"的欲望正在逐步得到满足。

在传统媒体的众多形式中，电报是较早产生的一种，也是最早将电应用于信息通信的媒介平台。尽管媒体文化研究者尼尔·波兹曼认为电报是使人类对信息的占有走向娱乐化、零散化的始作俑者，并一针见血地在其著作《娱乐

---

① [美] 尼尔·波兹曼：《娱乐至死》，章艳译，中信出版社 2015 年版，第 79—80 页。

② 美国经济学家托马斯·弗里德曼（Thomas L. Friedman）撰写了《世界是平的》（*The World is Flat*）一书，书中分析的是 21 世纪初期全球化的过程。

至死》中指出,“电报对印刷术统治下的话语定义进行了三路进攻,遭到攻击后的话语内容无聊、无表现力、形式散乱。之所以会这样,是因为电报使脱离语境的信息合法化,也就是说,信息的价值不再取决于其在社会和政治对策和行动中所起的作用,而是取决于它是否新奇有趣。电报把信息变成了一种商品,一种可以置用处或意义于不顾而进行买卖的东西”①,但他也还是不得不承认,19 世纪 40 年代左右塞缪尔 · 莫尔斯发明的这种媒体形式在某种程度上“一次性解决了空间的问题……他的电报消除了洲际界限,消灭了地区概念,把整个美国纳入了同一个信息网络,从而使统一美国话语成为可能”②。可见,电报的产生和广泛应用,改变了人们对“时空”的理解,消除了不同民族、不同国家、不同地区之间的阻隔,在电报影响下相同话语机制的构建也有效推动了不同民族、不同国家和不同地区的凝聚与发展。

无疑,传统媒体在人类历史发展的进程中承担了相当重要的任务,也发挥了非常重要的作用。可以说,不论在哪一时期、哪一国家,电报、电视、报纸等传统媒体形式在依照其自身机制发展运行的过程中,都肩负着大致相同的历史使命,那就是传播主流意识形态和主流价值观念,对非主流化的话语、观念进行把关、筛选和过滤;而且这种信息传递模式主要依据从上而下的单向顺序进行。在漫长的人类历史进程中,传统媒体构建了独具特色的媒介生态环境,在这一媒介环境中,人类认识世界的能力和改造世界的能力不断发展,世界也在不断变化。然而,通过纵向研究,我们还是发现,传统媒介环境中相对简单的信息流动顺序、有限的信息生产渠道,还是不可避免地造成了信息流动的不平衡状态。

(二) 新媒体

有学者说,人类文化进入印刷文明之后,传播领域里的神话就不断被创造。这似乎不无道理。伴随计算机和互联网的诞生而出现的“新媒体”就是传播领域中一项具有里程碑意义的发明,它进一步满足了人类的认知欲望和探

① [美] 尼尔 · 波兹曼:《娱乐至死》,章艳译,中信出版社 2015 年版,第 81 页。
② 同上书,第 80 页。

索心理。

"新媒体"这一概念最早产生于20世纪60年代,1967年美国哥伦比亚广播公司(CBS)技术研究所所长P. 戈尔德马克(P. Goldmark)在一份报告中首次使用"新媒体"这一概念。随后,"新媒体"才开始被广泛应用于传播、教育、经济、政治、社会等诸多学术研究领域。关于新媒体的"新",我们可从两个维度来认知:一方面,产生的时间较新,新媒体产生于电报、报纸、广播、电视等传统媒体之后,是在传统媒体的基础上形成并发展起来的;另一方面,应用的技术较新,新媒体在一定程度上极大地超越了传统媒体,它是"建立在数字技术基础上,通过计算机网络、无线通信网、卫星等介质,利用计算机、手机、数字电视机等终端,为人们提供信息和服务的传播形态"①。

这里需要注意的是,尽管新媒体是一种"集中了数字化、多媒体和网络化等最新技术"②的全新媒体形态,但我们必须充分认识到,"新"与"旧"、"传统"与"现代"都是相对应而存在的,"新媒体"的"新"只是一个相对而非绝对的描述,仅仅是相对于电报、报纸、广播、电视等而言,网络媒体等才能被称为"新媒体"。正如马克思在谈及新旧社会形态的关系时曾指出的那样,"无论哪一个社会形态,在它所能容纳的全部生产力发挥出来以前,是决不会灭亡的;而新的更高的生产关系,在它的物质存在条件在旧社会的胎胞里成熟以前,是决不会出现的"③。在《〈黑格尔法哲学批判〉导言》中,马克思继续指出,"理论在一个国家实现的程度,总是取决于理论满足这个国家的需要的程度"④,"彻底的革命只能是彻底需要的革命"⑤。事实上,新旧媒体形式之间也有这样类似的关系,即无论哪一种媒体形式,在它还能够满足人类全部需求的时候,是决不会退出主导地位和历史舞台的;而新的更先进的媒体形式,在人类尚未提出更高的需求之前,也是决不会出现的。但与灭亡的旧的社会形态不同,旧的媒体形式只是逐渐让出主导位置、走出历史舞台的核心,并不会彻底消亡。虽然当

① 王学俭、刘强:《新媒体与高校思想政治教育》,人民出版社2012年版,第13页。

② 邓新民:《自媒体:新媒体发展的最新阶段及其特点》,《探索》2006年第2期,第134—138页。

③《马克思恩格斯文集》(第二卷),人民出版社2009年版,第592页。

④⑤《马克思恩格斯选集》(第一卷),人民出版社2012年版,第11页。

下移动通信技术、互联网技术对人类的影响逐渐赢得绝对优势，但报纸、广播、电视等传统媒体形式依然存在，依然有信息接收对象，而这些传统媒体本身也依然在持续创新发展。在技术发展的过程中，旧媒体或是按照以往运行模式向世界传播信息，或是与新媒体融合共同为人类社会生活提供服务。

作为网络技术和数字技术相结合的产物，“新媒体”的出现给人类带来了巨大变化。如今，人类的沟通方式、生活方式、工作方式、学习方式、娱乐方式甚至思维方式在新媒体的影响下都已开始发生进化性适应和适应性调整。对于如何评判这些影响与变化，阅听大众则是众说纷纭，见仁见智。事实上，面对这些关于“新媒体”褒贬不一的看法，我们大可不必感到过分惊奇，因为从历史的发展进程来看，“每出现一种新的沟通方式，都会引发一场技术如何影响社会的争论，这样的场景已经存在了几百年”①。况且尽管存在争议，历史的车轮依然快速前进，更新的媒体形式还会不断产生，更新的争论可能还会继续出现。作为新时代的思想政治教育者，我们需要做的，就是要准确把握这些媒体之间的关系以及新的媒体技术的作用与特征，在使这些媒体形式充分发挥正面作用的同时，有效规避其负面效应的出现。

（三）自媒体

“自媒体”是人类进入 21 世纪后才出现的新事物，既是新媒体技术不断更新的产物，也是“新媒体发展的最新阶段”②。

在对“自媒体”概念进行辨析之前，我们必须要提到《圣何塞信使报》的记者丹·吉摩尔，因为正是他“先后在 2002—2003 年对自媒体现象进行了比较全面的论述，对网络论坛、社交网络、博客等网络新媒介的特点进行了比较分析”③，我们才逐渐有了更多对自媒体的探索。事实上，丹·吉摩尔对自媒体的关注在更早一点的时候就已经开始了。

---

① ［美］尼古拉斯·克里斯塔基斯、［美］詹姆斯·富勒：《大连接》，简学译，中国人民大学出版社 2013 年版，第 279 页。

② 邓新民：《自媒体：新媒体发展的最新阶段及其特点》，《探索》2006 年第 2 期，第 134—138 页。

③ 陈宪奎、陈泽龙：《从大众传播到自媒体》，中国社会科学出版社 2019 年版，第 33 页。

2001年，丹·吉摩尔在报道"9·11"事件的过程中意识到，传统意义上的阅听大众在报道事件发生、还原事件本身、提供可靠线索等方面展现出更为突出、更为有效的作用。因为丹·吉摩尔发现，在"9·11"这次事件中，除了主流新闻机构、专业新闻工作者和媒体把关人之外，"为历史添上新色彩的执笔人，却有一部分是传统的阅听大众。这是可能的，也是不可避免的，因为互联网上有新兴的出版工具。在9·11事件后令人胆寒的时日里，浮显出另一种报导形式。透过电子邮件、邮件论坛、聊天室、个人网站日志(都不是标准新闻来源)，我们接收到美国主流媒体无法提供，也不会提供的珍贵的事件起源"①。

对此，丹·吉摩尔还说："我们见证了新闻的未来；很多时候，我们就是未来新闻的一分子。"②

于是，"9·11"事件成为丹·吉摩尔思考"自媒体"的关键点，因为在日后的经历中他越来越发现许多重要、关键的新闻事件逐渐由传统的阅听大众生产出来，而非主流新闻机构、专业新闻工作者和媒体把关人，但在我们的印象里，"传统上，新闻机构才是决定历史最初面貌的发言人"③。如今，"科技给了我们沟通工具，可以让任何人以极少花费就成为记者，在理论上，甚至是国际新闻记者"④。正是鉴于阅听大众对众多新闻事件的立体式、多样化报道，丹·吉摩尔开始对这种新的媒体形式进行深入思考和研究，并于2001年在其博客中首次提出了"新闻3.0"的概念。

按照丹·吉摩尔的理解，新闻1.0是指以传统媒体或旧媒体为平台进行新闻传播的、一种从上到下的固定模式；新闻2.0即新媒体或跨媒体，主要是指以互联网和数字技术为基础的传播方式，但依然是一种从少数中心媒介向大众传播的模式；新闻3.0则是指以博客等为代表的媒体形式，是一种相互传播的模式，新闻3.0改变了以往的信息传播和接受关系，使阅听大众开始参与新闻生产、传播的全过程。2004年，丹·吉摩尔撰写了一本至今依然畅销的著作——《草根媒体》(*We the Media*)，"草根媒体"事实上就是后来我们所指

---

①②③ [美] 丹·吉摩尔：《草根媒体》，陈建勋译，南京大学出版社2010年版，第ii页。

④ 同上书，第iv页。

的“自媒体”。

在书中，丹·吉摩尔直言“草根媒体”的出现使“我们有了一种万能媒介：一对一、一对多、多对多，全都包办”[1]，且传统媒介环境中那种无论从信息占有量来说还是从发声渠道来说都有较大差异的记者、新闻制造者、传统阅听大众之间的界限也变得越来越模糊，而类似于博客这样的“草根媒体”不仅大幅度强化了传统阅听大众的媒介接近权，而且让阅听大众自由表达的空间、占有信息的可能也得到了显著扩大与提升。

丹·吉摩尔根据其熟知和掌握的多种案例得出结论——阅听大众“想发言、想自我表现”[2]的欲望以及“现代通讯科技已经成为历史最佳的临时舞台”[3]的事实是“草根媒体”能够流行的重要原因。随着时代的发展，我们愈加认识到，这种主观欲望与客观媒介的相互作用日趋增强，其结果表现在新时代就是产出了让人应接不暇的海量信息以及阅听大众对各领域日趋强烈的了解欲望。丹·吉摩尔根据政府、企业、媒体人士、普通大众等不同领域和阶层对“草根媒体”的应用状况，对未来的媒体形式进行了预测，即“未来的新闻报导和生产会比较像对话或讨论。生产者和消费者之间的界线将会模糊，以我们现在才逐渐认清的方式改变两者的角色。通讯网络本身就是人人发声的媒体，不再只属于少数有财力花好几百万美元购买印刷媒体版面、发射卫星，或获得政府许可占据公众电波频道的人”[4]。同时，丹·吉摩尔还初步探讨了作为一名新闻工作者对于“草根媒体”的出现应保持何种态度以及要如何直面“草根媒体”带来的冲击和改变。毫无疑问，作为一种阅听大众能够自主参与新闻生产、制作、分享、接收、传播的媒介形式，“草根媒体”日渐展现出传统媒体和其他媒体形式很难超越的独特优势。

尽管《草根媒体》一书为“自媒体”的概念奠定了非常重要的研究基础，但真正提出“自媒体”概念并对其进行谨慎定义的是美国学者谢因·波曼和克里斯·威理斯。

---

① [美] 丹·吉摩尔：《草根媒体》，陈建勋译，南京大学出版社 2010 年版，第 10 页。
② 同上书，第 i 页。
③ 同上书，第 34 页。
④ 同上书，第 iv 页。

2003 年 7 月，他们在美国新闻协会媒体中心发表了一份由丹·吉摩尔作序、在自媒体研究领域中具有奠基性意义的报告——《自媒体：受众如何形塑新闻和信息的未来》。在该报告中，他们对“自媒体”下了一个比较严谨的定义，这也是当前研究者颇为认同的一个定义：“We commissioned We Media as a way to begin to understand how ordinary citizens, empowered by digital technologies that connect knowledge throughout the globe, are contributing to and participating in their own truths, their own kind of news.”①这句话的大概意思是：自媒体是作为这样一种途径存在的——它能够让我们更好地知晓大众在通过数字科技与全球知识体系相连之后如何分享他们的信息与新闻。换言之，自媒体也可以说是“由个体（或者极少的几个人）创办的带有强烈个人风格特征的数字媒介形式”②，而每一个接入互联网的阅听大众在任何时间、任何地点、任何状态都能在这种全新的媒体形式上接收海量讯息并发布自己的所见、所闻、所思、所感、所行，其传播对象可以是特定的任意个体、群体，也可以是不确定的任何个体、群体。此外，该报告还指出，在科技推动下，传统的“broadcast”（广播）模式开始向以博客、微博等“自媒体”为代表的“peer-to-peer”（互播）模式转变。

如今，国内外还有不少学者仍对“自媒体”概念的界定作过许多尝试、丰富和补充，但基本上都是以谢因·波曼和克里斯·威理斯的努力成果为基础，对其进行更为详细、更为具体、更为有针对性的解释。因此，对自媒体所进行的研究，本书也是以谢因·波曼和克里斯·威理斯的定义为基础，从而对自媒体环境中的高校思想政治教育展开研究。

（四）融媒体

与“旧媒体”“新媒体”“自媒体”等实体媒体不同，“融媒体”并不是一个独立的媒体形式，而更像是一种媒体理念，是一种将传统媒体、新媒体、自媒体进行融合的媒体运行模式，具有“受众本为性、资源共享性、传播形态融合性、传

---

① Shayne Bowman, Chris Willis, We Media: How Audiences are Shaping the Future of News and Information, The American Press Institute, 2003, p. v.

② 魏武挥：《自媒体时代的电子阅读》，《中国图书评论》2014 年第 4 期，第 63—68 页。

播效果全时空性等特点”①。

关于“媒体融合”的理念，实际上早在1983年美国麻省理工学院教授伊契尔·索勒·普尔(Ithiel de Sola Pool)就曾有过类似的表述。在其著作《自由的科技》(*Technologies of Freedom*)一书中，他使用了“传播形态融合”(convergence of modes of delivery)这一概念：“The key technological change, at the root of the social changes, is that communication, other than conversation face to face, is becoming overwhelmingly electronic. Not only is electronic communication growing faster than traditional media of publishing, but also the convergence of modes of delivery is bringing the press, journals, and books into the electronic world.”② 这段话的大致意思是：在社会变革的根源中，最关键的技术变革是交流越来越势不可挡地趋向电子化，而非面对面地交流。这不仅是因为电子交流本身比传统印刷媒体发展更加迅速，而且是因为多样媒体形式的融合将出版、杂志和图书也都带进了电子世界。同时，伊契尔·索勒·普尔还指出，“Convergence of modes is upsetting the trifurcated system developed over the past two hundred years”③(传播形态的融合破坏了过去200年形成的传播体系)，“A process called the ‘convergence of modes’ is blurring the lines between media”④(一个被称为“传播形态融合”的过程模糊了媒体之间的界限)。

如今，融媒体逐渐演变成为一种新的潮流和媒体发展趋势，许多传统媒体为提升信息吸引力、影响力与竞争力，为促进与不同媒体形式间的融合，纷纷在保持自身传统优势的基础上寻求新的媒体平台，如：《人民日报》手机版、《光明日报》官方微博、《中国教育报》微信公众号、新华社抖音平台、《人民日报》抖音平台、《人民日报》B站平台等均是主流媒体打造的新型传播平台。毫

① 杨武成、姚海田、于露：《融媒体视域下大学生思想政治教育现状及应对策略》，《高教学刊》2016年第20期，第233—235页。

② Ithiel de Sola Pool, *Technologies of Freedom*, The Belknap Press of Harvard University Press, 1983, p.6.

③ Ibid, p.8.

④ Ibid, p.23.

无疑问，在融媒体理念的推动下，为满足阅听大众需求，信息传播渠道也逐渐展现出融合、多样的时代发展趋势。这样的融合发展正如沃尔特·翁所说："新媒介强化旧媒介，当然同时又使之转化。"①

(五) 全媒体

"全媒体"是一个与现实的媒体实践密切相关的全新媒介概念，是对阅听大众信息需求的进一步满足以及对媒体创新的进一步实现。自 2008 年起，"全媒体时代""全媒体记者"等词以及"全媒体报道""全媒体广告"等媒体实践便迅速出现。

有学者指出："全媒体首先是伴随着作为数字媒介技术平台下的媒介融合而出现的概念，旨在建构一种全新的媒介生产和传播的技术平台，随后则演化为一种全新的媒介运营模式，并由此生发出了对媒介内容的生产、传播、消费等传统形式的颠覆和再造等内涵。"②由此可见，不论是从概念上来讲还是从实践上来讲，"全媒体"都是在"融媒体"的基础上演变、发展与丰富起来的。因此，"全媒体"不仅是对"融媒体"的升级，更是对"融媒体"的创新。

那么，"全媒体"究竟是如何实现的呢？有学者认为，"全媒体"是"媒体机构及运营商采用文字、图形、图像、动画、网页、声音和视频等多种媒体表现手段(多媒体)，通过广播、电视、音像、电影、出版、报纸、杂志、网站等不同媒介形态(业务融合)，通过融合的广电网络、电信网络以及互联网络进行传播(三网融合)，最终实现为用户提供电视、电脑、手机等多种终端的融合接收(三屏合一)，实现任何人、任何时间、任何地点、以任何方式接收任何媒体内容(5W)"③的媒体实践，在其打造的媒介环境中阅听大众将有更加全新和便捷的体验。

可以说，全媒体实践的出现不仅让不同媒体平台的关联度更强、配合度更

---

① [美] 沃尔特·翁：《口语文化与书面文化：语词的技术化》，何道宽译，北京大学出版社 2008 年版，第 103 页。

② 姚君喜、刘春娟：《"全媒体"概念辨析》，《当代传播》2010 年第 6 期，第 13—16 页。

③ 张大勇：《共赢高清全媒体运营新时代》，《广播与电视技术》2010 年第 4 期，第 56、58—62、15 页。

高,也让同一新闻内容几乎实现了在所有媒介平台上的全覆盖式传播。这意味着,对于阅听大众而言,不论使用何种平台,只要仍旧依托互联网络开展学习、工作、娱乐、社交等活动,我们就不大可能错过媒体拟传播、输送的信息。正是在“全媒体”这种无孔不入式地传播下,信息的传播广度与影响深度都前所未有地得到了提升。

二、自媒体主要特征

“几千年来,社会互动都是以面对面沟通这种唯一的方式进行。但是,这一切都因技术进步而发生了改变。一方面,信息的广播方式层出不穷,如教堂钟声、烽火、图书、手提式扩音器、收音机、电视等。另一方面,人与人之间的远距离沟通方式也增加了许多,如书信、电报和电话。今天,我们又有了其他沟通和互动方式,尽管这些方式已高度普及,但它们实际上非常了不起。利用几年或十几年前还不存在的技术,人们相互的沟通和互动方式不断翻新:短信、Twitter、电子邮件、博客、即时通信、谷歌、YouTube、Facebook,等等。”①作为新媒体的最新发展阶段,作为一种新型智力技术,自媒体的广泛应用更是极大地丰富、拓展了人们对社会生活的体验。这种变化,想必是几十年前的人们所不敢想象的。如今,人类对自媒体的依赖已经达到前所未有的程度,学习、工作、购物、娱乐、社交、出行等基本社会实践无不与自媒体息息相关,而自媒体在使人类更自由、更迅捷、更高效、更立体、更全面地认识世界和改造世界的同时,也使人类逐渐面临碎片化、零散化、浅薄化的危险。

事实上,“自媒体”之所以能够以迅雷不及掩耳之势走进人类生活并以惊人的速度广泛流行开来,主要是因为自媒体能使阅听大众随时随地参与信息的生产、制作、分享、接收、传播全过程,极大地发展了个体的“媒介接近权”,大幅提升了个体的主体性,使个体能够在信息生产者、信息传播者、信息接收者不同身份之间实现自由转换,使个体在新的媒介环境中能够最大限度地发挥自主性、能动性和创造性。因此,对于将在自媒体环境中开展思想政治教育活

---

① [美] 尼古拉斯·克里斯塔基斯、[美] 詹姆斯·富勒:《大连接》,简学译,中国人民大学出版社 2013 年版,第 279 页。

动的思想政治教育者而言，及时、准确把握和了解自媒体的基本特征是非常必要的，这不仅是当下学术界亟待研究的重要课题，也是思想政治教育者寻求有效路径以抵御自媒体引发的负面效应的基本前提。

"科学就是穿透、取消感性认识的现实，科学要发现的是表面现象以下更深一层、更真实的现实"①，科学研究就是要使一切"解符码化""去神秘化"，而我们对自媒体基本特征进行深入剖析和正确解读正是为了使人们对自媒体形成准确、合理的认知，从而科学地、正确地使用自媒体，自觉规避因不当使用自媒体而引发的负面问题。

(一) 交互性、即时性

交互性是指在自媒体环境中，信息在生产者、传播者与接收者之间能够自由、双向或多向流动，传统意义上的阅听大众开始参与信息的生产、制作、分享、接收、传播全过程，信息生产者、信息传播者、信息接收者之间能够更为充分地彼此影响、彼此作用，他们之间的界限也逐渐被消解。

根据对传统媒体的体验，我们知道，传统媒体在信息内容的选择、生产、发布等环节具有较高权威性，信息传播者在很大程度上掌握着传播何种信息、何时传播信息、对谁传播信息、如何传播信息的主动权，而阅听大众在大多数情况下往往会处于相对被动的接收状态；加之传统媒体主要通过一对多("点对面"或"广播")方式进行信息传播，这便导致信息传播者与传统阅听大众之间很少也很难充分实现信息的双向交流与互动。谢因·波曼和克里斯·威理斯在其有关自媒体的报告中曾经对这种"广播"模式的信息流动有过一段评述："In broadcast models, the rules of participation are strict and limited. The media organization has supreme control as the informed intermediary of the news and it only allows the audience to participate through limited means, e.g., submitting letters to the editor or phoning a talk show. Mainstream media are comfortable with this level of participation because it's relatively

① [美] 弗雷德里克·杰姆逊：《后现代主义与文化理论》，唐小兵译，陕西师范大学出版社1987年版，第19页。

easy to authenticate the credibility of these participants (though occasional pranks do occur)."①意即在"广播"式的传播中,阅听大众参与的规则是非常严格且有限的。作为见多识广的新闻中介,主流媒体往往具有较大的控制权。其通常只允许阅听大众通过有限的途径参与到媒体的新闻生产中,例如,给编辑写信或者给编辑打电话,等等。对主流媒体而言,这种程度的参与所形成的环境是相当舒适的,因为它能够相对容易地确认这些参与者提供的信息是否具有准确性(尽管偶然也会有恶作剧出现)。

然而,自媒体的出现却打破了这一舒适的格局,它使传统媒体一对多的"广播"形式逐渐向一对一模式("点对点"②或"互播")发展。自媒体不仅极大地加强了信息在生产者、传播者与接收者之间的双向、多向流动,而且还在某种意义上使阅听大众完成了身份的转换与升级,即阅听大众从单纯的信息接收者或信息传播者跻身为信息生产者,身份上的丰富也使阅听大众开始从信息的边缘地带逐渐向信息的中心地带靠近。自媒体创造的这种"作者和读者之间互动、作者和作者之间互动,甚至作者和读者之间的界限模糊,互为一体"③的新型信息传递模式,彻底改变了传统媒体自上而下、单向的信息传播模式。作为较早开设博客的记者之一,丹·吉摩尔曾这样表达使用"自媒体"之后的感受,并对这种"互动式"的新闻生产持有强烈的好感,他说:"博客能与我的新闻来源和读者做更深入地对话,他们总能告诉我一些以前不知道的事情。这就是互动式的新闻业。"④

即时性是指阅听大众能够不受时间、空间局限,随时随地利用"自媒体"发布文字、图片、音频、视频等或对他人发布的信息进行转发、评论,等等。在自媒体环境下,信息在生产、制作、分享、接收、传播等环节的用时不断缩短,一条

---

① Shayne Bowman, Chris Willis, We Media: How Audiences are Shaping the Future of News and Information, The American Press Institute, 2003, pp. 41—42.

② 即 peer-to-peer(P2P),在该应用中,人们彼此之间通过互联网可以直接或以网络服务器为中介交流、分享、发布数字文件等。见 Shayne Bowman, Chris Willis, We Media: How Audiences are Shaping the Future of News and Information, The American Press Institute, 2003, p. 30.

③ 罗斌:《网络自媒体研究》,硕士学位论文,兰州大学,2009 年。

④ [美] 丹·吉摩尔:《草根媒体》,陈建勋译,南京大学出版社 2010 年版,第 85 页。

信息瞬间传遍世界越来越成为可能。相较而言,传统媒体由于重视信息的准确性、严肃性、逻辑性则往往需要相对较长的信息生产周期,因此,在信息的时效性方面,传统媒体与自媒体相比似乎显得略逊一筹。

"人与人之间的互动从古至今随处可见,并随着新技术的出现而取得了更加理想的互动效果。新的社会现象因互动而生,它通过充实和扩展个人的体验而超越了个人的体验。"①依托自媒体的交互性、即时性特征,更多的"参与式新闻"②被迅速生产、广泛传播、大量分享,信息生产者、信息传播者、信息接收者之间的互动性日益增强,信息传播的时效性显著提升,阅听大众对世界的认知和体验与以往相比有了很大改变。阅听大众也越来越习惯在如此便捷、高效的媒介空间发表观点、接收讯息。可见,自媒体的出现不论对构建良好的媒介生态环境,还是对提升人类主体性而言都有着极为重要的意义。

(二)去中心性、多样性

在传统媒体构建的媒介环境中,占据媒介信息中心地带的往往是一些主流新闻机构、专业新闻工作者和媒体把关人等。这是因为,"他们对社会资源的调动能力较强,包括对信息、人力和物质等方面资源的调集"③。同时,对于电报、报纸、广播、电视等平台而言,媒体运作是一项难度较大、成本较高的工作,任何媒体的良好运转都需要依托大量的资金、技术以及具备一定专业优势和专业素养的人力资源。此外,由于广播、电视、报刊等传统媒体肩负着正确舆论的引导、科学知识的传授等使命,它们还必须确保其生产、制作、分享、传播的信息具有合法性和可靠性。可见,由于受到成本投入、技术操作、专业知识、社会规范等因素的限制,阅听大众在传统的媒体实践中处于信息生产、制

① [美]尼古拉斯·克里斯塔基斯、[美]詹姆斯·富勒:《大连接》,简学译,中国人民大学出版社2013年版,第309页。

② 参与式新闻是指个人或集体在收集、公布、分析、传播新闻和信息的过程中极为活跃。而参与的目的则在于,提供民主制度所需要的独立、可靠、准确、广泛的相关信息。不少学者还认为"参与式新闻"是自媒体的核心内容。见Shayne Bowman, Chris Willis, We Media: How Audiences are Shaping the Future of News and Information, The American Press Institute, 2003, p. 9.

③ 邓若伊:《论自媒体舆论环境的特征与变化》,《新闻界》2013年第10期,第56—59页。

作、分享、传播的非中心地带在很大程度上似乎是不可避免的。

在传统的媒体实践中，主流新闻机构、专业新闻工作者和媒体把关人都发挥了积极的作用，最大程度地确保了信息的权威性、科学性、真实性、准确性，有效避免了阅听大众被错误、虚假、消极内容所影响和迷惑，极大地维护了社会的稳定和国家的安全。然而，这种少数群体或机构占中心地位的媒介生态在发挥应有作用的同时，也产生了不可避免的问题。如，随着主流新闻机构、专业新闻工作者和媒体把关人在信息的占有、生成、传播方面的优势逐渐高于阅听大众，信息生产者与阅听大众之间的信息鸿沟呈现日趋加深的趋势，阅听大众对媒介接近权也日益展现出更加强烈的渴望。

事实上，“去中心性”这一特征就是伴随自媒体的出现和广泛应用而愈加凸显的，在新的媒介生态里，传统媒介生态中的“信息鸿沟”与“阅听大众信息接收者身份”都得到了极大地改变与调整。

那么，这样一种特性是如何具体发挥作用的呢？

深入使用自媒体的每个人都可以非常直观、明确地感受到，自媒体给每一个阅听大众都创造了一个信息新世界、打开了一个信息新天地，其“零门槛”的使用特点还使阅听大众完成了身份上的转换与升级，即阅听大众开始集信息生产者、信息传播者、信息接收者于一身。自媒体的广泛应用，不仅让信息传播者与阅听大众之间的界限开始变得模糊，二者之间的“信息鸿沟”逐渐缩小，而且使每个人都成为拥有一支麦克风的独立媒体，极大地拓展了阅听大众发声的渠道和空间，显著地增强了阅听大众的“媒介接近权”。这意味着，“每个参与者都可以拥有自己的‘网络报纸’(博客)、‘网络电视’(播客)，自主地在‘自留地’上表达各自的观点，成为互联网的‘中心’。而随着 P2P 等信息分享技术不断升级，网站的中心地位逐渐被弱化，每个参与者都可以通过电脑或手机，向别人传播信息，让每台参与内容下载的终端成为‘中心’。”[①]对此，有学者指出，“自媒体中的信息互动、集体参与和全民共享过程，在本质上是一种去中心化、泛平等化与强互动化”[②]的过程。

---

① 汤力峰、王学川：《自媒体环境下高校思想政治工作的创新》，《中国青年研究》2012 年第 3 期，第 10—14 页。

② 聂智：《自媒体领域我国主流意识形态的话语权研究》，人民出版社 2020 年版，第 46 页。

在自媒体环境中，在符合法律规定和道德规范的前提下，阅听大众可以自由发布信息，而传播的内容、传播的对象、传播的时间、传播的地点、传播的形式等决定权也都掌握在阅听大众自己手中。如今，已经有越来越多的资料显示，许多重要的原发新闻往往最先经由阅听大众而非主流新闻机构、专业新闻工作者和媒体把关人发布。在许多新闻报道中，专业媒体有很多时候也需要借助阅听大众在微博、微信、抖音等自媒体平台上发布的信息才能更完全、更准确地还原新闻事件本身。通过这些变化，不难发现，主流媒体的传统优势开始逐渐被削弱，其中心地位也在很大程度上被动摇。

关于自媒体的多样性特征，事实上，这一特征与自媒体的去中心性也是紧密相关的。正是由于自媒体冲击了传统媒体的中心地位，使阅听大众不再居于媒体使用的边缘位置，为阅听大众创造了丰富的、自主的表达渠道，阅听大众的多样性才能彰显出来。如今，不论是传播者还是传播内容、传播形式、传播载体，都开始展现出多样化趋势。

第一，信息生产者、信息传播者、信息接收者具有多样性。自媒体环境中的每一个人都能够成为一个独立媒体，都能发出自己的声音，都能接收其他平台传播的信息，也都有平台接收他们所生产的信息。这些信息生产者、信息传播者、信息接收者并非都有着专业化的传播学背景或从事媒体行业，他们中可能有教师、律师、工程师、医生、工人、农民、学生、家庭主妇等，而这便形成了信息生产者、信息传播者、信息接收者多样化的现状。第二，信息传播内容具有多样性。一方面，阅听大众的个体差异性是造成信息多样化现象的原因之一。由于不同个体在生活背景、社会经历、经济状况、受教育水平、思想观念、理想目标、兴趣爱好等方面具有较大差异，其发布信息的偏好、需求和目标便各不相同，因此，风格迥异、形式多样的所见所闻、所思所想便在微博、微信、QQ、BBS、抖音、B站等多种平台纷纷呈现，这便造就了自媒体环境中海量、多样的信息。另一方面，西方国家的蓄意渗透也是造成信息多样化现象的原因之一。西方一些错误的观点、思潮、理念、话语等可能被有意传播至我国各个自媒体信息平台，这些经过包装的信息夹杂在信息海洋中，进一步加快了信息多样化、价值观念多样化局面的形成。

(三) 草根性、平民性

“当初一度是媒体集团才有的工具,现在已经在民众手中了”①,“无论是平民或政客,都能利用制造新闻的科技”②,“过去以来,个人只有几种对议题发表看法的选择:站在街角大发议论、张贴标语、发行通讯,或写信给编辑。时至今日,如果论点足以说服他人或者经得起事实考验,一般人可以利用手边的工具让论点走遍全世界。由关心议题且愿意传播的人,和足以广泛传播言论的新工具(如RSS)构成的独立自主连结机器因而启动。言论便如此散播出去”③。以上这些是丹·吉摩尔对自媒体草根性的部分描述。在自媒体产生之前,有些因素曾一度成为限制阅听大众运用媒体的障碍,如:身份、地位、职业、专业、学历、地域、年龄、能力,等等,但如今它们都早已不再是难以逾越的屏障。

“自媒体”准入门槛几乎为零的优势使得每一个阅听大众都能接近和自由操作各种自媒体平台。有学者指出:“由于用户的准入门槛低,自由的创作环境激发了普通民众的兴趣和能力,信息的获取和传播不再为少数个人和集体垄断,使得舆论越来越真实,创作内容越来越具有创新性,虽然有时有所欠缺,但各种思想都有机会在自媒体平台上相互对抗、相互碰撞、相互影响。”④牛津大学教授维克托·迈尔-舍恩伯格(Viktor Mayer-Schönberger)在阐述数字化记忆问题时曾指出,数字化、廉价的存储器、易于提取以及全球性覆盖是数字化记忆形成和发展的四大驱动力,事实上,这四大因素也是自媒体能够具有“平民性、草根性”的重要推动力量,也是自媒体能够拥有如此广泛受众的关键因素。

我们可以这样推断并认为,“数字化”加速了信息生产和传播,是自媒体环境中海量信息得以产生的重要基础;存储设备的性价比不断提升使得每个阅听大众都能承担起这样的费用;易于检索这一点则有效满足了阅听大众对于

---

① [美]丹·吉摩尔:《草根媒体》,陈建勋译,南京大学出版社2010年版,第75页。
② 同上书,第67页。
③ 同上书,第34页。
④ 陈丽荣:《自媒体时代大学生社会主义意识形态认同研究》,九州出版社2021年版,第50页。

精准寻找目标信息的需求；同时，网络的全球覆盖、Wi-Fi 以及 3G、4G 和 5G 网络的出现也成为阅听大众广泛参与信息生产、传播的重要支撑。此外，微博、微信、QQ、抖音、B 站等自媒体平台简单易操作，这意味着，阅听大众根本无须具备专业知识、掌握复杂技术，只需要将电脑、手机、平板电脑等终端设备接入互联网便可参与信息的生产、制作、分享、接收、传播。也正是这种特性使“自媒体”在大学生中尤为流行，通过极低的成本、极简的操作、极高的效率就能生产个性十足、创意无限和丰富多样的信息。

此外，对于发布至自媒体平台的新闻，阅听大众在一定程度上不必极其严格地遵循传统媒体中新闻稿件的写作格式，在符合法律法规和道德规范的前提下，可以相对随意地对新闻内容进行生产、制作、分享、接收、传播。而且，阅听大众既可以传播文字消息，也可以传播图片、视频、音频等任何样态的信息；既可以自己生产制作，还可以转发、评论他人的信息；等等。同时，自媒体的即时性特征也在很大程度上推动了其平民性特征的发展，因为阅听大众无须像传统媒体一样按照季度、日期来固定发布新闻和信息，而是可以在不被时间、空间局限的情况下自由使用甚至是同时使用多个自媒体平台，这一改变在大幅提升阅听大众的传播能力、满足阅听大众的传播欲望的同时，也构建了一幅全民参与信息生产、制作、分享、接收、传播的壮阔图景。一时间，人人都有麦克风、人人都是记者似乎已经成为现实。

但值得注意的是，自媒体的平民性、草根性特征也造成了一些负面影响，即把关人缺位。在自媒体环境中，大部分信息都能在网络上被广泛传播，以及互联网对存在于其中的任何信息都具有极强的放大效应，这使得我们不得不面对一些新挑战、新问题，如：信息的良莠不齐、部分信息可信度较低、信息生产者非理性传播、侵犯个人隐私，等等。对此，高校思想政治教育者在实际工作中必须主动承担起把关人的责任，对如何减少负面信息的生产、制作、分享、传播进行深入的思考与细致的研究。

（四）自主性、开放性

自媒体的自主性、开放性是相互依存、相互影响的。不同个体自主性的充分发挥必然带来多样的思想与文化，进而使开放性更加凸显；开放性对不同个体、不同言论的包容，为自主性的实现提供了更广阔的空间。因此，二者在各自发展的同时都使彼此特性更加突出。

在传统的媒介环境中，个体的自主化程度和媒体的开放程度都是比较有限的。即便有给编辑写信、打电话等途径以供阅听大众表达意见、传递思想、输出观点，但阅听大众依然很难对新闻的内容选择、信息的表达方式等产生很大影响；除了主流新闻机构、专业新闻工作者和媒体把关人之外，任意个体在一定程度上很难获得向较大范围的阅听大众传递信息的力量，其中既有专业设备、经济条件的不允许，也有专业水平、个人能力的限制。因此，阅听大众往往是被动接受传统媒体的信息灌输，而无法逾越由上而下的传统秩序。如今，自媒体的广泛应用有效地扭转了这种较为被动的局面，而阅听大众从信息的被动接收者转化为信息的主动搜寻者、主动生产者、主动提供者、主动传播者。这一改变不仅丰富了阅听大众在媒介生态中的体验，而且在很大程度上增加了阅听大众对自媒体平台的使用黏性。在生活中，我们所熟知和常用的微博、微信、BBS、QQ、抖音、B站等更是早已经成为任何阅听大众可以自由表达意见、自主参与新闻生产的重要途径。

关于“开放性”的特征，有学者是这样表述的：“自媒体的开放性越来越明显，没有媒介之间的阻隔，信息的传播可以不分行业、性别、种族、地域、时间的限制，每个个体或者集体把自己独特的想法充分表达出来，形成高度开放和自由的信息网络。”[①]在自媒体开放的环境中，阅听大众不仅能自主决定新闻的内容、表达方式、表现样态、生产时间、传播时段，还能自由决定传播、分享的对象，个体的主动性在这里得到最大限度的发挥，有学者还形象地将这种形式称为媒体行业的“DIY”。

如今，每个人都能拥有个性十足的集视频、音频、图片、文字等样态于一身的信息播报平台，不同思想、意见、观点在此交流、交融、交汇、交锋。事实上，阅听大众能够自主、开放地进行意见表达对社会发展、对提高媒体透明度也是极为有益的，正如丹·吉摩尔针对媒体行业发展所指出的那样，“公众需要我

---

① 陈丽荣：《自媒体时代大学生社会主义意识形态认同研究》，九州出版社2021年版，第50页。

们这个行业更透明一点，因此，当我们的回应不足时，公众就自行做起报导来了”①。通过对阅听大众长期使用自媒体的经历进行梳理，我们发现，一些问题或困惑也往往能够从其他个体上传至自媒体平台的帖子、观点、视频解说中找到答案。可见，自主开放的环境在一定程度上还有利于社会问题的高效率顺利解决。

同样，对于大学生而言，能够拥有自由表达、自主创作的独一无二的自媒体平台无疑也是让他们非常兴奋的事情。大学生能够自由自主地在微信、微博、论坛、个人主页、抖音、B站等平台参与各种类型的新闻制作，不仅满足了大学生表现自我、追求个性的发展需要，符合其希望被关注、被认同以及渴望与外界沟通的心理特征，而且有效地拉近了大学生与社会、与更广泛的阅听大众之间的距离。但与此同时，这种自主开放的环境也引发许多问题。如：其自主性造成部分大学生滋生自由主义观念，对集体主义精神的培养造成冲击；其开放性造成权威话语被削弱，过度娱乐化、消费主义、功利主义、拜金主义等观念涌入，非理性思维方式产生，等等。对于诸如此类的现象，下文也将会进行阐释并深入分析。

三、自媒体主要平台

深入探究过自媒体特征之后就不难理解为何自媒体平台会如雨后春笋般出现，并在阅听大众尤其是在大学生群体中受到广泛欢迎与热情追捧。多样的自媒体平台不仅让大学生感受到了前所未有的体验，还使其对时空和信息的占有欲、个人的表现欲都得到了极大满足。对此，本书将对具有代表性意义的、曾经在大学生群体中广泛流行或正在流行的几种自媒体平台进行介绍。

（一）博客

博客是最早出现的自媒体平台之一，也是阅听大众开始较早地认识到自媒体的神奇力量及其强大传播力量的平台之一。博客之所以能够产生，在很

① ［美］丹·吉摩尔：《草根媒体》，陈建勋译，南京大学出版社2010年版，第46页。

大程度上源于人类自我表达欲望的日趋强烈。从产生伊始，博客就体现出了鲜明的草根性、开放性、交互性与即时性，也正是从博客开始，阅听大众所具有的信息生产者、信息传播者、信息接收者等多重身份才逐渐显露出来。特别是在2001年爆发的“9・11”事件中，目击者、幸存者将直接或间接搜集的讯息通过博客发布出来，其即时性、全面性都在一定意义上优于权威媒体，这不仅让世界知晓了整个事件的产生、经过、影响，也让主流新闻机构、专业新闻工作者、媒体把关人以及普通的阅听大众都开始重视博客所具有的力量。

根据第35次《中国互联网络发展状况统计报告》提供的数据可知，作为自媒体重要平台之一的“博客”，“截至2014年12月，我国博客用户规模为1.09亿，较2013年底增加2 126万，增长率为24.2%。网民中的使用率为16.8%，比2013年底增长了2.6个百分点。自2002年起步，博客在中国已有近13年的历史。博客是一个内容发布平台，它的兴起源自人们自我表达的需求。从社会传播的角度来看，它是一个社会化的草根媒体，让网民从信息的接受者变成信息的发布者和评选者。”①

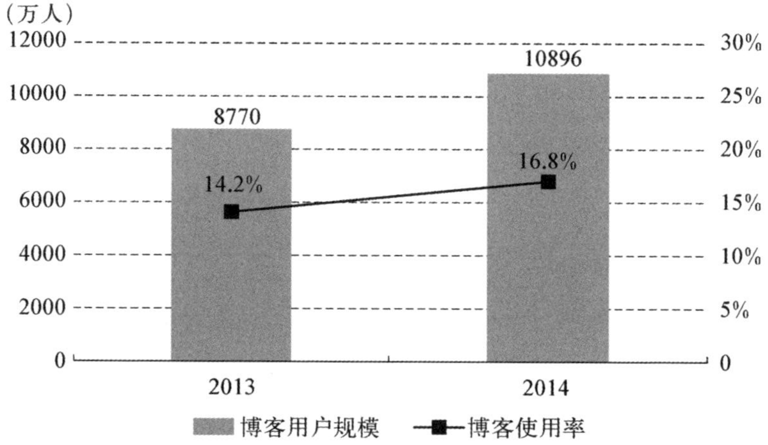

图1-1 2013—2014年中国博客用户规模及使用率

图片来源：中国互联网络信息中心：第35次《中国互联网络发展状况统计报告》，2014年12月。

① 中国互联网络信息中心：第35次《中国互联网络发展状况统计报告》。

博客，又被称为网络日志或部落格（部落阁），经营博客的人常常被称为博主。博客除了可以发布文字、图片、视频、动画等内容之外，还可以指向其他博客或网站，所有内容按照逆向的时间顺序由新到旧进行排列。博客的主题基本上以个人兴趣为主，既可以涉及政治、经济、文化、社会、生态等多个领域，还可以记录个人生活、学习、工作、旅游等经历。除了制作个性化的博客之外，博主还能作为读者对其他博客进行阅读、转载、评论（评论功能需要由博客经营者开放，否则不能进行评论）。从一定程度上来说，博客是阅听大众身份转变与升级的开始，随着自媒体平台功能和技术的日新月异，阅听大众也将会有更加与众不同的体验。

与以往总是门槛很高、成本也很不菲的新闻生产、制作相比，拥有一个博客却是件很容易的事情——“一台电脑、网络连线，以及类似 Blogger 或 Movable Type 这样的软件程序就能让你开张”①，这对传统媒体而言无疑是一个革命性的改变，也直接导致更多阅听大众尤其是大学生群体开始使用更便捷、更实惠的自媒体。在博客最为流行的时期，最受欢迎的个人博客每天都能吸引上万人阅读，青年作家韩寒、演员徐静蕾就是博客流行时期的风云博主，他们也吸引了大批大学生粉丝。

截至目前，在中国互联网络信息中心发布的一系列《中国互联网络发展状况统计报告》中，“博客”一词最后一次大量出现是在统计数据截至 2014 年 12 月的第 35 次《中国互联网络发展状况统计报告》。由此我们可以清晰发现，自 2002 年博客在我国起步开始，尽管其已有近 20 年的发展历史，但博客的流行趋势已然随着其他自媒体平台的日新月异而开始逐渐在整个传媒舞台上褪去光环。特别是在微博、微信、抖音、B 站等更丰富多样的自媒体平台产生之后，大学生注意力发生转移，致使纯粹的博客生存空间受到了一定程度的挤压，一时间博客的关注度和使用率都受到影响，正如报告指出的，“如今博客的创作者主要是精英人群，创造的内容也趋于专业化，博客的阅读者则主要把博客当成获取信息的渠道来源。”②但不可否认的是，作为自媒体的最早成员之一，博

① ［美］丹·吉摩尔：《草根媒体》，陈建勋译，南京大学出版社 2010 年版，第 23 页。
② 中国互联网络信息中心：第 35 次《中国互联网络发展状况统计报告》。

客曾经产生的巨大影响力还是值得铭记也值得思考的。

（二）Wikipedia

Wikipedia 是 wiki 与 encyclopedia 的合成词，前者在夏威夷语中有“快点快点”的含义，后者则是指“百科全书”。作为自媒体典型代表，Wikipedia 凭借其免费、自由、内容公开等特性极大地突出了自媒体的开放性和互动性特征。丹·吉摩尔就曾经明确地表示：“Wikipedia 是数字时代（Digital Age）最迷人的发展之一，不过三年时间，就成为有价值的资源，也是草根新闻业在当今网网相连的世界中能够成就大事的实例。”①

之所以被称为百科全书，是因为 Wikipedia 是集生产新闻、编辑信息、存储资料、发送邮件以及聊天通信等功能于一身的支持多语言的“动态的、可自由访问和编辑的全球知识体”②。丹·吉摩尔指出：“几乎任何人都能做 Wikipedia 的贡献者。任何人都能编辑任何网页（只有错误行径例外）。全球有数千人把他们的专业知识、言论以及情感加了上去，而且每天都有新的义工出现……Wikipedia 的开放本质一直是最大的资产，而且这个网站已经变成一个值得信赖的资源。”③

（三）微博

“对人际交流的快速便捷的强烈需求是微博客诞生并不断发展的催化剂和助推器。”④根据第 42 次《中国互联网络发展状况统计报告》的数据，以微博为代表的一系列自媒体正在“凭借其裂变式的传播方式和粉丝沉淀能力，成为大多数网红必选的运营平台”⑤，事实上，这不仅是网络名人等必选的运营平台，更是包括大学生在内的阅听大众广泛参与的自媒体平台。

可以说，自 2007 年进入我国之后，微博就一直保持着相当高的使用率。在中国互联网络信息中心发布的数据中，我们可以看到微博等自媒体的相关

---

①③ ［美］丹·吉摩尔：《草根媒体》，陈建勋译，南京大学出版社 2010 年版，第 112 页。

② 孟晶：《论自媒体传播培养我国公民意识》，硕士学位论文，山西大学，2013 年。

④ 王学俭、刘强：《新媒体与高校思想政治教育》，人民出版社 2012 年版，第 225 页。

⑤ 中国互联网络信息中心：第 42 次《中国互联网络发展状况统计报告》。

使用数据：

第 40 次《中国互联网络发展状况统计报告》显示，"截至 2017 年 6 月，使用率排名前三的社交应用均属于综合类社交应用。微信朋友圈、QQ 空间作为即时通信工具所衍生出来的社交服务，用户使用率分别为 84.3%和 65.8%；微博作为社交媒体，得益于名人明星、网红及媒体内容生态的建立与不断强化，以及在短视频和移动直播上的深入布局，用户使用率持续回升，达 38.7%，较 2016 年 12 月上升 1.6 个百分点"①。

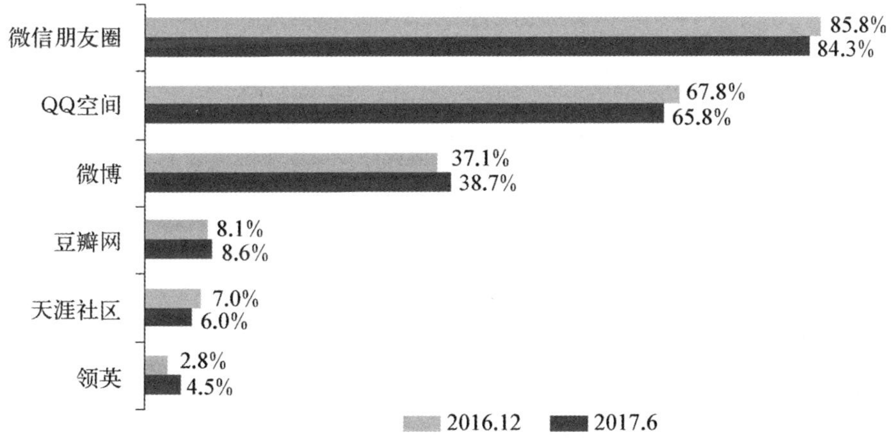

图 1-2　2016 年 12 月—2017 年 6 月国内典型社交应用使用率

图片来源：中国互联网络信息中心：第 40 次《中国互联网络发展状况统计报告》，2017 年 6 月。

第 41 次《中国互联网络发展状况统计报告》显示，"截至 2017 年 12 月，微信朋友圈、QQ 空间用户使用率分别为 87.3%和 64.4%；微博作为社交媒体，2017 年继续在短视频和移动直播上深入布局，推动用户使用率持续增长，达到 40.9%，较 2016 年 12 月上升 3.8 个百分点"②，其中，"截至 2017 年第三季度，新浪微博月活跃用户达到 3.76 亿，微博实名认证用户、网络红人等对网络话题的影响力较大"③。

第 42 次《中国互联网络发展状况统计报告》显示，"截至 2018 年 6 月，微

① 中国互联网络信息中心：第 40 次《中国互联网络发展状况统计报告》。

②③ 中国互联网络信息中心：第 41 次《中国互联网络发展状况统计报告》。

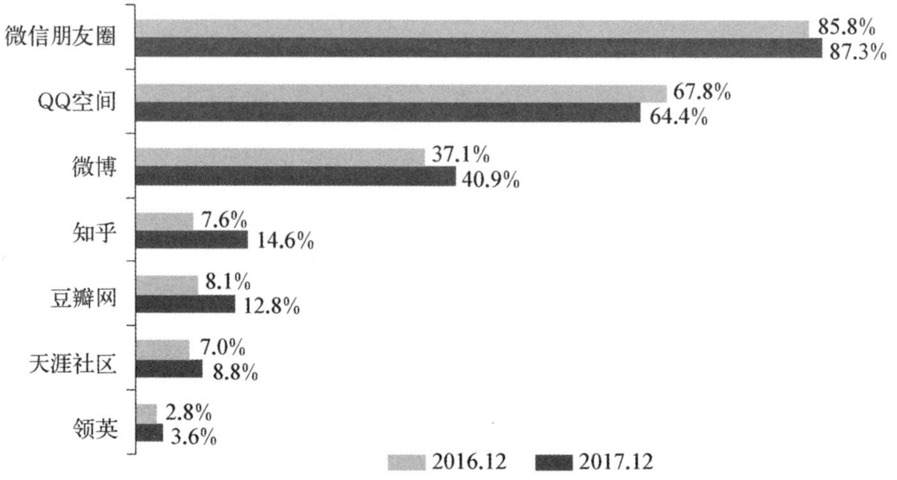

图 1－3　2016—2017 年国内典型社交应用使用率

图片来源：中国互联网络信息中心：第 41 次《中国互联网络发展状况统计报告》，2017 年 12 月。

信朋友圈、QQ 空间的使用率分别为 86.9％、64.7％，基本保持稳定；随着短视频和 MCN 机构的兴盛，微博在粉丝互动和内容分发等方面的价值进一步强化，用户使用率为 42.1％，较 2017 年末增长 1.2 个百分点，用户规模半年增长 6.8％。"①

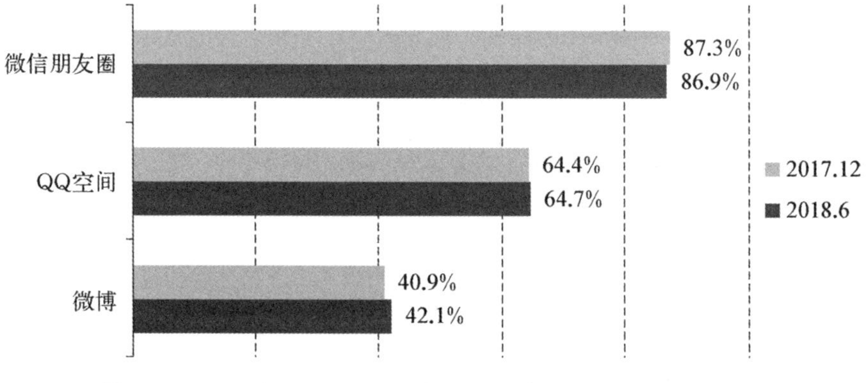

图 1－4　2017 年 12 月—2018 年 6 月国内主流社交应用使用率

图片来源：中国互联网络信息中心：第 42 次《中国互联网络发展状况统计报告》，2018 年 6 月。

① 中国互联网络信息中心：第 42 次《中国互联网络发展状况统计报告》。

仅仅时隔半年之后，第 43 次《中国互联网络发展状况统计报告》的数据就已经显示，“截至 2018 年 12 月，微信朋友圈、QQ 空间用户使用率分别为 83.4%、58.8%，较 2017 年底分别下降 3.9、5.6 个百分点；微博使用率为 42.3%，较 2017 年底上升 1.4 个百分点。”①

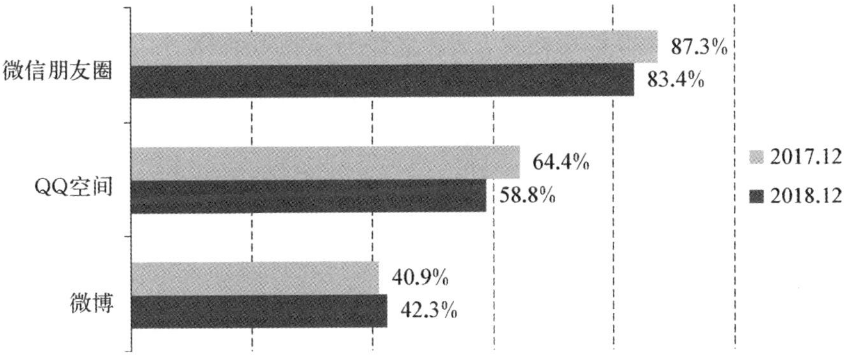

图 1－5　2017—2018 年国内主流社交应用使用率

图片来源：中国互联网络信息中心：第 43 次《中国互联网络发展状况统计报告》，2018 年 12 月。

第 45 次《中国互联网络发展状况统计报告》显示，“截至 2020 年 3 月，微信朋友圈、微博使用率分别为 85.1%、42.5%，较 2018 年底分别上升 1.7、0.2 个百分点”②。

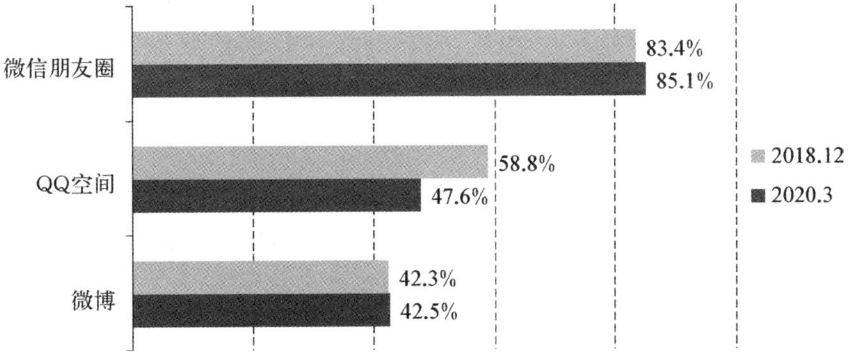

图 1－6　2018 年 12 月—2020 年 3 月国内主流社交应用使用率

图片来源：中国互联网络信息中心：第 45 次《中国互联网络发展状况统计报告》，2020 年 3 月。

---

① 中国互联网络信息中心：第 43 次《中国互联网络发展状况统计报告》。

② 中国互联网络信息中心：第 45 次《中国互联网络发展状况统计报告》。

第46次《中国互联网络发展状况统计报告》显示,“截至2020年6月,微信朋友圈使用率为85.0%,与2020年3月基本持平;QQ空间、微博使用率分别为41.6%、40.4%,较2020年3月分别下降6个百分点、2.1个百分点。”①

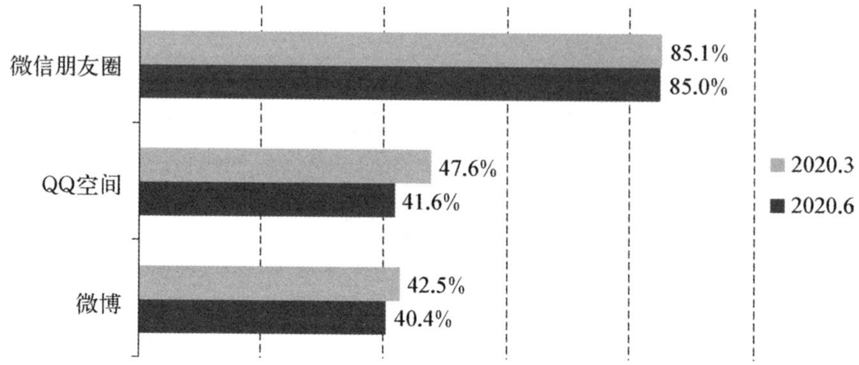

图1-7 2020年3月—2020年6月国内主流社交应用使用率

图片来源:中国互联网络信息中心:第46次《中国互联网络发展状况统计报告》,2020年6月。

通过观察上述变化不难发现,近年来,微博使用数量基本上呈现波浪式递增趋势,而微博在吸引阅听大众的参与度方面也展示出越来越强大的力量。

微博是“微博客”(MicroBlog)的简称,是一种“基于用户关系的信息分享、传播以及获取平台”②。微博具有博客的所有功能,阅听大众可以通过电脑、手机、平板电脑等终端用文字、图片、视频等表达任何想要表达的思想、观点、诉求,还可以进行转发、评论、收藏、点赞等多种操作;而之所以被称为“微型博客”,是因为一般情况下微博并不能像博客一样直接输入长文进行发表,而只能发表不超过140个字的句子或段落,这种短小精悍的表达要求在某种程度上恰好迎合了包括大学生在内的广大阅听大众所具有的碎片化、零散化的思维习惯、表达习惯和阅读习惯,进而备受阅听大众的青睐。

除了上述这种简洁化表达之外,微博的集成化特征与即时性特征也成为它斩获众多粉丝的关键因素。微博的集成化特征是指,它不仅具有过去博客

---

① 中国互联网络信息中心:第46次《中国互联网络发展状况统计报告》。

② 尹晓敏:《微博兴起背景下大学生思想政治教育的挑战与应对》,《思想教育研究》2011年第2期,第49—52页。

的一切功能，而且还增加了许多新功能。有了微博APP，阅听大众便能完成查看新闻、关注好友动态、了解热点信息、参与讨论、投票等多种操作，这在很大程度上也刚好满足大学生的需要并给他们带来新的使用体验。关于即时性特征，在阐释自媒体基本特征的时候，我们已经进行了详细分析。根据对微博的使用体验，我们也能感受到，所有阅听大众都能随时随地刷新并查看微博信息，并且可以实现点赞、评论、转发、回复、关注等操作方面的即时行动。特别是“对于一些大的突发事件或引起全球关注的大事，如果有微博客在场并利用各种手段在微博客上发表出来，其实时性、现场感以及快捷性，甚至超过一些专业媒体”①，与此同时，一些“微博精英，拥有潜在的不可估量的信息传播力量。这种传播力量远远超越了传统的纸质媒体，也超越了传统的网络传播”②。

此外，由于字数的限制，编写一条微博信息一般情况下用时较短；同时，近年来，网络资费也呈现出越来越经济实惠的趋势，因此，在不长时间观看视频的状态下，发微博、浏览微博所耗费的流量也相对较少，而这些也无形中降低了大学生群体使用微博时所需要的时间成本和金钱成本，进而为增加其使用黏性起到了助推作用。

（四）微信

“近年来，随着手机、互联网和社交网站的快速发展，人们彼此之间的联系方式花样翻新，导致我们进入了‘超连接’（hyperconnected）时代。”③“当微博还在方兴未艾的时候，微信就已横空出世了。自2011年1月腾讯公司推出微信以来，就受到了广大用户的追捧，用户数呈几何级数快速飙升。”④作为2011年1月腾讯公司推出的一款移动社交软件，微信从产生之初就表现出了强大吸引力和影响力，迅速收获了一大批使用者。“微信”首次出现在《中国互联网

---

① 王学俭、刘强：《新媒体与高校思想政治教育》，人民出版社2012年版，第25页。

② 武东生等：《社会主义意识形态研究》，中国社会科学出版社2014年版，第257页。

③ “超连接是指人们在生活中与手机、笔记本等设备片刻不离，频繁使用电子邮件和社交网站的一种状态。”见[美]尼古拉斯·克里斯塔基斯、[美]詹姆斯·富勒：《大连接》，简学译，中国人民大学出版社2013年版，第297页。

④ 王勇、李怀苍：《国内微信的本体功能及其应用研究综述》，《昆明理工大学学报（社会科学版）》2014年第2期，第100—108页。

络发展状况统计报告》中，是第 32 次，即 2013 年 7 月的报告，报告指出，“随着微博、微信等应用的兴起，网民接触新闻的渠道增多”①。在一系列的统计数据中，我们发现：截至 2020 年 6 月，微信朋友圈使用率为 85.0%②，微信也越来越多地融入阅听大众的日常生活、工作、学习、娱乐和社交中。

在内容上，微信表现出极强的多样性与包容性，基本上只要符合法律法规、道德规范的内容均可在微信范围内进行生产、制作、分享、接收、传播；在传播上，微信无限地接近着信息在裂变式传播方面可能达到的极限，微博所具有的“秒赞”“秒评论”“秒回复”“秒转发”等同样在微信中大量存在；在功能上，微信不仅支持即时文字通信、图片分享、视频分享、网页分享，具有查找附近的人、扫一扫、摇一摇、朋友圈、微信运动等功能，还能够实现双人、多人语音和视频聊天。特别是微信具有的语音即时通信功能，超越了以往局限于文字的交流方式（有人称之为“对讲机式”），使阅听大众之间的沟通更加快捷、更加直接，也更加实用，这一功能后来也被其他自媒体平台开发引入（如抖音也可实现即时聊天的功能，等等）。可以说，微信技术非常巧妙地将即时性、实用性、娱乐性、时尚性、交互性、草根性等特点集于一身；加之智能手机、平板电脑等移动终端的迅速普及与网络资费的下调等客观条件的推动，使“微信成为迄今为止增速最快的手机应用，也是增速最快的互联网服务”③，其用户数量“从零到亿仅用了 433 天”④。

作为时下最流行、最受欢迎、最广泛使用的自媒体平台之一，微信不仅深刻地改变着人们的交往方式，甚至也强烈地影响着人们的生活方式、学习方式、娱乐方式与思考方式。尤其是对于活跃在网络前沿、喜欢尝试新事物的大学生群体而言更是如此。在大学校园中，不论是在教室、图书馆还是在体育馆、寝室、食堂、操场，不论是独自一人还是三五成群，“低头族”“拇指族”随处可见。他们或语音，或视频，或触摸屏幕刷新朋友圈动态；他们或娱乐，或学

---

① 中国互联网络信息中心：第 32 次《中国互联网络发展状况统计报告》。

② 中国互联网络信息中心：第 46 次《中国互联网络发展状况统计报告》。

③ 方东兴、石现升、张笑容、张静：《微信传播机制与治理问题研究》，《现代传播（中国传媒大学学报）》2013 年第 6 期，第 122—127 页。

④ 张宝君：《“微信”莫演变成“危信”》，《中国教育报》2013 年 9 月 6 日，第 5 版。

习，或工作，或社交。不管做什么，也不管何时何地，使用微信早已成为当今大学生群体日常生活中无法割裂的一部分，并已经演变成大学生诠释生活的一种新方式。

根据第 43 次《中国互联网络发展状况统计报告》的调查数据，随着"在线教育移动化程度进一步加深，微信成为移动端学习的重要工具……轻量化、碎片化、结构化的知识更适合移动端的学习场景……由于微信在流量获取、社群运营、用户规模与黏性等方面的优势，越来越多的教育产品开始借助微信生态探索新的服务模式，吸引用户通过微信群、公众号、小程序等工具在线学习，并进行持续性分享"①。如今，"以微信为代表的即时通信产品对于各类生活服务的连接能力仍在持续拓展。与 2016 年通过移动支付连接各类缴费服务不同，微信在 2017 年初上线'小程序'功能，并以此为基础将连接能力向用户生活中的各类线上线下服务渗透。包括交通出行、线下餐饮、电子发票等多项生活服务被纳入其中。"②可见，随着时间的推移、技术的演进、创新的突破、需求的增加，微信越来越巧妙地融入阅听大众的人生。对于微信的这一发展态势，有学者曾作出判断，认为这"俨然已不只是一种现象，而更像是一种生活方式"③。

但值得注意的是，当我们不断意识到微信能够给阅听大众的生活、学习、工作、社交等方面带来极大便利，使参与新闻生产、制作、分享、接收、传播成为阅听大众的生活常态，并且让"人人都是自媒体"的道路走得更远更稳的时候，我们还必须对另一个问题给予特别关注，即阅听大众特别是大学生群体对微信的过度依赖所产生的负面影响。如：微信在使阅听大众更好地利用碎片化时间的同时，也加剧了阅听大众生活碎片化的程度；在娱乐大众的同时，也让人产生什么都可以拿来娱乐、消遣的思维错觉；以及"微信与互联网紧密相接，网络中的不良信息很容易透过微信渗入我们的生活，潜移默化地影响大学生

---

① 中国互联网络信息中心：第 43 次《中国互联网络发展状况统计报告》。

② 中国互联网络信息中心：第 41 次《中国互联网络发展状况统计报告》。

③ 王铮、徐志远：《微信对大学生思想政治教育的影响及对策探析》，《思想理论教育导刊》2014 年第 12 期，第 123—125 页。

的健康成长”①;等等。作为一名新时代的高校思想政治教育者,我们在警惕的同时,更要积极寻找有效路径规避这些问题的产生。

第二节　自媒体的发展现状与发展趋势

“新技术不仅仅是增加或减少什么东西这么简单,而是会改变一切。”②自媒体技术、自媒体平台为我们营造了一个新型媒介环境,对我们当下所处的这一新环境进行深入剖析不仅有助于了解自媒体的发展趋势,而且有助于我们对高校思想政治教育工作作出较为准确的定位。

一、自媒体发展现状

自媒体是新媒体发展的最新阶段,正确认知并准确分析其发展现状不仅有利于把握自媒体发展趋势,而且对于高校运用自媒体环境探寻思想政治教育的有效途径具有十分重要的价值。因此,厘清自媒体发展现状具有非常重要的现实意义。

(一)支撑自媒体的技术手段持续发展

“社会化工具的成功应用并无诀窍,而每个有效的系统都是社会因素和技术因素混合作用的结果。”③像众多新媒体一样,自媒体也是“利用数字技术、网络技术、移动技术,通过互联网、无线通信网、有线网络、卫星等渠道以及电脑、手机、数字电视等终端发展起来的”④,而且从我国当前技术总体发展水平来看,支撑自媒体发展的技术手段还是比较成熟的。自媒体能够迅速并成功引起阅听大众特别是大学生群体的注意,与许多技术条件的日臻完善都是分

---

① 张宝君:《“微信”莫演变成“危信”》,《中国教育报》2013 年 9 月 6 日,第 5 版。
② [美] 尼尔·波兹曼:《技术垄断》,蔡金栋、梁薇译,机械工业出版社 2013 年版,第 15 页。
③ [美] 克莱·舍基:《人人时代》,胡泳、沈满琳译,中国人民大学出版社 2012 年版,第211 页。
④ 王学俭、刘强:《新媒体与高校思想政治教育》,人民出版社 2012 年版,第 38 页。

不开的,如前文已经提到的维克托·迈尔-舍恩伯格指出的数字化技术的不断成熟、存储器价格的持续降低、互联网覆盖范围的日益扩大、数据提取技术的日趋简单,等等。尽管维克托·迈尔-舍恩伯格是将这些内容视为数字化记忆发展的驱动力,但通过分析,我们也发现,自媒体能够如此流行发展与其也是密切相关的。而当这些几乎“所有趋势普遍应用到通讯技术”①,应用到信息的生产、制作、分享、接收、传播等具体操作行为时,势必会造成整个媒介生态领域的巨大变化。对此,本书将结合维克托·迈尔-舍恩伯格的论述进行简要分析,阐释与自媒体密切相关的人类相关技术手段的发展。

首先,人类社会从模拟信号时代迈向数字时代是自媒体技术能够产生与发展的重要条件,因为信息从模拟到数字的转变,几乎已经影响到人类生活的方方面面。如,“我们听的是数字化音乐,拍照与录制视频使用的也是数字设备。我们创造的大部分文件,从简单的信件到复杂的设计,都是以数字形式存储的,并通过数字网络传送给收件人;全球电话网络也是基于数字代码;电影正在走向数字化;电视与广播也是同样如此。医疗诊断,从磁共振成像(MRI)到测量我们的血压或者体温,都以数字形式呈现其结果。甚至是孩子们玩的无线电操控的模型飞机、玩具火车与有轨电动模型赛车使用的也都是数字技术”②,而自媒体正是在数字化环境的基础上产生并逐渐发展起来的。

试想一下,如果我们的信息仍然没有被数字化,如果我们一直处在模拟时代,那将会是怎样一种场面呢?

对此,维克托·迈尔-舍恩伯格有过这样一段论述:

在模拟信号的世界,存储的信息往往是对原始信号相对准确的复制。比如,为了保存声音,它被转译成电信号,电信号随后又被用于磁化磁带的表面。不幸的是,当模拟信息(即以模拟信号的形式存储的信息)在随后被处理、存储与传送的时候,随机的变动,确切地说是噪声,总是被加进来,最终致使原始的信息无法理解。我们当中那些对于模拟音乐录音带

① [美]丹·吉摩尔:《草根媒体》,陈建勋译,南京大学出版社2010年版,第122页。
② [英]维克托·迈尔-舍恩伯格:《删除》,袁杰译,浙江人民出版社2013年版,第72页。

有印象的人对此太了解了：对一盒真正好的音乐磁带不断拷贝进行复制产生的，不是另一盒同样拥有良好音质的磁带，而是一盒音质不太好的磁带。在每一次复制的过程中，噪声慢慢混入录音中，降低了它的保真度。①

模拟时代与数字时代的联系与区别，并不是我们只言片语、简简单单几句话就能够解释清楚的事情，但如果我们也对维克托·迈尔-舍恩伯格所说的"磁带"有过记忆，我们就会想起：当我们每一次使用、复制磁带内容的时候，那些"噪声"或"杂音"总是会被加入复制的信息当中，复制后的声音质量或多或少都会有所下降。而这似乎也是模拟时代本身不能彻底根除和避免的问题，即模拟信号中的信息质量会随着时间的流逝、随着使用次数的增多而逐渐降低。

但数字时代的出现、数字化信息的应用却巧妙地解决了这一问题。经过数字化的信息，让阅听大众根本不用担心传播和复制可能会导致的质量受损问题，这就为阅听大众完美地处理、复制、传播信息奠定了基础。因为在自媒体的使用过程中，阅听大众最常见、最基本的操作就是创造包括文字、视频、音频、图片等在内的信息，以及接收、阅读、复制、分享、传播、评论他人创造的这类信息内容。倘若这些行为发生在模拟时代，阅听大众一次次的阅读、复制、分享、传播等行为势必会造成原始信息质量的下降，并导致其他使用者根本无法准确知晓该信息的内容。但当信息以数字化方式呈现出来的时候，不论阅听大众阅读、复制、分享、传播自媒体平台中的信息多少次，模拟时代的问题也都不太可能再次出现。

其次，信息存储器价格的降低也是自媒体发展不可或缺的硬件支撑。对于存储器的价格问题，我们可以通过比较的方式来证明这一条件的具备在推动自媒体技术发展与广泛应用的过程中占据着不可或缺的地位：

在20世纪40年代初，当数字处理技术刚刚开始起步的时候，数字存

① [英] 维克托·迈尔-舍恩伯格：《删除》，袁杰译，浙江人民出版社2013年版，第73页。

储的代价极其昂贵。第一台成功的商用计算机 UNIVAC(通用自动计算机)的主存储器有 12 000 个字符(字节),同时一盒磁带驱动着它的大容量存储器。一盒磁带能够容纳一兆字节(megabyte)。当时 UNIVAC 计算机的售价是 100 万美元,换算成现在的价格大约相当于 750 万美元。①

1957 年,IBM 推出了 305 计算机,这款计算机以磁盘作为存储设备,能够提高 5M 的空间,价格在 100 万美元左右(按 2006 年的货币换算)。②

20 世纪 50 年代,仅存储器的费用就高达大约每兆七万美元;到了 1980 年,这个价格已经降到了 500 美元以下(所有价格均换算为 2006 年的货币),连 25 年前价格的 10%都不到。20 年后,到了 2000 年,存储器的价格已经骤降到 1 美分左右,是 1980 年价格的五万分之一。到了 2008 年,一兆的存储器价格已经降到了 0.01 美分。50 年间,存储器的价格每两年大约就会下降一半,而存储密度则增加了 5 000 万倍,从 1956 年的每平方英寸 2 000 比特增加到 2005 年的 1 000 亿比特。③

假如储存海量信息的操作出现在 20 世纪 40 年代,想必计算机以及存储器如此昂贵的价格早就已经将普通阅听大众拒之门外了;同样,如果今天的信息存储设备只有 12 000 个字节或 5M 的存储量,当它面对每天、每时、每分、每秒都在生产、制作、分享、接收、传播信息的自媒体平台时,可能会立即导致自媒体平台的崩溃而根本没有运转和发展的可能。可见,廉价而丰富的数字存储设备让自媒体平台产生的海量信息有了寄存的场所,有了高速且自由流转的空间,使阅听大众在使用自媒体平台的过程中免除了对存储器容量有限以及价格昂贵的担忧。

再次,互联网覆盖范围日益扩大也是自媒体不可或缺的技术条件。如果没有全球覆盖的互联网络,自媒体平台中的海量信息根本无法实现自由分享、大量传播。如今,全球性互联网络已经消除地理限制,使用自媒体平台的任何阅听大众都能通过互联网获取任何自己想要的包括文本、图片、视频、音频、网

① [英] 维克托·迈尔-舍恩伯格:《删除》,袁杰译,浙江人民出版社 2013 年版,第 83—84 页。
②③ 同上书,第 84 页。

页等在内的各种信息。“仅仅几十年前还只能穿越大西洋去获取信息的人们，如今在自己舒适的办公室或者家里，以微不足道的成本达到同样的目的，而且非常快速。”①

（二）自媒体的社会基础日渐扩大

近年来，国家政策对于互联网发展层面的支持，以及个人评论、分享意愿的增强等，都使自媒体发展的社会基础日渐扩大并愈发坚实。

如今，各级政府对于自媒体平台的重视程度与日俱增，纷纷倾注大量人力、物力、财力，完善当地基础网络设施建设以实现更大范围的网络覆盖，不断开发和丰富政府自身在自媒体平台的各项服务。第49次《中国互联网络发展状况统计报告》的数据显示：“截至2021年12月，我国互联网政务服务用户规模达9.21亿，较2020年12月增长9.2%，占网民整体的89.2%……2021年，我国各省市积极探索、持续推进互联网政务服务建设发展，努力提升公共服务、社会治理等数字化、智能化水平。截至2021年11月，全国已有20多个省（区、市）相继出台数字政府建设的有关规划，为我国互联网政务服务发展注入新的活力。”②

2020年10月26日至29日，我国召开第十九届五中全会，会议特别强调我们要坚定不移建设“网络强国、数字中国”③，“加强数字社会、数字政府建设，提升公共服务、社会治理等数字化智能化水平……扩大基础公共信息数据有序开放，建设国家数据统一共享开放平台。保障国家数据安全，加强个人信息保护。提升全民数字技能，实现信息服务全覆盖”④。通过上述内容，我们可以判断，这些条件与政策的支撑和保障毫无疑问都有利于推动自媒体平台向更广泛的社会成员渗透。

“截至2021年6月，我国网民规模为10.11亿，较2020年12月新增网民

---

① ［英］维克托·迈尔-舍恩伯格：《删除》，袁杰译，浙江人民出版社2013年版，第102页。

② 中国互联网络信息中心：第49次《中国互联网络发展状况统计报告》。

③ 《中共中央关于制定国民经济和社会发展第十四个五年规划和二〇三五年远景目标的建议》，人民出版社2020年版，第12页。

④ 同上书，第14—15页。

2 175 万，互联网普及率达 71.6%，较 2020 年 12 月提升 1.2 个百分点”①，同时，“截至 2021 年 6 月，我国网民的人均每周上网时长为 26.9 个小时，较 2020 年 12 月提升 0.7 个小时”②。

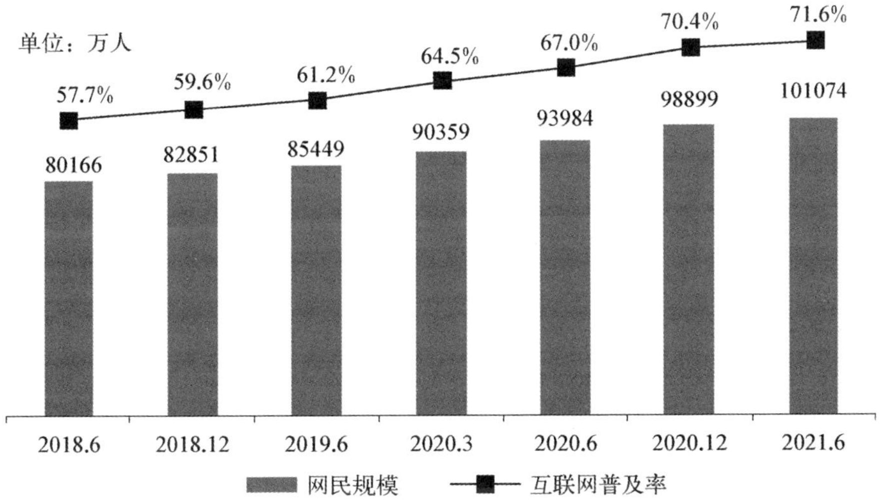

图 1－8　2018 年 6 月—2021 年 6 月中国网民规模和互联网普及率

图片来源：中国互联网络信息中心：第 48 次《中国互联网络发展状况统计报告》，2021 年 6 月。

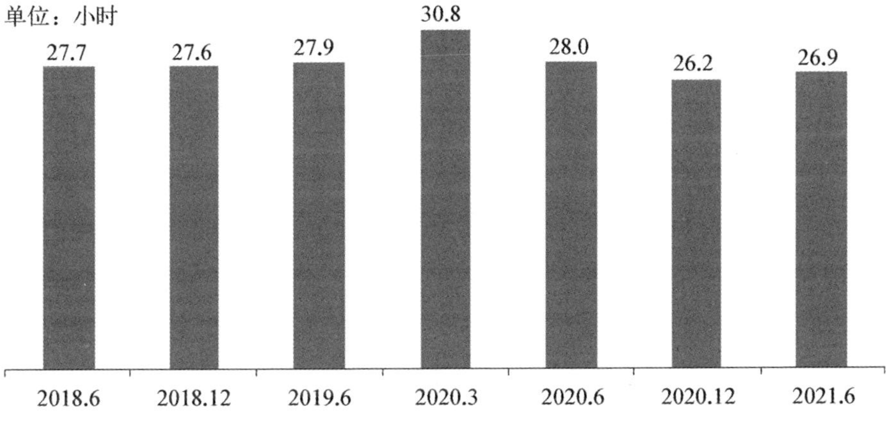

图 1－9　2018 年 6 月—2021 年 6 月中国网民人均每周上网时长

图片来源：中国互联网络信息中心：第 48 次《中国互联网络发展状况统计报告》，2021 年 6 月。

①② 中国互联网络信息中心：第 48 次《中国互联网络发展状况统计报告》。

可以说，在当前的媒介环境中，阅听大众对互联网的依赖无论在人数上还是在程度上都在不断增强，互联网俨然已经“成为新工具得体运作的环境”①。在已经掌握的相关数据中，我们发现，“截至 2020 年 12 月，在我国网民群体中，学生最多，占比 21.0%”②。鉴于学生群体是未来社会发展的重要储备力量，其生活方式、行为方式、信息获取方式都可能成为未来社会的主要模式，学生群体对网络的热衷和参与，愈加表明互联网以及自媒体社会基础的日渐扩大与坚实。

“社会一旦有技术上的需要，则这种需要就会比十所大学更能把科学推向

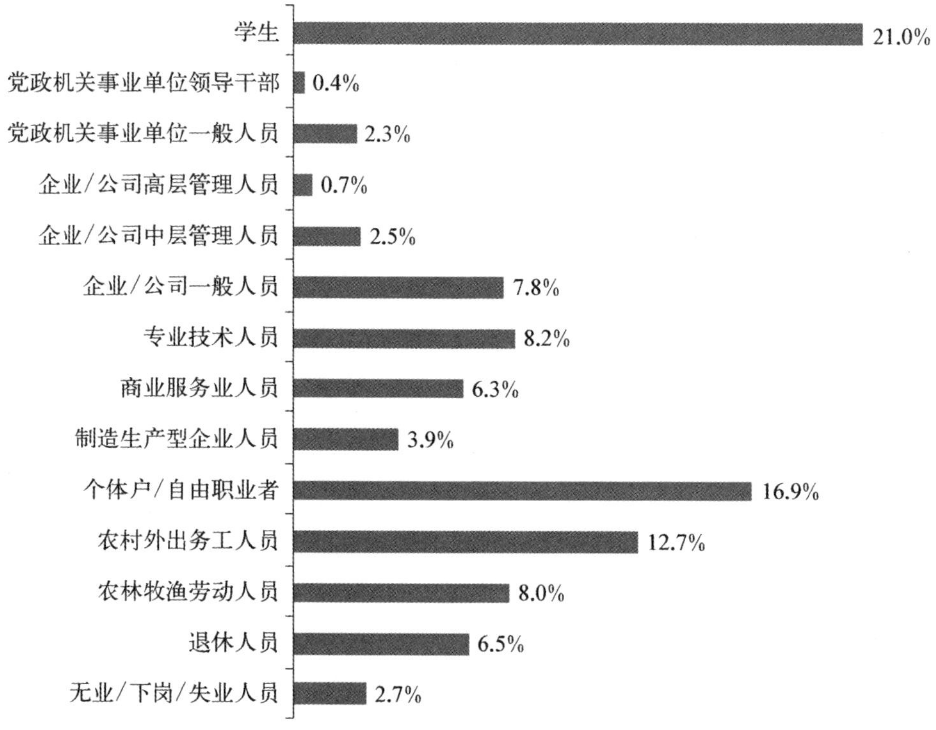

图 1－10 截至 2020 年 12 月中国网民职业结构

图片来源：中国互联网络信息中心：第 47 次《中国互联网络发展状况统计报告》，2020 年 12 月。

① [美] 丹·吉摩尔：《草根媒体》，陈建勋译，南京大学出版社 2010 年版，第 21 页。
② 中国互联网络信息中心：第 47 次《中国互联网络发展状况统计报告》。

前进。"[①]因此，除了上述要素之外，身处数字时代的阅听大众其分享欲望、了解海量信息需求、渴望与更多人沟通动机的不断增强理所当然地也成为自媒体平台发展过程中不可或缺的社会基础。

第 35 次《中国互联网络发展状况统计报告》中的数据显示："与'数字移民(Digital Immigrants)'相比，'数字原住民(Digital Native)'互惠分享的意愿更加强烈。调查显示，10—29 岁的年轻人相对于其他群体更乐于在互联网上分享，尤其是 10—19 岁的人群，有 65.9%的网民表示比较愿意或非常愿意在网上分享。随着未来这个群体逐步成为社会的中坚力量，互联网对互惠、分享、合作和创新的推动作用将表现的更加明显。"[②]可见，与以往相比，这种分享意愿也呈现出逐渐强烈的趋势，而其中分享的主要力量则集中在 10—29 岁之间，即该阶段的青少年是分享欲望最为突出的群体。毫无疑问，本书的研究对象也正在这个年龄区间。

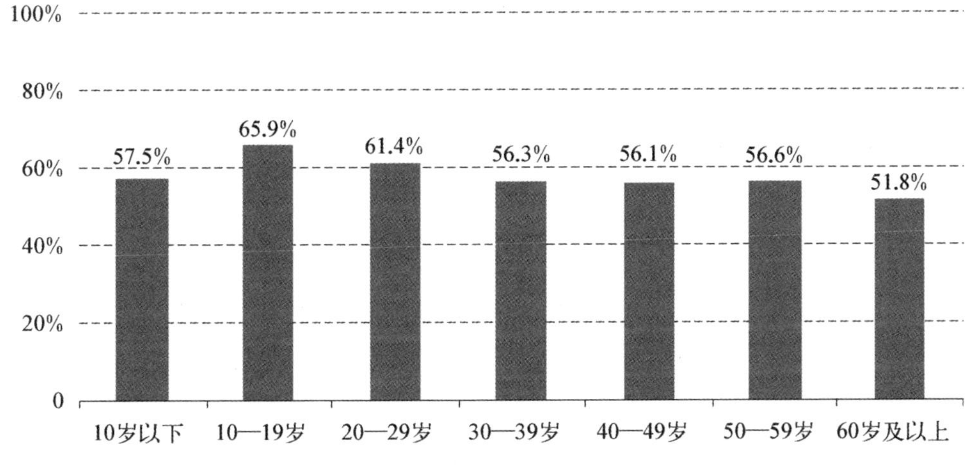

图 1-11　截至 2014 年 12 月不同年龄中国网民愿意网上分享的比例

图片来源：中国互联网络信息中心：第 35 次《中国互联网络发展状况统计报告》，2014 年 12 月。

关于"是否愿意在网上进行评论"这一问题的调查数据显示，"有 43.8%的网民表示喜欢在互联网上发表评论，其中非常喜欢的占 6.7%，比较喜

---

① 《马克思恩格斯全集》(第 39 卷)，人民出版社 1974 年版，第 198 页。

② 中国互联网络信息中心：第 35 次《中国互联网络发展状况统计报告》。

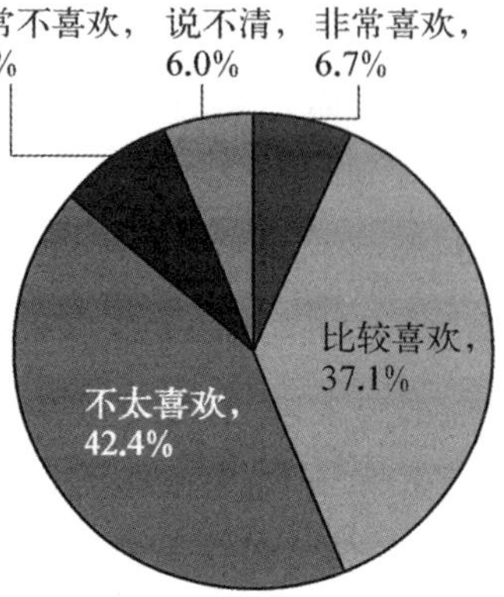

图 1－12　截至 2014 年 12 月中国网民评论意愿

图片来源：中国互联网络信息中心：第 35 次《中国互联网络发展状况统计报告》，2014 年 12 月。

欢的占 37.1％”①，与强烈分享欲望一致的是，“与其他群体相比，青少年群体的网络舆论表达意愿更强烈，尤其是 10—19 岁网民网上发言积极性最高，有 50.2％的比例；其次是 20—29 岁的网民群体，有 46.6％的比例”②。

此外，社会经济发展水平的提高，手机、平板电脑等移动终端价格的下降，也在很大程度上巩固了自媒体应用的社会基础，加之自媒体本身与学习、生活、娱乐、出行、医疗、消费等关系愈加密切，使其用户数量不断增加，用户范围不断扩大。

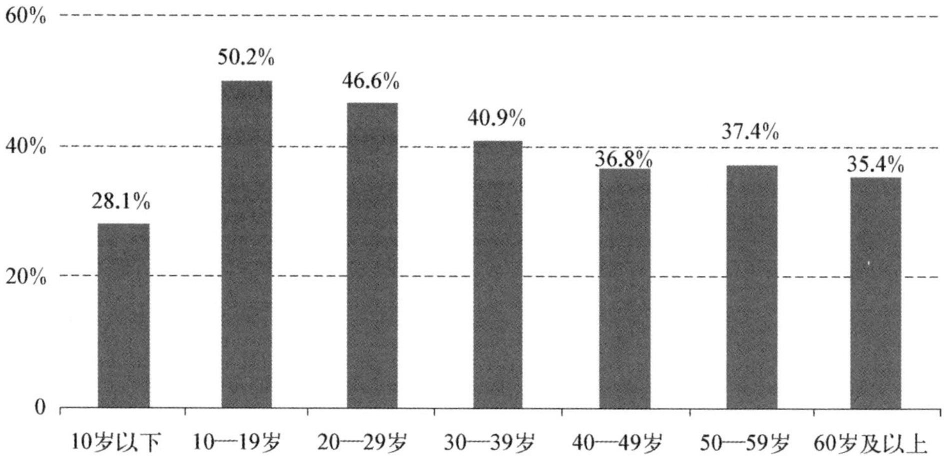

图 1－13　截至 2014 年 12 月不同年龄中国网民愿意网上评论的比例

图片来源：中国互联网络信息中心：第 35 次《中国互联网络发展状况统计报告》，2014 年 12 月。

二、自媒体发展趋势

信息技术手段的推陈出新，政府从政策层面给予的高度重视，个人欲望的

①② 中国互联网络信息中心：第 35 次《中国互联网络发展状况统计报告》。

不断增强等，都给自媒体技术、自媒体平台的迅速发展创造了良好的外部环境，从而使自媒体功能得以日臻丰富和完善，使用范围逐渐扩大，对阅听大众影响不断加深。自媒体整体发展前景呈现较为良好的态势。

（一）自媒体与传统媒体日趋融合

不论是从当今媒介生态系统中不断推陈出新的新平台来看，还是从这些新媒介的未来发展趋势来看，自媒体和传统媒体的互相融合都是不可避免的。事实上，也只有二者实现有效结合，更加便捷、更加和谐的媒介生态才能被创造，更加多样、更加全面的媒介需求才能被满足。

我们已然知道，博客、QQ、微信、微博、抖音、知乎、B站等自媒体和报纸、广播、电视等传统媒体都具有独特、不能互相替代的优势；但与此同时，由于各自特性的限制，它们也分别存在着倘若仅仅依靠自身则不能克服和超越的弱点。如果我们简单地从信息生产的角度来对二者进行一下对比，就能发现：

自媒体的优势在于，它拥有遍及全球的草根生产者和互联网络以及移动网络平台，能够第一时间为阅听大众提供第一手的信息；但缺点在于，信息质量往往参差不齐，鱼龙混杂，正确性、可靠性容易受到质疑。传统媒体的优势在于，拥有较为专业化的记者、科学管理的平台以及更专业、更准确、更严谨的表达规范，发布的信息往往都需要接受媒体把关人的审查，具有较高权威性；但缺点在于，有时候新闻的即时性和多样性在一定程度上会受到限制。同时，对阅听大众来说，占有和使用自媒体较为容易，只需要接入互联网、注册自媒体平台、掌握基本技术知识、拥有一台电脑或一部手机即可参与新闻的生产、制作、分享、接收、传播，这些因素都能够较为容易地集中在阅听大众个人身上。而传统媒体呢？这些由电视台、报社、媒体人等专业传媒机构与人士管理和运营的媒体形式，在某种意义上大大提升了阅听大众充分参与的门槛。

因此，自媒体和传统媒体只有互相融合，将二者优势互补，才能更好更快地将更加权威、更加及时、更加可信、更加多样的信息传递给阅听大众，才能满足阅听大众日益增长的媒介需求。如今，越来越多的传统媒体也确实开始将自媒体纳入自身发展体系当中，如：以中央电视台《新闻联播》为代表的新闻播报平台在通过电视播放节目的同时，也开设了微博、微信账号，为阅听大众提供精准、翔实、即时、多样的新闻资讯，进而有效提高了供阅听大众参与权威新闻平台的可能性和积极性。

关于自媒体与传统媒体的融合情况、融合效果，可以从相关数据中找到有力支撑。自2016年开始，人民网研究院就着手设计了媒体融合传播指数指标体系，旨在对党报的融合传播情况进行考察，并于2017年开始每年都发布报告。在《2020全国党报融合传播指数报告》中，我们发现，“2020年，党报在各个渠道的覆盖率均较2019年同期有所增长。全部党报的网站开通率依旧最高，为96.8%；微信平台和聚合新闻客户端入驻率均接近90%；84.4%的党报开通了抖音账号，较2019年增长最快；78.8%的党报建设了自有新闻客户端（APP）；76.1%入驻微博平台。”[①]在抖音这一自媒体平台上，“监测期内，有318家党报入驻抖音平台，比2019年增长68%。截至2020年8月15日，党报抖音号平均粉丝量为98.4万，比2019年增长将近4倍。人民日报抖音号粉丝量最多，达到1.06亿，光明日报、经济日报、解放军报、中国日报、中国青年报开通的抖音号粉丝量均超过千万”[②]，其中，“人民日报抖音号播放量最高，超过681亿次；光明日报、中国日报抖音号总播放量均超过百亿次；38个抖音号播放量超过10亿次”[③]。此外，“人民日报抖音号单条视频平均播放量为6 208万次，居所有党报抖音号之首，光明日报抖音号单条视频平均播放量也超过千万。中央级党报的抖音号短视频平均播放量为8 152 269，远远高于省级（487 602）和地市级党报（408 267）。党报抖音账号单条视频的平均分享次数为459次，中位数为93次，平均分享量最高的是人民日报抖音号，为1.9万次。”[④]

或许，自媒体和传统媒体在新闻传播、信息分享以及吸引、影响受众方面的竞争依然是不可避免的，但从未来发展来看，互惠互利的融合势必成为一种必然选择。通过上面这些数据，我们也能发现，不论对于传统媒体、自媒体还是阅听大众，融合发展所带来的效果是双赢的，这将是百利而无一害的、具有现实可能性的操作。同时，从突破传统媒体和自媒体本身的局限性来看，融合发展也是必然的。因为自媒体要提高其受众认可度以及信息的准确性、科学性需要依靠传统媒体的权威性，而传统媒体要提高其信息即时性则必须充分

---

①②③④ 人民网研究院：《2020全国党报融合传播指数报告》，《传媒》2021年第2期，第9—12页。

利用自媒体的便捷性、草根性与互动性。抛弃传统媒体的自媒体会造成价值扭曲、泥沙俱下、毫无章法的混乱局面，而抛弃自媒体的传统媒体也会滋生闭门造车、与新事物隔绝、影响力弱化的问题。可见，不论是自媒体抑或是传统媒体，单纯依靠自身都不可能满足阅听大众与日俱增的需求，都不可能真正赢得阅听大众的认可与支持，也都不可能创造和谐的媒介生态。因此，无论是从理论上分析还是从实践上考察，事实都已经充分证明，自媒体和传统媒体绝不能各自为战，只有相辅相成、互相融合才能创造互惠互利的局面，拓展二者的广阔发展空间，才能为阅听大众带来更多益处，才能实现对阅听大众的深度、有效引导，进而促进人类传播领域的纵深发展。

(二) 自媒体逐渐成为阅听大众使用的主要媒介

从当前自媒体发展状况来看，自媒体平台在种类和数量上将继续保持攀升势头，大有成为阅听大众主要使用平台的潜力。

“截至 2021 年 6 月，我国 30—39 岁网民占比为 20.3%，在所有年龄段群体中占比最高；40—49 岁、20—29 岁网民占比分别为 18.7%和 17.4%，在所有年龄段群体中占比位列二、三位。”[①]从数据中可以看到，年龄结构上，大量网

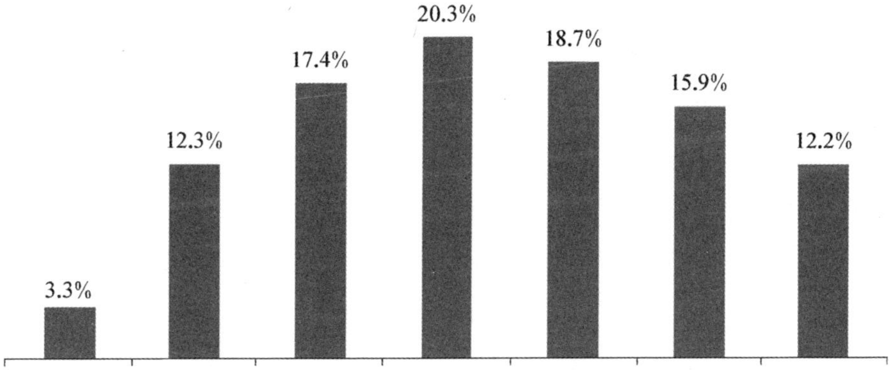

图 1-14　截至 2021 年 6 月中国网民年龄结构

图片来源：中国互联网络信息中心：第 48 次《中国互联网络发展状况统计报告》，2021 年 6 月。

① 中国互联网络信息中心：第 48 次《中国互联网络发展状况统计报告》。

民正处于中青年，而这些人也正是未来社会发展的重要储备力量。

那么，青年群体在使用哪些自媒体平台，或者在使用自媒体平台上的何种功能呢？

2022 年 4 月 21 日发布的《新时代的中国青年》白皮书明确指出："随着互联网的快速普及，越来越多的青年便捷地获取信息、交流思想、交友互动、购物消费，青年的学习、生活和工作方式发生深刻改变。在网络视频（短视频）、网络直播、网约车用户中，青年都是主体。中国青年日益成为网络空间主要的信息生产者、服务消费者、技术推动者，深刻影响了互联网发展潮流。"①

根据第 49 次《中国互联网络发展状况统计报告》的数据，我们也了解到："截至 2021 年 12 月，我国国内市场上监测到的 APP 数量为 252 万款。截至 2021 年 12 月，我国移动应用规模排在前四位的 APP 数量占比达 61.2%，其他生活服务、教育等十类 APP 占比为 38.8%。其中，游戏 APP 数量继续领先，达 70.9 万款，占全部 APP 比重为 28.2%。日常工具类、电子商务类和社交通讯类 APP 数量分别达 37.0 万款、24.8 万款和 21.1 万款，分列第二至四位。"②我们或许可以这样推断，在青年群体中广泛流行和使用的自媒体或自媒体应用很有可能在未来也会成为主要平台或主要应用。

同时，自媒体自身功能的不断完善以及其与传统媒体融合的必然趋势，加之全球数字化网络的构建，手机、平板电脑等移动终端设备的普遍应用，以及这些终端等在价格、功能、便携性上的不断完善，等等，都为自媒体在成为大众主流媒体的道路上奠定了基础、扫清了障碍、斩获了粉丝。而随着自媒体日益大众化，其对社会的影响也逐渐深入，除了娱乐消遣、信息获取、社交沟通等最初应用范围之外，自媒体的力量还渗透到政治、文化、医疗卫生、教育、公共交通等领域。

正如有数据表明："2021 年我国各类个人互联网应用用户规模呈普遍增长态势。其中，在线医疗、在线办公的用户规模增长最为明显，较 2020 年 12 月分别增长 8 308 万、1.23 亿，增长率分别为 38.7%、35.7%；网上外卖、网约车的用户规模分别较 2020 年 12 月增长 1.25 亿、8 733 万，增长率分别为 29.9%、

① 《新时代的中国青年》，《人民日报》2022 年 4 月 22 日，第 10 版。

② 中国互联网络信息中心：第 49 次《中国互联网络发展状况统计报告》。

23.9%；在线旅行预订、互联网理财、网络直播、网络音乐等应用的用户规模增长率也均在10%以上。”[①]通过数据与体验，我们越发强烈地意识到，自媒体早已成为人类社会生活中几乎不可或缺的存在。而自媒体还没有横空出世的那段岁月，尽管过去的时间还不久，但我们已然非常陌生。

然而，“新事物的发展不是对旧事物的彻底否定与抛弃，而是一个以旧事物为基础的创新过程”[②]。虽然自媒体的发展势不可挡，并有望成为阅听大众使用和喜爱的主要媒介，但这并不意味着它能够彻底取代传统媒体；自媒体只是媒体发展的一个新阶段，它是在传统媒体基础上逐步实现发展与飞跃的，而未来也势必会出现更新、更丰富、更先进的媒体类型来超越自媒体。只不过，面对自媒体平台强势的劲头，传统媒体的运营者、管理者绝不能大意，而是要积极采取与自媒体融合的多样措施，进而在新的媒介环境中获取更大的生长空间与更广泛的影响力。

值得注意的是，在自媒体环境中生活、学习、工作的任何阅听大众都会无一例外地受到该环境的影响和作用，都会享受自媒体环境所带来的便捷与实用，同时也承受自媒体环境对自身造成的包括思想意识、道德观念、价值判断和价值选择在内的各种影响与改变。因此，作为新时代的思想政治教育者，我们特别有理由要保持理性、冷静和清醒，不仅因为我们也是自媒体的使用者，更因为我们承担着立德树人的重要使命。我们需要引导阅听大众在有效使用自媒体平台的基础上审慎应对它可能带来的负面影响，进而避免过度依赖自媒体平台而产生的负面效应。

第三节　自媒体环境的主要特征

就本书开展的研究而言，自媒体环境就是自媒体技术、自媒体平台、自媒

① 中国互联网络信息中心：第49次《中国互联网络发展状况统计报告》。

② 王学俭、刘强：《新媒体与高校思想政治教育》，人民出版社2012年版，第45页。

体信息所形成的一种虚拟媒介空间。一般来说,“环境”的特点往往可以通过处于其中的事物之间的相互作用而得出。因此,对于自媒体环境来说,其特征也是在这些平台和信息的相互作用中体现出来的。

一、自媒体环境之自由与平等

根据对自媒体平台的使用感受,我们发现,微博、微信、QQ、抖音等自媒体平台,掌握它们是相对容易的事情,这是因为,它们并不需要阅听大众具有较高的文化水平或者具备丰富的受教育经历,也并不要求他们受过相关专业训练,只要拥有一部手机和网络便可开展信息的生产、制作、分享、接收、传播。这对于想要获得更多信息的阅听大众而言,实在是非常轻松的事情。对此,我们可以这样说,自媒体环境是一个对所有人都敞开怀抱的环境,对任何想要运用自媒体进行信息的生产、制作、分享、接收、传播的阅听大众,自媒体环境皆表现出了极大的包容性。当然,这里还有一个前提,那就是在法律法规和道德规范所允许的范围内,阅听大众对自媒体平台和自媒体环境中的信息享有自由、平等的使用权。对电子媒介提出过批评的尼尔·波兹曼曾经对电视作过这样一段评述:“电视是一种敞开大门的技术,不存在物质、经济、认知和想象力上的种种约束。6 岁的儿童和 60 岁的成年人具备同等的资格来感受电视所提供的一切。从这个意义上,电视是完美无缺的平等主义的传播媒介”①。一如一定程度上已经成为生活必备品的电视那样,21 世纪初产生并迅速流行的自媒体似乎也可以接受同样的评价。

关于自媒体所营造的自由、平等的环境,我们不难发现,这是由自媒体本身具有的草根性和开放性所促成的。在这样的媒介环境中,阅听大众在感受自由与平等之余,其个体性、主体性也与日俱增。而这种个体性、主体性还在随着对自媒体环境的习惯而日益强化,对此,也有学者指出,“自媒体的广泛应用,进一步促生了个人自由主义理念”②。那么,这种个体性和主体性的增强有何种意义呢?一方面,当每一个阅听大众的思想、观点、故事、情绪、声音都

---

① [美] 尼尔·波兹曼:《童年的消逝》,吴燕莛译,中信出版社 2015 年版,第 115 页。
② 聂智:《自媒体领域我国主流意识形态的话语权研究》,人民出版社 2020 年版,第142 页。

能够被记录、被展示、被阅读、被聆听的时候，这不仅是社会包容度的极大彰显，也是社会生活丰富性的充分体现；另一方面，当每一个阅听大众都能够参与到社会信息的生产、社会氛围的营造、社会舆论的引导的时候，阅听大众创造美好生活的动力会被更大程度地激发出来，从而有助于我们整个美好社会、和谐社会的构建。但有一点也特别值得注意，那就是阅听大众在展示并发挥个体性和主体性的过程中，务必需要思想政治教育者对其进行积极引导，使阅听大众知晓相关的边界与规范，避免错误信息、消极现象的生产与出现。

二、自媒体环境之混乱与无序

有学者指出，“自媒体场域信息传播的非中心性和离散性特征使得民众在获取信息方面由过去的单一性向多元性转变，在这一转变的过程中自然会呈现出一些无序性特征。这种无序性降低了主流意识形态在传播方面的针对性，也增加了监管的难度”①，事实上，“网络世界本身是一个缺少秩序的世界”②。

如前所述，滥用自媒体平台及自媒体环境中的信息在一定程度上容易导致自媒体环境的混乱与无序，不利于阅听大众对良好信息环境的体验，也不利于和谐社会环境的构建，更不利于美好生活的创新创造。这是因为，一般而言，阅听大众都是根据自己的喜好与需要生产、制作、传播、分享、接收、吸收与自己有关的生活、学习、工作、娱乐等方面的信息，而不同阅听大众所具备的思想道德素质、科学文化素质以及价值判断和价值选择的能力是有差异的，因此，阅听大众在海量丰富、良莠不齐的信息面前所采取的态度、方式和策略也会呈现差异性。面对相同的信息，有人理智，有人质疑，也有人盲从；面对相同的现象，有人冷静，有人焦虑，也有人不在乎；面对相同的情绪，有人合理引导，有人蓄意利用，也有人无情漠视。与此同时，自媒体本身也并不具备对阅听大众所生产、制作、分享、接收、传播的信息加以区分和筛选的能力，况且还有一些别有用心的人迫切地需要这种看似“多样的、新鲜而有趣”的信息来吸引更

① 聂智：《自媒体领域我国主流意识形态的话语权研究》，人民出版社 2020 年版，第 45 页。
② 同上书，第 55 页。

多的阅听大众、博取更多的眼球、获取更多的利益，这就加剧了海量信息的混乱状态。如果没有较为权威性的信息生产者、信息传播者或信息接收者来引领大众、引导舆论，势必会造成阅听大众思想层面的混乱与失序。

此外，这样的自媒体环境还会导致另一个可能的问题，那就是阅听大众的思考容易被干扰。鉴于混乱、复杂的信息环境会使阅听大众不能进行正常判断，在面对极其复杂、多样的海量信息时，阅听大众如果不具备笃定的价值判断和鉴别错误信息的能力，则存在被错误思想引导的可能性，特别是当别有用心的人蓄意制造迷惑性内容的时候。对于世界观、人生观和价值观正处于形成时期的大学生而言，更是如此。正如有学者所指出的那样，“凭借网络资源优势和自媒体技术应用方面的优势，西方价值观念、社会思潮、行为习惯等意识形态渗透的渠道更加隐蔽化、多元化、大众化、娱乐化、年轻化，容易对我国民众思想和生活产生影响，不仅可能会弱化我国主流意识形态的传播，还可能会增加对民众进行思想教育的难度”①。这也是我们如今特别注意培养大学生具备独立思考能力、独立判断能力的重要原因之一。

三、自媒体环境之零散与碎片

零散化与碎片化并非随着自媒体的产生而产生，但自媒体的发展却对零散化和碎片化起到了推波助澜的作用。事实上，碎片化现象在一定程度上也是工业化的发展所催生的。工厂里，“每一操作过程都分割成最小的可分部分，然后分派工人看管每一微乎其微的细部。这样，这些单独的工人便完全不同于旧式的手艺人，他们不再对整个过程的意义有任何了解，也不知道自己在其中扮演的角色”②，这意味着，在一个产品的完整生产过程中，工人只需要对自己所参与的部分负责，而无需从头到尾地关注产品的整个生产流程，因此，他们并不像传统的手艺人那样会与产品本身密切相关，也并不需要具备生产整个产品可能用到的所有知识理论和专业技能，他们储备的知识与技能只要能够完成其所负责的那部分工作就可以。这同样意味着，工人不需要了解整

---

① 聂智：《自媒体领域我国主流意识形态的话语权研究》，人民出版社 2020 年版，第 51 页。

② [美] 弗雷德里克·杰姆逊：《后现代主义与文化理论》，唐小兵译，陕西师范大学出版社 1987 年版，第 215 页。

体，只要全身心投入某个零部件的生产、制作中，整个生产线依然可以推进、工人的生计依然可以维持。从某种程度上来说，工业化的发展逐渐让工人与产品的关系发生了微妙改变，他们并没有因为效率的提升而变得更加亲近，相反，而是变得更加疏远了。

个体的“所思”会影响其“所行”，反之亦然，这是因为思维与行为往往会具有一致性的倾向。因此，当个体的行为开始零散化的时候，其思维的零散化也就随之开始了。与工业化时代的“零散化”相比，自媒体环境中的“零散化”表现可以说是有过之而无不及。此外，由于微信、微博、B站、抖音等自媒体平台的设计需要，其承载的信息一般都是短小精悍、语言精练、图文并茂、内容多样的，这些信息像碎片一样被自媒体平台串联在一起，有时候彼此之间还可能会毫无关联。而那些热衷于自媒体平台的阅听大众为了能够呈现所见所闻、所思所想，也为了获得更多关注，便不断将自己生产的新闻加工成言语精练、内容有趣、图文并茂等的各种碎片化信息。从表面上看，这似乎对阅听大众大有裨益。这种信息呈现方式不仅符合当今阅听大众快速的生活节奏，也满足了他们高涨的求知欲望，而且似乎丝毫不会阻碍他们前进的脚步；但深入探究就能发现事实远非看到的那样简单。随着阅读、写作过程中出现的碎片化倾向，思维在某种程度上也会逐渐变得碎片化，进而转向逻辑、理性、有序的对立面。

也正是在这种时刻，自媒体本身所蕴含的矛盾便充分暴露了出来，即自媒体在使人类有效利用碎片的同时，也使人类的时间、行为、思维变得更加碎片化。有很大概率，大学生会是最先呈现出这种矛盾的群体之一。这一方面与大学生群体长时间接触自媒体有关；另一方面也与大学生对自媒体的使用较为全面有关，其使用领域既涵盖学习、社交，还涉及娱乐、出行与消费。面对大学生群体可能呈现的新变化，思想政治教育者要予以特别关注，因为自媒体环境中这些零散的信息不仅会潜移默化地阻碍大学生形成有逻辑、有次序、有深度的思考能力，而且会对大学生的价值判断与价值选择产生影响。

第二章

自媒体环境对高校思想政治教育者和教育对象的影响

“教育者和教育对象是思想政治教育的两个基本要素，在思想政治教育中起着基础性和决定性的作用。”[①]因此，在自媒体环境下进行高校思想政治教育研究，务必要了解自媒体环境对高校思想政治教育者[②]和教育对象这两个基本要素的影响与改变，这不仅是我们开展研究工作的前提，更是探寻有效工作路径的重要抓手。

第一节　自媒体环境对高校思想政治教育者的影响

“思想政治教育者是指依据一定阶级、政党的要求对教育对象进行思想政治教育，以提高教育对象思想政治素质的个体或群体。”[③]在自媒体环境中，高校思想政治教育者最突出的改变表现在其权威地位以及传统教育模式受到挑战，本部分也将着重从这两个方面入手，对这些影响及其背后的成因进行深入分析。

一、自媒体环境对高校思想政治教育者地位的影响

一般情况下，我们会觉得，那些受教育时间较长和受教育经历较为丰富的人通常在很多方面具有较大发言权，而且也往往能够被人信服。人们作出这

---

①③《思想政治教育学原理》编写组：《思想政治教育学原理（第二版）》，高等教育出版社 2018 年版，第 183 页。

② 本书中的高校思想政治教育者是一个广义概念，既包括从事辅导员工作的思想政治工作者，也包括在思想政治理论课堂与其他课堂的师者。

种判断,一方面是因为,个体知识储备方面存在差异,教育者在知识占有方面更胜一筹,长久的受教育过程为其积累了丰富的知识、娴熟的技能和实用的经验,使其能够对事物的发生发展作出更为准确、更为合理、更为恰当的解释,所以,人们更加愿意相信教育者所传递的信息;另一方面是因为,传统教育观念发挥影响,在很长一段时间里,人们都认为学校是一个重要的心智养成所,似乎只有接受过系统的学校教育,个人才能更具竞争力、心智才能更加健全、思想才能更加成熟、品格才能更加完善,所以,教育者会被视为更有智慧、更有主见的存在。教师这一职业在过去能够具有较高权威和地位也是由此逐渐发展而来的。

但在自媒体环境中,高校思想政治教育者在传统氛围中形成的此种权威地位却在一定程度上有所动摇、有所减弱。关于这种"权威地位"受到的挑战,我们可以从以下两个角度来解读:

第一,高校思想政治教育者与高校思想政治教育对象之间在信息占有方面的差异被缩小。如今,自媒体环境不仅让身处其中的每个大学生都能接触海量信息、了解丰富多样的新闻,而且还为大学生提供了"媒介接近权"、赋予了每个大学生接触"麦克风"的机会,使他们能够随时随地生产、制作、分享、接收、传播海量信息。在这样的图景中,我们发现:自媒体环境所提供的海量信息是平等地呈现在所有思想政治教育对象面前的,不会因信息接收对象的身份、阅历、学历、年龄等存在差异而设置信息接收的屏障,这就改变了以往那种只有经过相当时长的教育才有机会获取某种更高层次的知识,某种更深奥的理论、更丰富的经验的传统观念(尽管大学生可能并不理解他们获得的知识、理论与经验,但这一点都不妨碍他们能够接近这些信息)。

于是,传统教育模式中"建立在教育双方理论与知识信息不对称基础上的相对优势格局被打破"①,高校思想政治教育者在信息占有、信息传播、信息分享过程中的优势逐渐被降低。对于高校思想政治教育对象而言,聆听思想政治教育者的讲授不再是他们获得思想理论、价值观念、实践经验、知识体系等

① 赵宏:《自媒体时代大学生思想政治教育面临的挑战与对策》,《学术论坛》2013 年第 5 期,第 213—217 页。

信息的唯一途径,因为“教师垄断知识、受教育者必须被动接受知识的关系已经不复存在。在各种高科技手段的辅助下,学生掌握某些新知识、新技能的速度甚至比教师还快”①,而自媒体环境在这些方面能够给予的甚至更即时、更全面、更丰富,也更准确。如此一来,随着自媒体平台和自媒体环境对社会生活介入程度的不断加深、参与领域的不断丰富,对思想政治教育者权威身份进行挑战的声音便渐渐产生了。

第二,高校思想政治教育者信息“把关人”地位被削弱。在传统高校思想政治教育环境中,有一点几乎是毋庸置疑的,即思想政治教育对象无论是从社会环境中还是从思想政治教育者身上学习到的思想理论、价值观念、实践经验、知识体系等信息基本上都是经过“先过滤再传播”的,都是符合社会主义核心价值观并且都是有利于思想政治教育对象健康成长成才的。这是因为,在传统媒体环境中,为了防止错误、有害信息的输入,主流新闻机构、专业新闻工作者和媒体把关人通常会在信息传播之前将信息进行筛选和过滤,剔除糟粕,留取精华。这样的操作,一方面有利于构建健康、正常的媒介生态环境,另一方面则有利于帮助阅听大众形成正确的价值观。

同样,在传统媒介环境中,高校思想政治教育者也大致遵循着相似的信息传输顺序,这就意味着高校思想政治教育对象所收到的信息基本上都会是科学的、正确的、积极的,即便存在负面信息也会是少数。正因如此,当高校思想政治教育对象把学校、思想政治教育者作为主要的知识获取渠道时,社会、家庭在很大程度上不必担心思想政治教育对象所学到的思想理论、价值观念、实践经验、知识体系等信息会阻碍其自身的成长,或者妨碍社会的发展(其中有时不乏一些反面教材,但从总体上而言,这些反面教材仍然是极少数)。可见,在传统媒介环境中,高校思想政治教育者信息“把关人”的地位是较为稳固的。

然而,这种稳固的地位却在自媒体环境中遇到了极大的挑战,这是因为:自媒体环境在无差别地给思想政治教育对象输送信息的过程中,也无差别地把各种各样的信息输送了出去。这些信息中既有说理充分、准确可靠的正确内容,也有颠倒是非、混淆视听的错误内容;既有向善向上、满是正能量的积极

---

① 教育部课题组:《深入学习习近平关于教育的重要论述》,人民出版社 2019 年版,第 136 页。

内容，也有悲观颓废、处处负能量的消极内容；既有符合法律法规的理性内容，也有披着良善外衣的低俗内容；等等。面对这些庞杂的信息，高校思想政治教育者无论是时间上还是精力上、无论是从理论推断上还是从现实可能上，都无法做到对每一条信息都进行把关与筛选。而自媒体环境催生的这种局面，一方面导致信息“先过滤再传播”的传统顺序被打破，另一方面则导致高校思想政治教育者在信息把关方面的难度大大增加，其稳固的把关地位也渐渐被动摇。

对此，高校思想政治教育者必须给予充分重视，积极思考如何有效应对地位方面的挑战，主动担当起塑造人、引导人的使命，担起信息“把关人”的职责，帮助高校思想政治教育对象在海量信息环境中找准人生发展的定位、坚定正确价值判断和价值选择。

二、自媒体环境对高校思想政治教育者教育模式的影响

“离线课堂”（线下教育）和“在线课堂”（线上教育）的称谓是互联网产生以后为区分不同思想政治教育形式才被广泛使用的，依托互联网开展的思想政治教育活动被称为“在线教育”，反之则被称为“离线教育”。“近几十年来，网络使我们的生活发生了翻天覆地的变化，它也似乎有望改变高等教育的模式。”①

传统教育模式中，高校思想政治教育基本上都是通过第一课堂和第二课堂即离线形式开展的。但随着近年来大学生对互联网的依赖程度愈来愈高，高校思想政治教育者也发现，若继续单纯依托离线课堂展开思想政治教育活动，不仅会导致网络教育阵地的失守，也会导致教育效果的欠佳，因此，在自媒体环境中，高校思想政治教育者开始逐渐注重离线思想政治教育与在线思想政治教育相结合。

尽管互联网产生之后在线教育就开始得到应用，但建立思想政治教育公众号、完善专题网站、构建网络思想政治教育资源库、开发网络思想政治教育新模式是直到近年来才开始大规模发展并愈加成熟的。特别是新冠肺炎疫情

---

① ［美］杰弗里·延森·阿奈特：《长大成人：你所要经历的成人初显期》，段鑫星、刘琪、宋雪冰等译，科学出版社 2016 年版，第 152 页。

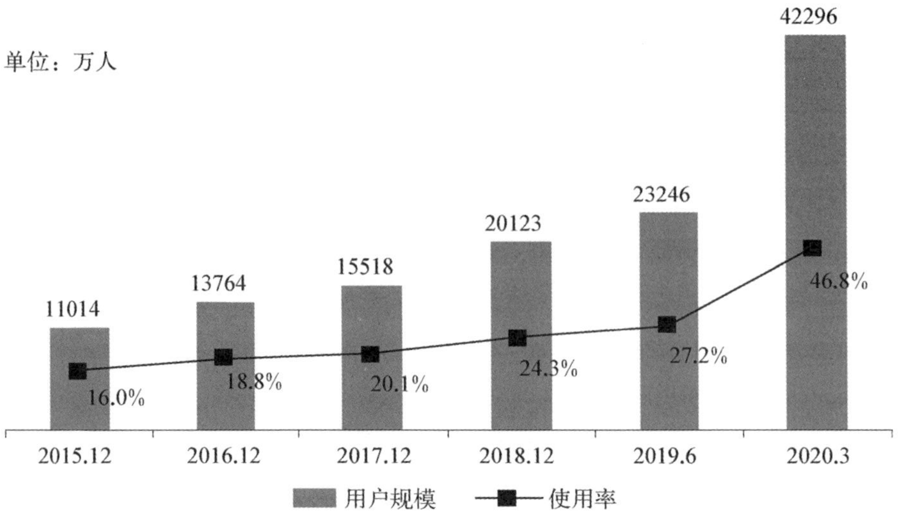

图 2-1　2015 年 12 月—2020 年 3 月中国在线教育用户规模及使用率

图片来源：中国互联网络信息中心：第 45 次《中国互联网络发展状况统计报告》，2020 年 3 月。

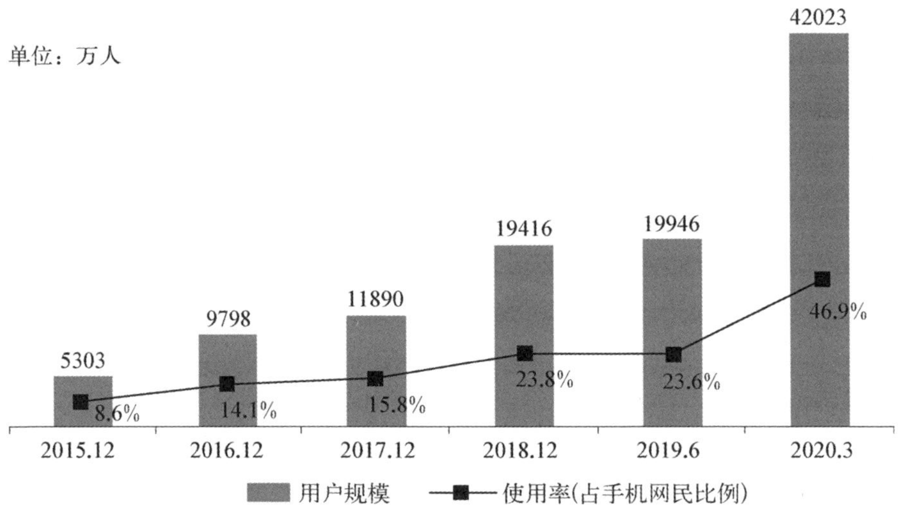

图 2-2　2015 年 12 月—2020 年 3 月中国手机在线教育用户规模及使用率

图片来源：中国互联网络信息中心：第 45 次《中国互联网络发展状况统计报告》，2020 年 3 月。

发生后，高校思想政治教育者对在线思想政治教育的探索逐渐增多，在线思想政治教育的可行性路径也不断被创新和发展。数据显示，“截至 2020 年 3 月，我国在线教育用户规模达 4.23 亿，较 2018 年底增长 2.22 亿，占网民整体的

46.8%；手机在线教育用户规模达 4.20 亿，较 2018 年底增长 2.26 亿，占手机网民的 46.9%。受新冠肺炎疫情影响，全国大中小学开学推迟，教学活动改至线上，推动在线教育用户规模快速增长。"①

离线思想政治教育主要包括课堂讲授、座谈会、讲座、宣讲、课外实践活动、参观等，更侧重"面对面"对思想政治教育对象进行引导和教育。在该教育模式中，高校思想政治教育者能够见到现实生活中的思想政治教育对象，并能与其进行直接、现场、真实的讲授、沟通和交谈。这种教育模式的优势在于，高校思想政治教育者可以直观、及时、敏锐地获取思想政治教育对象的反应、情绪和态度，并据此展开深层次的、有针对性的思想政治教育活动。这不仅有利于高校思想政治教育对象更直观、更迅速地从思想政治教育者的言传身教中习得各种思想理论、价值观念、实践经验、知识体系等信息，而且有利于他们直接地、迅速地反馈自身问题和想法并及时向思想政治教育者请教，避免了信息反馈的滞后性；同时，因为"离线课堂"的主动权在高校思想政治教育者手中，他们能够从内容上把握信息的传递、从节奏上调节传播的速度、从方法上调整手段的使用，以便思想政治教育对象可以对信息进行更为充分的吸收、理解与认知。但不能否认的是，高校思想政治教育者在离线思想政治教育中可能会由于工作时间和课堂时长有限、距离较远以及个人情绪状态、生活压力等问题而不能高频次地、长时间地进行面对面教育，进而导致思想政治教育的实效性、针对性受损。与此同时，短暂的课堂讲授、面谈以及有限的社会实践活动似乎并不能对高校思想政治教育对象产生更为持久的影响力，而为了实现从"一阵子"影响到"一辈子"影响的推进，高校思想政治教育者不得不需要借助其他路径才能实现。

毫无疑问，依托自媒体环境所开展的在线思想政治教育有效弥补了传统高校思想政治教育在这一方面的劣势，为"一阵子"影响到"一辈子"影响的实现提供了更多可能。在以微博、微信、网络论坛、门户网站、B 站等为依托的自媒体"在线课堂"中，高校思想政治教育者与高校思想政治教育对象能够在任何时间、空间保持语音、视频这类不见面或者见面的沟通与交流，而自媒体传

① 中国互联网络信息中心：第 45 次《中国互联网络发展状况统计报告》。

输形式上的丰富多样（文字、图片、音频、视频等多媒体方式）也不断丰富着众多思想政治教育对象的体验。可见，相比“离线课堂”教育模式而言，自媒体极大地提高了高校思想政治教育内容的传播效率和传播范围，有效地克服了线下教育中时间、距离等问题。但是，长时间的线上教育也催生了一系列问题，如思想政治教育对象可能会因为沉迷网络而产生如前所述的阅读方式、思考方式、话语方式；思想政治教育者可能会因为不能及时、直接捕捉思想政治教育对象的反应变化、情绪变化、态度变化而无法作出更为精准的判断；思想政治教育方法可能会因为不够直接、生动而无法吸引思想政治教育对象的注意力；等等。

但无论如何，变化已然成为不可更改的事实，并且更多新变化仍在发生或者即将发生，如果我们“仅仅用过去曾经发挥过积极作用、取得过良好效果的方法，来解决现代思想政治教育面临的新任务、新课题，是远远不够的，必须在继承的基础上进行创新”①。正因如此，作为开展大学生思想政治教育活动的主力军，高校思想政治教育者在具体实践中务必要注重平衡传统“离线课堂”与自媒体“在线课堂”之间的关系，充分发挥离线思想政治教育与在线思想政治教育的各自优势，使“离线课堂”与“在线课堂”能够有效配合，创新“离线课堂”“在线课堂”育人形式，深入探索不同课堂教育所需要的教育风格、教育内容、话语结构，“切实用好、管好自媒体工具，形成‘网上’和‘线下’思想政治教育的有效融合”②，从而对思想政治教育对象形成多视角、全方位的教育和引导。

第二节　自媒体环境对高校思想政治教育对象的影响

自媒体形成的新型媒介空间，深刻重塑了思想政治教育对象生活、学

① 陈万柏、张耀灿：《思想政治教育学原理（第二版）》，高等教育出版社 2007 年版，第 231 页。
② 吴智军：《自媒体时代大学生思想政治工作探析》，《思想理论教育导刊》2014 年第 2 期，第 129—131 页。

习、娱乐、社交的环境，使“他们在学习与生活的方式、接受信息的形式、交往活动的方式、个性心理与思想观念的发展等方面都发生和正在发生着重大的变化”①，“他们无法想象自己的生活没有电子设备的陪伴会变成什么样子”②。

有学者指出：“思想政治教育工作在新时期遇到的新挑战，集中体现在教育对象的新变化上。”③这意味着，准确把握思想政治教育对象的新变化将是有效迎接思想政治教育工作新挑战的关键任务。作为新时代的高校思想政治教育者，我们务必要抓住这一关键任务，对自媒体环境中高校思想政治教育对象的新变化展开深度研究。在本书中，笔者将从高校思想政治教育对象在社交方式、阅读方式、思考方式、话语方式等方面发生的变化着手进行探究，以期为提升高校思想政治教育实效性提供更多、更直接的抓手。

一、高校思想政治教育对象社交方式的改变

对大学生而言，社会交往是大学生获取知识和信息的一条重要渠道，也是大学生实现与他人连接、保持紧密关系的一种主要方式。如今，自媒体环境的形成正逐渐改变着大学生的社会交往方式，自媒体社交俨然成为其生活中不能分割的一部分，并逐渐发展成为大学生的主要社交手段。通过理论研究和实践调研，我们都能看到，新时代的大学生在自媒体社交的影响下，与他人的连接关系不论是在深度上还是在广度上都发生了不同程度的变化。

一般地，我们将以互联网为基础的社会连接方式称为在线连接，将现实生活中的社会连接方式称为离线连接。自媒体社交方式是大学生离线社交方式的有效延伸与补充，主要是指大学生运用自媒体平台上的社交工具与他人进行沟通、交流并保持连接的方式。有学者总结：“如果说互联网改变了人们获取信息的方式，那么自媒体则改变了人与人之间的交往方式。如今，在‘单位人’向‘社会人’转变，工作压力持续增大，信息快速传递的时代，人们需要抒发

---

① 张再兴等：《网络思想政治教育研究》，经济科学出版社 2009 年版，第 492 页。

② ［美］杰弗里·延森·阿奈特：《长大成人：你所要经历的成人初显期》，段鑫星、刘琪、宋雪冰等译，科学出版社 2016 年版，第 198 页。

③ 刘建军：《寻找思想政治教育的独特视角》，中国人民大学出版社 2017 年版，第 134 页。

情怀，需要相互取暖，更需要及时交流信息，从而找寻内心的安慰与平衡，自媒体迎合现代人们心理需求，搭建交流平台。在自媒体领域，互动从 1 到 N，从 N 到 N，不仅快捷而且多元多向，处处都是中心，没有边缘。”①对多数大学生来说，自媒体社交是其日常生活中不可或缺的组成部分。因为他们几乎每天都会在微博、微信、QQ、抖音、B 站等自媒体平台上与他人沟通情感、讨论学习和生活、更新朋友圈状态、为感兴趣的消息点赞、与新朋友建立连接以及参与信息的生产、制作、浏览、转发、评论，等等。

自媒体社交之所以能够成为大学生最主要的社交方式，除了与自媒体本身所具备的交互性、即时性、去中心性、多样性、平民性、草根性、自主性、开放性等特性密切相关之外，还与以下几个方面有关：

第一，便捷的技术手段。自媒体社交常常依托手机、平板电脑等移动终端，其便捷性有利于大学生随时随地开展在线社交。近年来，智能手机的广泛流行与互联网的迅速普及，为自媒体社交方式提供了硬件和软件层面的基础，进而加速了“大学生‘在线’常态化”②进程。同时，这种状况也加强了大学生利用移动终端开展社交的依赖性。

第二，性价比较高的网络资费。对大多数学生来说，经济因素在一定程度上会左右他们在社交方式上的选择。假如一种社交方式需要昂贵的硬件和软件才能达成，那么，这种社交方式就很难对它的用户产生持久的吸引力，这种社交方式本身也很难广泛流行起来。然而，我们面对的自媒体却完美地避开了这些可能会引起用户流失的问题。众所周知，近年来，智能手机的价位选择越来越多，消费者一定能在自身可以承受的范围内买到一款心满意足的移动终端；同时，移动互联网在资费方面也展现出极大吸引力。这些优势都精准地满足了大学生群体在经济实惠方面的标准，从而显著地提升了大学生群体对自媒体的使用概率。此外，很多自媒体社交不仅能够支持文字、图片交流，还支持语音、视频通话，在很大程度上能够替代发短信、打电话等社交方式，而且

---

① 聂智：《自媒体领域我国主流意识形态的话语权研究》，人民出版社 2020 年版，第 140—141 页。

② 商丹、朱喆：《基于新媒体交往方式的大学生网络思想政治教育创新》，《学校党建与思想教育》2014 年第 17 期，第 69—71 页。

价格也更为便宜，因此，不论是从经济上还是从心理上考虑，大学生群体都会更倾向于选择自媒体社交方式。

第三，自由度较高的社交选择。自媒体社交既支持实名制的沟通交流、情感传递，同样支持以匿名方式表达情感、发表观点、参与讨论，这种自由度较高的社交方式为大学生提供了广阔的表达空间，因而更容易受到大学生的青睐。此外，与书信、电话等传统社交方式相比较而言，自媒体社交能够较为轻易地实现信息的高频率相互传递（书信需要有较长的等待周期，电话则需要对方接通才能实现双向沟通），这一便捷性也有效地增强了人与人之间直接的连接关系。

尽管自媒体社交与离线社交的区别是显著的，但不可否认的是，二者在某种程度上正呈现出相互促进和强化的趋势。作为一种全新在线社交方式，自媒体社交是对离线社交的一种延伸、强化和补充，它“有利于加强与朋友在现实世界中的关系”①。在大多数情况下，我们越来越发现，我们在自媒体环境中的社交行为对象与现实生活中的社交行为对象具有高度重合性。自媒体社交中双方身份与现实生活中双方身份同一化的现象，不仅使自媒体社交圈成为离线社交的延展，便于双方在线上线下随时随地展开交流，而且使自媒体平台成为强化现实生活社交圈的重要工具，正是在频繁的互动中双方的联系越发紧密，情感也越发深厚。可见，自媒体在维护和加深社会关系方面正逐渐发挥愈加重要的作用。由此，自媒体社交能够成为在大学生群体中风靡和流行的主要社交手段也就不难理解了。

二、高校思想政治教育对象阅读方式的改变

不同的信息呈现方式需要不同的阅读方式与之相匹配和适应，只有这样，我们才能够通过阅读行为高效、准确地提取文本中有价值的信息。因此，当信息呈现方式发生改变的时候，阅读方式也会在阅听大众身上有意识或无意识地发生。就大学生群体而言，他们的阅读方式正逐渐呈现出以下两个方面的

---

① John Palfrey, Urs Gasser, *Born Digital*, Basic Books, 2008, p. 23.（原文是“can be strengthened with friends made in the real world”。）

改变。

第一,在阅读过程中,大学生呈现出浅阅读先于深阅读的倾向。思想政治教育者之所以要关注大学生深阅读和浅阅读的问题,是因为深度阅读是阅读媒介从纸媒转向屏媒之前,大学生基本上都能够娴熟使用的阅读方式。但自从接入互联网开始,大学生的阅读方式就渐渐发生由深到浅的转变。尽管自媒体环境并不是导致大学生“浅阅读先于深阅读”产生的唯一、最初的原因,但毫无疑问的是,自媒体环境是使这种阅读方式更加根深蒂固的推手之一,并且还有可能是助推力量之中最猛烈的那一股。

那么,何为深阅读呢?“深阅读”是一种以精读为主,以略读、泛读为辅的阅读方式。深度阅读的达成,通常需要较为专注的心态、平和的情绪、寂静的环境以及相对充裕的时间,这些要素配合得越充分、越和谐,深度阅读所带来的体验就会越深刻、越有效。正因如此,擅长进行深度阅读的大学生,通常都能够获得更为完整、更为细致也更为深入的阅读体验,也通常能够实现对信息更好的理解、分析与思考。

而“浅阅读”恰恰与此相反,它是一种以略读、泛读为主,以精读为辅的阅读模式。一般来说,浅阅读可以在任何状态、任何心境、任何环境、任意时间内完成,它并不追求细致化、深刻化的解读,甚至不追求给阅读者留下印象,“它追求的是实用的资讯或短暂的视觉快感”①。因此,在浅阅读的过程中,关键词阅读、非线性阅读、跳跃性阅读、一次性阅读等成为比较主要的阅读体验。

关于深阅读与浅阅读的差异,有学者早就指出:“深阅读区别于浅阅读的特征在于,它以研究、探讨为最高境界,它需要阅读者的智力参与和情感贯注。浅阅读是轻而快的,深阅读是慢而重的。”②

一般情况下,我们会认为,“深阅读能带来相对准确的知识。有时我们依赖数字阅读的便捷,以为可以迅速和轻易地获取我们所需的信息。但信息会为了方便传播而经过简化、拼贴或变形,更有专门打造的虚假信息夺人耳目,这些‘二手知识’时常遮蔽了事物的本来面目。深阅读的书籍和其中的知识经

---

① 彭敏、江帆、顾玉清、管克江、崔寅:《浅阅读时代的深层思考》,《人民日报》2010 年 8 月 10 日,第 23 版。

② 王干:《微阅读可以是深阅读吗》,《人民日报》2015 年 4 月 28 日,第 14 版。

过人类经验的反复验证，仍能立得住或是被众人所认可，就说明它是相对准确的。要想获取真知，一番上下求索的功夫必不可少，豁然开朗的时候，知识才会变成自己的。而只有在此基础上，独立的思考和判断才可日渐养成。”①可以说，正是在深度阅读的过程中，个体的思考能力、判断能力、分析能力、理解能力、认知能力才逐渐得以训练并不断深化，进而“使人的思维能力与精神成长相伴随，人的各种能力进而得到全面提升”②。

尽管我们不能武断地作出“深阅读更重要”“浅阅读不值得推荐”的判断，因为在不同境况下，二者都有各自发挥作用的空间，也都展现了各自的优势，但我们还是发现，对于大学生而言，“深度阅读”习惯的养成是十分重要且必要的。

然而，我们也发现，在自媒体所构建的海量信息环境中，它往往更倾向于鼓励大学生广泛阅读、探究各种主题和信息，而不是进行深入的、专注的阅读和思考。这一方面是因为自媒体需要点击量才能获取更大回馈，点击量越高，吸引力越强，该自媒体平台的生存空间才会更大，获取的效益才会更多；另一方面，则是因为大学生本身的好奇心也鼓励他们多学、多看、多思考，但鉴于个体时间的有限性，为了获取更多信息，其必然会在一定程度上压缩阅读单位信息的时间。有数据曾显示，“在大部分国家，人们在转入下一个网页之前浏览当前网页的平均时间为 19—27 秒，其中包括网页内容载入浏览器窗口所需的时间”③，这也就意味着一个网页实际上真正被阅读的时间其实是非常有限的。在浅阅读这种模式中，不少大学生为了能在短时间内获取更多有价值的信息，还往往会采用 F 型视线④浏览。

事实证明，浅阅读模式已经逐渐成为当今大学生较为习惯和常用的一种

① 任艺萍：《回归深阅读》，《人民日报》2016 年 4 月 22 日，第 24 版。
② 李昕：《爱读・多读・深读》，《人民日报》2014 年 4 月 20 日，第 7 版。
③ [美] 尼古拉斯・卡尔：《浅薄》，刘纯毅译，中信出版社 2010 年版，第 146—147 页。
④ F 型视线，这是 2006 年资深网页设计师雅各布・尼尔森开展的一项针对上网用户的眼跟踪调查得出的人们在阅读中形成的视线类型。他发现，人们在阅读电子屏幕上的内容时，很少像阅读纸质印刷内容那样一行一行地浏览，而是对文本内容匆匆扫过，其目光在页面上跳跃形成的图像跟字母 F 相似。即，开始时人们会阅读文本的前两三行内容，紧接着其目光下移，视线越过几行，停留在半路上，最后其视线将会继续向下移动，并主要停留在文本的左下方位置。

阅读模式和信息获取模式。有学者认为,“自媒体让‘浏览式’阅读成为一种习惯,催生了以‘超级注意力’为基础的‘浅表化’认知模式”①。之所以说是“浅表化”认知,主要是因为:尽管通过浅阅读,大学生在阅读数量、阅读种类的丰富性上与过去相比都呈现明显上升趋势,但毋庸置疑的是,这些体验可能多数都是比较表面的,而表面地浏览一般不具备促成深刻认知的可能。然而,“人类智识的进展,很大程度上并非单纯地取决于信息量的累加,阅读的目的同样也不止于获取、累加信息。阅读的手段虽然在变化,但阅读的目的并不因此发生质的改变。”②那么,阅读的目的究竟是什么呢?从古至今,人类进行学习、阅读书籍、发明创造、笃行实践几乎都有着相同的目标,那就是认识世界、改造世界、认识自己、发展自己。就阅读本身而言,“阅读方式的变迁虽然早已超越人们以往的想象边界,阅读的真正内涵与价值,其实并没有发生多少改变。”③它最重要的目的也是通过累积的知识、经验不断促进个体的发展、人类的进步与社会的繁荣。

《浅薄》一书的作者尼古拉斯·卡尔曾毫不隐讳地指出:“今后,深度阅读将会持续式微,完全有可能变成规模越来越小的少数知识精英群体的专属活动。”④尽管尼古拉斯·卡尔的预测带有些许夸张的程度,但进行深度阅读的人越来越少或者个体进行深度阅读的时间越来越短却是一个不争的事实。以美国为例,“据美国教育部在 1995 年及 2005 年对全美在校大学生分别进行调查发现,从 1995 年到 2005 年这 10 年,正是人们转换阅读方式的 10 年,网络使得大学生中具有阅读复杂文本能力的人减少 10%。”⑤或许,有人会提出质疑,即浅浏览、浅阅读并不是什么应该诟病的问题,并不是每一本书、每一个网页都值得大学生投入相当的时间和精力进行精读、研究与思考,特别是在海量信息面前。但作为思想政治教育者,我们的着眼点在于,当浅阅读成为我们的主要阅读方式的时候,其产生的问题必须引起警惕。

---

① 张林:《自媒体意识形态话语权建构的情景演变与策略选择》,《马克思主义理论学科研究》2022 年第 2 期,第 121—127 页。

② 王干:《微阅读可以是深阅读吗》,《人民日报》2015 年 4 月 28 日,第 14 版。

③ 张音:《当“听书”成为一种时尚》,《人民日报》2018 年 5 月 17 日,第 14 版。

④ [美] 尼古拉斯·卡尔:《浅薄》,刘纯毅译,中信出版社 2010 年版,第 116 页。

⑤ 李昕:《爱读·多读·深读》,《人民日报》2014 年 4 月 20 日,第 7 版。

第二，在阅读过程中，大学生表现出观看图片、影音先于阅读文字的倾向。“我们的文化正处于从以文字为中心向以形象为中心转换的过程中”①，这是尼尔·波兹曼在20世纪80年代作出的判断。如今看来，这种判断在当下丝毫不显得有失妥当，因为自媒体以及自媒体所构建的环境正成为验证这一判断的一股重要力量。

正如有报道指出的那样：“今天的快餐文化与数十年前的快餐文化相比，一个重要的特征是逐渐远离文字而趋向视频。视频的直观、形象和快速，是文字和图片都不能比拟的。但企图用短短几十秒的视频来获取信息，其实并不成功，由文字到图片，由图片转到视频，的确是便捷了，但对想象力和思考力的调用却越来越少。人类通过阅读文字来传承思想文化的历史已数千年，而视频成为媒介主流的历史不过数十年而已，不论是从人类的认知习惯还是就历史积累而言，视频都是不能与文字相提并论的。如果仅仅用视频作为媒介而远离文字，那就意味着放弃了一座宝库，这对于我们传承文明、创新文化是极为不利的。”②

根据第49次《中国互联网络发展状况统计报告》的数据，我们注意到，“视

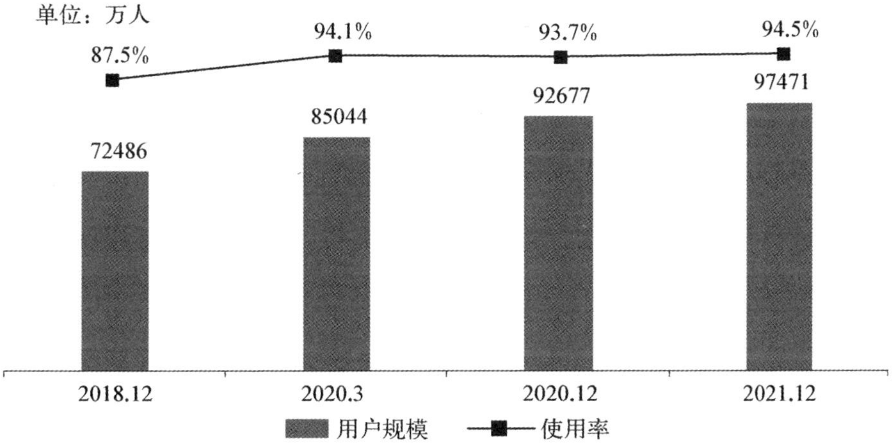

图2-3 2018年12月—2021年12月中国网络视频（含短视频）用户规模及使用率

图片来源：中国互联网络信息中心：第49次《中国互联网络发展状况统计报告》，2021年12月。

---

① ［美］尼尔·波兹曼：《娱乐至死》，章艳译，中信出版社2015年版，第10页。
② 张贺：《对碎片化阅读保持高度清醒》，《人民日报》2018年10月25日，第19版。

频"的吸引力呈现不断增强的趋势,"截至 2021 年 12 月,我国网络视频(含短视频)用户规模达 9.75 亿,较 2020 年 12 月增长 4 794 万,占网民整体的 94.5%。其中短视频用户规模为 9.34 亿,较 2020 年 12 月增长 6 080 万,占网民整体的 90.5%。"①

同时,数据还显示,"2021 年,短视频用户规模持续增长,行业依然保持稳定增长态势。"②

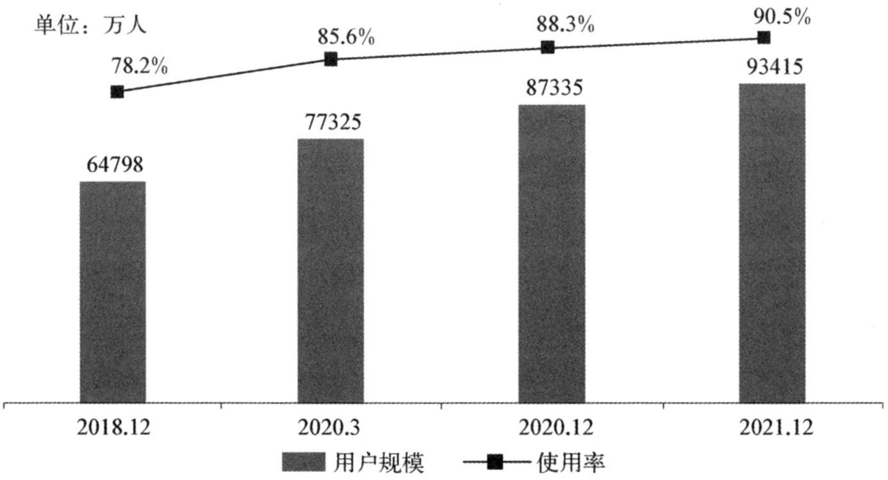

图 2-4　2018 年 12 月—2021 年 12 月中国短视频用户规模及使用率

图片来源:中国互联网络信息中心:第 49 次《中国互联网络发展状况统计报告》,2021 年 12 月。

在图片、音频、视频出现之前的漫长历史时期,口头表达和文字曾经一直是人们了解信息的主要途径,在长期使用语言、文字的过程中,人们的表达方式、思考方式、话语方式也展现出与此相对应的特征。尼尔·波兹曼指出:"阅读文字意味着要跟随一条思路,这需要读者具有相当强的分类、推理和判断能力。"③以对人物的印象为例,人们了解并熟识某些人物,往往更多的是因为他们的思想、观点和文字,而不是他们拥有姣好的容貌、动听的声线、亮丽的穿着。但在图片、视频等能够展现画面、色彩与声音的媒介出现之后,这种状况

①② 中国互联网络信息中心:第 49 次《中国互联网络发展状况统计报告》。

③ [美]尼尔·波兹曼:《娱乐至死》,章艳译,中信出版社 2015 年版,第 62 页。

便出现急速转变。尼尔·波兹曼曾举例说:“想想尼克松或吉米·卡特,或比利·格雷厄姆,或爱因斯坦,首先进入你脑海的是一个图像、一张图片上的脸,或一张电视屏幕上的脸(对于爱因斯坦来说,则是一张照片上的脸)。而至于他们说过些什么,你可能一无所知。”①这个例子鲜明地展示了图片、色彩或者声音在引起人们注意力方面所具有的独特优势,即相比单纯的文字信息而言,图片、影音具有直观、形象、立体等特性,更容易表现出强烈的吸引力、冲击力和感染力,也更容易赢得阅听大众的关注与喜爱。如今,在自媒体环境中,图片、影音内容早已层出不穷,并且不断夹杂在文字信息中涌入大学生的视野和选择,鉴于自媒体环境中的图片和影音展现的色彩更为丰富、声效更为立体、画面更为饱满,其对视觉、听觉等感官产生的刺激从而就更为多样、直接且猛烈。综上,我们大概就能理解为何当大学生在面对文字内容、图片内容和影音内容等时,常常优先考虑图片与影音了。

诚然,丰富绚烂的图片、多彩生动的影音在帮助我们更直观地、更充分地理解信息方面所发挥的作用是不能否定的,但一旦它们成为大学生阅读、学习、思考的主要途径和手段,一旦“看”代替了“读”、“图片”“声音”代替了“文字”,我们就必须考虑这样做可能带来的后果,因为我们在传统阅读体验中被训练得十分成熟的分析能力、判断能力、逻辑能力和思考能力都可能因为上述阅读方式的出现而有所减弱。

至于大学生的阅读方式何以发生这种变化,笔者认为,在催生上述转变的众多因素中,效率观念对大学生阅读方式的影响值得关注。

效率至上是工业化时代留下来的重要观念之一,这一观念对现代社会的形成和发展起到了极其重要的作用。如今,这一观念的影响力也早已从工业领域渗透到人类社会生活的几乎所有领域之中。对于自媒体环境中大学生所表现出来的阅读方式,效率至上观念可以说是难辞其咎的。在自媒体这一信息过载的环境中,大学生能够使用的信息规模可以说是空前的。面对海量信息,大学生总是渴望能快速发现并检索有价值的目标信息,渴望能在有限时间内积累更多知识、浏览更多信息、学习更多技能、占有更多素材,他们渴望尽快

① [美]尼尔·波兹曼:《娱乐至死》,章艳译,中信出版社2015年版,第75页。

在竞争中脱颖而出，渴望在日新月异的社会赢得成功机会。事实上，这种心态必然导致大学生走向并适应浅阅读，导致他们在面对表达大致相同内涵的文字、图像和影音时，常常选择直观的图像和影音而非抽象的文字内容，因为他们根本来不及也没有足够的时间、平和的心境、持续的耐心来深入学习、阅读和思考。

当然，我们不可以否认效率带来的种种好处，但人类智识的发展不仅需要我们能够快速精准地找到目标信息，还需要通过时间的积累深入思考并探索信息的本质，然而，效率观念的影响逐渐弱化了我们在这两种状态之间保持平衡的能力。于是，探索能够实现这种平衡状态的措施便成为新时代思想政治教育者义不容辞的责任，这不仅有利于大学生形成深度思考能力、理性判断能力，而且有利于其摆脱技术可能带来的异化现象。

三、高校思想政治教育对象思考方式的改变

尼尔·波兹曼说："用铅笔的人眼里看到的全是列表，用相机的人眼里看到的全是图像，用电脑的人眼里看到的全是数据。"①让·鲍德里亚也说过："粗略地说来，铁路带来的'信息'，并非它运送的煤炭或旅客，而是一种世界观、一种新的结合状态，等等。电视带来的'信息'，并非它传送的画面，而是它造成的新的关系和感知模式、家庭和集团传统结构的改变。"②这意味着，当人们使用或熟识某种工具和技术时，个体在一定程度上就会按照与该技术相匹配的思考方式来认识世界进而改造世界，我们也可以把它看作一种思维方式上的惯性。当我们考察在自媒体环境中长期生活、学习、社交、娱乐的大学生时，其实不难发现，其思考方式正在不同程度地受到来自自媒体技术与自媒体环境的影响。

事物的变化发展往往需要一个过程，个体的思考方式也是如此。当大学生使用某种媒介时，其思考方式并不会从一种模式立即转向另外一种模式，这种转变从萌芽到发展往往要经历一个比较长久的阶段。不过，我们需要明确，

---

① [美] 尼尔·波兹曼：《技术垄断》，蔡金栋、梁薇译，机械工业出版社 2013 年版，第 11 页。
② [法] 让·鲍德里亚：《消费社会》，刘成富、全志钢译，南京大学出版社 2014 年版，第114 页。

尽管大学生思考方式的改变并不是在自媒体环境中突然发生的，但自媒体环境却是截至目前，最能够集中表现这种变化并让思想政治教育者意识到这种变化值得特别关注的存在。鉴于思考方式会很大程度影响大学生的行为模式，进而影响思想政治教育的效果，思想政治教育者有必要在培育和塑造大学生的过程中，对大学生思考方式的变化形成基本的认知。

（一）浅思考

大学生的浅思考是指他们在思考过程中主要关注信息的表象，而忽视信息的本质和内在规律。浅思考也是当前大学生群体较为熟悉和常用的一种思考模式，面对拥有信息数量庞大、信息种类繁多的自媒体环境，浅思考有利于大学生在信息海洋中迅速定位目标内容、准确提取内容概要，有利于大学生在较短的学习时间内浏览更多信息，这种对时间成本的节约、脑力成本的节省也正是自媒体能够在大学生群体中广泛流行的重要原因。但同时，浅思考也带来一系列不容忽视的问题，例如，鉴于总是在现象层面进行研究，浅思考不可避免地导致了大学生抽象、分析、推理、领悟、记忆等能力的下降。关于浅思考现象产生的原因，我们可以从以下方面进行分析：

第一，自媒体全方位参与大学生的生活、学习等过程并导致大学生对自媒体的依赖性不断增强。“无论一个人的行为或观点是多么怪异，他的感受和思考方式总是会和他的经历有关联。”①“考虑到当下正在经历成人初显期的年轻人花在数字媒体上的大量时间，毫无疑问，他们的生活离开了数字媒体可能会难以为继。”②当我们考察大学生思考方式的时候，不妨先看一看大学生群体都在用什么来助力思考。在解决问题的过程中，不论是大学生还是整个人类都具有寻求捷径、创造便捷方式的倾向，这是人类创新创造的推动力之一。对于大学生而言，自媒体环境恰恰具有这种便捷性，它不仅能帮助大学生收集信息、解读信息、储存信息，还能帮助大学生进行推理、判断、分析甚至记忆。自媒体这种优势在导致大学生对其厚爱有加和极度依赖的同时，也使大学生

---

① ［美］本尼迪克特：《菊与刀》，田伟华译，中国画报出版社 2011 年版，第 9 页。

② ［美］杰弗里·延森·阿奈特：《长大成人：你所要经历的成人初显期》，段鑫星、刘琪、宋雪冰等译，科学出版社 2016 年版，第 184 页。

本身在收集、解读、推理、记忆、思考方面投入的时间逐渐减少，进行训练的强度逐渐变弱。对此，有学者曾指出："高校学生尤其是低年级的大学生容易养成对自媒体网络平台的依赖，刷微博、看微信等已成为他们日常生活的常态，这种潜移默化的效果可能导致大学生无法培养独立思考问题的能力和自主意识。"①正如"农夫在把铁锹换成耕犁的时候，他的耕地效率得到了大幅提升，但与此同时他自己胳膊上的肌肉变弱了。在我们将脑力劳动自动化的时候，与此类似的得失也会发生"②。当大学生选取便捷的自媒体协助思考、分析和记忆的时候，就会不可避免地疏忽对自身思考模式的训练，于是，浅思考模式也就由此产生了。

第二，当前信息过载的自媒体环境鼓励大学生进行浅思考。之所以说是自媒体环境的鼓励，是因为只有当大学生具备浅思考的能力并将其作为主要思考方式时，各个自媒体平台才有机会将数量更加庞大、种类更加繁多、内容更加复杂的信息传递给大学生，自媒体平台才能赚取流量、赢得效益。可以说，自媒体环境本身所具有的这种倾向性，加快了大学生浅思考模式的形成。众所周知，大学生在自媒体环境中能够使用的信息是以往任何一个时期都不能比拟的，但对信息进行思考、研究的时间却未必同样大幅提升，在信息过载的压力之下，大学生似乎没有时间也没有耐性来深度思考收集到的信息。通过观察就会发现，大学生在使用自媒体工具的过程中，常常会在网页、word、PDF、视频、邮箱、微信等多个操作之间来回切换，这种注意力的转移极易造成大学生思维的中断，从而阻碍深度思考、理性思考和创造性思考的形成。此外，面对竞争的压力，大学生总是渴望在有限的时间空间里创造更大的发展机会，总是渴望更早一点完成各项目标任务。在面对空前的信息量时，他们同样抱有这样的心态。为了在信息海洋中快速定位目标信息并提取有价值内容，他们被训练出了"浅阅读""图片阅读""浅思考""碎片化思考"等阅读、思考习惯。可见，这些阅读、思考方式既是对自媒体环境的一种适应性反馈，也是大学生自我发展的一种主观性调整。

---

① 丁凯、宋桂秋：《自媒体时代高校宣教网络建设的创新》，《思想理论教育导刊》2014 年第 6 期，第 112—115 期。

② [美] 尼古拉斯 · 卡尔：《浅薄》，刘纯毅译，中信出版社 2010 年版，第 235 页。

作为一类新型媒介平台，自媒体是我们收集、分析、理解、领悟、推理能力的有效延伸，但必须引起重视的是，自媒体也极有可能会导致其增强、延伸或替代的人类能力的逐渐减弱、麻木甚至丧失。有鉴于此，思想政治教育者要使大学生深刻认识到该思考方式的影响，并有针对性地采取措施，规避浅思考可能带来的负面效应。

(二) 碎片化思考

大学生的碎片化思考是指，在自媒体环境中他们的思考模式以非线性、非逻辑性、无序性、发散性为主要特点，以往大学生思考的线性、逻辑性、条理性不同程度地有所减弱。习惯于碎片化思考的大学生，其注意力较为分散且容易被各种没有顺序和关联的网页、视频、音频、电话打断，与连贯的文本信息相比，他们常常会不自觉地选择有趣但缺少语境的信息片段。关于碎片化思考形成的原因，我们可以从生活环境与阅读环境碎片化两个方面进行分析。

第一，生活环境碎片化推动大学生碎片化思考模式的产生。生活环境的碎片化从某种程度上来说是技术带来的影响，并非自媒体与自媒体环境直接导致的结果。例如，工业革命时期分工合作的产生和发展就成为推动生活环境碎片化的重要因素。如今，自媒体环境让生活环境的碎片化程度可以说是有增无减，不断加剧着大学生思考方式的碎片化。在大学生的生活环境中，最明显的碎片化便是时间的碎片化。除了完整的上课时间之外，大学生的时间被进行了不同程度的切分，如：社团活动、兴趣爱好、学习任务、社会实践、社交娱乐、外出旅游、实习调研等都在大学生活中占有一席之地，而如何有效地对这些内容进行分配就成为一项十分有难度的工作。因为想要在课余时间实现过上如此丰富多彩的大学生活的目标，也并不是十分轻松的事情。因此，大学生完成上述单一任务的时间便不可避免地被高度压缩。我们已经知道，具有线性、逻辑性、条理性特征的思考方式往往需要较为集中的注意力和较长的时间，但如今大学生生活节奏加快、生活内容丰富，这便在某种程度上给碎片化思考方式提供了机会。再者，自媒体环境提供的信息大部分都以简短、易于快速理解的形式呈现出来，不仅有利于大学生捕捉目标信息，而且有利于大学生用最短时间浏览相关内容。于是,碎片化思考便逐渐成为大学生十分擅长且习惯的一种思考方式。

第二,无语境的阅读环境强化大学生碎片化思考习惯的养成。为了在海量信息中脱颖而出并夺人眼球,自媒体环境中生产的信息往往具有零散性、简洁性、片段性等特点,至于生产的信息是否具有完整的系统性、逻辑性和严密性,可能并不是许多自媒体运营者、自媒体信息发布者最先考虑的事情。事实上,这些自媒体运营者和信息发布者最先考虑的,多是信息是否足够有趣、标题是否足够有吸引力,唯有如此,才能增加点击量以赚取流量并获得更多经济效益。因此,在一定程度上,大学生在自媒体环境中接收的信息很多都是没有顺序和逻辑的,即缺少语境的。而大学生使用自媒体的时间越长,就越容易受到无语境信息的影响,越难形成线性的、有逻辑性的思考模式。

关于自媒体环境加速大学生思考方式碎片化的问题,正与尼古拉斯·卡尔在其著作中作出的有关互联网使用状况的判断相似——“对互联网的使用涉及许多似是而非的悖论。其中,必将对我们的思维方式产生长远影响的一个最大的悖论是:互联网吸引我们的注意力,只是为了分散我们的注意力。我们全神贯注于传媒本身,专心致志地盯着忽明忽暗的屏幕,可是通过屏幕快速传来的各种信息和刺激让我们眼花缭乱,心神不宁”①。事实上,自媒体及其所构建的自媒体环境也同样引发了这样的一个悖论,即自媒体通过迅速吸引大学生注意力的方式,分散了大学生的注意力;自媒体通过提供一系列丰富素材的方式,打造了一个并不连贯的语境。也正因如此,思想政治教育者必须加强对大学生碎片化思考模式的关注,在育人过程中引导大学生弄清碎片化思考模式的利弊,不断帮助大学生养成有利于其学习、研究的思考模式。

(三) 非理性思考

大学生的非理性思考是指,他们在面对相关信息、内容和社会问题时,“以自我为中心,依据自己的兴趣爱好与感官体验,对信息进行取舍、解读、传播,

---

① [美] 尼古拉斯·卡尔:《浅薄》,刘纯毅译,中信出版社 2010 年版,第 128 页。

缺乏共识共知的表达和民主协商的一致，使他们由对信息真伪的怀疑进而演化为对他人的猜忌和对集体的质疑。”①自媒体环境给大学生自我实现和个性发展提供了广阔舞台，但与此同时，也在很大程度上助长了这种非理性思考模式的形成。究其原因，非理性思考的产生主要与自媒体环境信息过载和娱乐化过度有关。

第一，海量、复杂信息的影响。正如前面已经提到的，信息过载的自媒体环境有时候会鼓励大学生选择简单、容易、直观的信息来进行阅读和理解，对于正处于世界观、人生观、价值观形成和树立关键时期的大学生而言，他们对一些经过包装的看似简单、直观的信息和观点辨识能力并不是很强，因此极易受到误导、煽动，并产生负面的、非理性的情绪和态度。特别是有些别有用心的个人和组织非常擅长打着客观的幌子作一些非客观、非理性的舆论引导和价值引导，就更容易导致大学生的思想混乱，导致大学生作出非理性的思考与判断。

第二，泛娱乐化的影响。从一定意义上来讲，娱乐是我们生活中不可缺少的调味剂。它让我们的生活更加多彩、更加丰富，让我们能在繁忙的工作中获得身心的舒适。自媒体具备多种可供休闲、娱乐的平台和途径，其娱乐化功能在丰富生活内容、调整心态情绪、充实业余时间、发展个人爱好等方面同样有着不可替代的作用。但通过研究，我们也越来越发现，自媒体环境中的“娱乐”逐渐演变成一部分人的生活态度，而这种“娱乐”越来越呈现出一种影响人类所有生活领域的趋势。

在大学生群体中，部分大学生会以娱乐、诙谐、搞怪、调侃、反讽等形式解读社会现象和热点问题，置真相、事实于不顾，不经过理性思考和调查研究便轻易作出判断，“并试图以此获取广泛的关注，显示自我的价值，即自我娱乐，也娱乐他人”②。事实上，接收或生产娱乐性信息本是无可厚非的，这恰恰彰显了社会包容性和多样性，也有利于打造丰富多彩的社会生活氛围。然而，娱乐化的过度发展却会产生一系列负面影响，对大学生而言，“过于娱乐”将会使大学生沉醉于自媒体科技所带来的种种消遣和娱乐当中，导致大学生对历史、对传统变

①② 金飞：《公共理性精神的构建：自媒体环境下大学生思想政治教育的新视野》，《思想教育研究》2013 年第 9 期，第 61—64 页。

得漠不关心,"疏于理性分析,一味地沉浸在制造的'大众狂欢'之中,产生价值取向上的偏差,消解了个体的社会责任"①,并且可能会滋生一种"任何东西都可以娱乐化"的错觉,十分不利于正确价值判断和价值选择能力的培养。面对这种情形,思想政治教育者必须正确对待这一现实问题,努力寻求有效解决方法以帮助大学生构建正确、合理的娱乐态度,避免过度娱乐化问题的产生。

四、高校思想政治教育对象话语方式的改变

"语言的全部构造方式正是人类精神的发展方式。"②话语是思想的外衣,思想则是话语的内核。思想与话语的关系具有不可分割性和内在一致性,思考方式的任何变化都会通过话语表现出来。一定意义上,话语"界定了人们的行为和社会实践的规则——哪些可以谈,以何种方式来谈"③,是人类表达自身思想、观念、意愿和诉求的主要方式,而且每一种话语方式都蕴含着丰富、深刻的意义和价值。因此,已经在思考方式上受到自媒体影响的大学生,其话语方式也必然呈现出新的特征。

(一) 高校思想政治教育对象话语地位和话语权利增强

"自媒体带来的技术赋权打破了信息资源和话语权力的集中和垄断,在一定程度上实现了普通个人的信息崛起和话语平权……自媒体在激活普通个人话语能量的同时也带来了整个社会话语生态的变迁。"④与以往相比,如今正处于自媒体环境这一新型媒介空间中的大学生话语地位和话语权力同样都有较为明显的改变与提升。

第一,自媒体环境营造出的自由与平等氛围,以及自媒体本身所具有的草根性、平民性等特质,共同强化了高校思想政治教育对象的话语地位与话语权力。这些特性的存在有利于大学生无须学习复杂的专业技能知识就能掌握且

---

① 金飞:《公共理性精神的构建:自媒体环境下大学生思想政治教育的新视野》,《思想教育研究》2013 年第 9 期,第 61—64 页。

② [德] J. G. 赫尔德:《论语言的起源》,姚小平译,商务印书馆 1998 年版,第 41 页。

③ 张再兴等:《网络思想政治教育研究》,经济科学出版社 2009 年版,第 336 页。

④ 张林:《自媒体时代社会话语生态变迁:生成模式、主体形式与权力结构》,《理论导刊》2019 年第 12 期,第 68—72 页。

娴熟运用自媒体技术，并在微博、博客、QQ、微信、知乎、抖音等自媒体平台上自由表达意见和诉求，对他人观点进行评论、转发、收藏，等等。

第二，自媒体本身兼具的交互性与即时性、去中心化与多样性等特征，提升了高校思想政治教育对象的话语地位与话语权力。在自媒体环境中，大学生从单纯的信息接收者一跃成为信息生产者、信息传播者、信息接收者的集合体。在与自媒体接触的过程中，每个大学生都像一个独立的媒体一样能够随时随地生产、制作、分享、接收、传播各种信息，能够轻松容易地通过文本内容、图片信息、影像资料等形式来表达观点、意见，其自主性得到前所未有的发挥和加强。如今，大学生更是逐渐成为许多流行话语的制造者，并不断创造内容多元、形式多样的新词新句，比如近年来流行的“颜值”“APEC 蓝”“我也是醉了”“YYDS”“躺平”“内卷”“佛系”“夺笋”“火钳刘明”“破防”“社恐”“元宇宙”“emo”等，这些词语一经创造，就立刻借助开放、即时的自媒体平台迅速、广泛流行。比较有意思的是，有些被创造出来的流行话语最初只有在借助自媒体时才具有意义和价值，如“点赞”一词，起初仅仅是网络社交圈中表示“赞同、喜爱、支持、认可”等含义的一种网络行为，但随着自媒体与社会生活关系的日益紧密，“点赞”一词已经开始出现在人们的日常表达中，并且不再仅限于网络空间。这也再次印证了现实世界和网络世界重合的痕迹与范围在日益加深和扩大。从某种意义上来说，这也是未来发展的必然趋势，即网络中生活、学习、工作、娱乐、社交与现实世界中生活、学习、工作、娱乐、社交的界限会逐渐弱化，二者交融交汇的领域将会越来越多。

第三，自媒体的开放性特征增强了高校思想政治教育对象的话语地位与话语权力。自媒体的开放性特征不仅给大学生带来海量丰富信息，而且让大学生通过自媒体发出的声音传向世界每一个角落，这极大地开阔了大学生的视野，增强了大学生的沟通能力，凸显了大学生的主体性。一直以来，大学生都是勇于创新、追求个性、标新立异的群体，而自媒体的出现恰好为大学生创造了这样一个环境，“简言之，自媒体赋予当代大学生以全新的公共话语空间”①，使大学生在

① 闫方洁：《自媒体时代大学生的媒介话语机制解析》，《思想理论教育》2015 年第 4 期，第 78—82 页。

一定程度上成为引领话语风尚的重要群体。

第四，大学生“意见领袖”的出现凸显了高校思想政治教育对象的话语地位与话语权力。一般来说，“网络意见领袖居于话语权力中心和自媒体信息传播核心，其网络发言具有很强的影响力和号召力”①。因此，大学生“意见领袖”往往是那些在学生群体中具有较强影响力、号召力和组织力并且能够有效代表大学生群体的观点、需求的个体，他们的作用通常“表现为：提供信息补给，发挥‘听诊器’的作用；提供交流互动，发挥‘聚合器’的作用；提供宣传教育，发挥‘扬声器’的作用；提供决策建议，发挥‘推进器’的作用”②。在自媒体空间，由于每个大学生都享有独立的信息接收和发布平台，只要信息在内容、形式或主题上能够吸引受众，能够较为充分、广泛地代表大学生群体的需求与利益，那么，每个大学生都有成为自媒体环境中“意见领袖”的可能。

话语是一种能够体现当前社会主流意识形态、社会认同及社会身份的存在，对大学生话语地位和话语权利的准确解析，有利于思想政治教育者通过当前自媒体环境中大学生的话语变化知晓大学生的思想动态、利益诉求和舆论方向，进而有利于其探索有效应对措施以及时调整高校思想政治教育的内容表达、方式方法，从而不断加强高校思想政治教育的实效性和针对性。但我们也要知道，自媒体环境并非导致大学生话语地位和话语权力发生改变的唯一因素，国际环境、社会文化以及大学生对个人价值的追求等都在大学生话语变化中起到了重要作用，思想政治教育者在开展具体工作时要充分考虑并自觉结合其他影响因素，客观、合理地分析大学生的话语特点。

（二）高校思想政治教育对象话语表达碎片化、娱乐化

大学生思考方式已呈现出碎片化和娱乐化倾向，由此，其话语表达也难免带有碎片化和娱乐化特点。

大学生话语表达的碎片化是指，大学生在表达过程中的用词常常呈现出

---

① 李敏：《自媒体环境下的高校思想政治教育创新探析》，《吉林省教育学院学报》2012 年第 3 期，第 23—25 页。

② 林辉：《自媒体时代大学生意见领袖的化育方法探微》，《漳州师范学院学报(哲学社会科学版)》2013 年第 1 期，第 163—167 页。

简短精练、逻辑性不强、语序杂乱等特点。这是由于大学生使用自媒体的时间大部分为课后、饭后、睡前、等车时、乘车途中等零散时间，而这些呈碎片化状态的时间没有给大学生以足够的时长生产制作篇幅较长、逻辑严密、用词规范的信息；且不论何时何地，只要大学生使用自媒体平台，海量信息就会扑面而来，这不仅会给大学生的阅读和认知带来较多负担，也会干扰大学生专注力的形成，从而导致大学生缺乏足够时间审慎阅读接收的每一条信息。由于人本身能够对环境改变作出适应性调整，大学生使用自媒体的时间越长，其进行的适应碎片化信息状态的训练就越多，就会越发习惯这种碎片化思考方式以及碎片化表达方式。

大学生话语表达的娱乐化是指，与传统话语中更为严谨的逻辑、流畅的顺序、合理的语境、规范的用词相比，自媒体环境下的话语表达以“虚拟、杂糅、拼贴、戏仿等为特色”①，并且“可以扩大或压缩我们的词汇，可以修改措辞规范和词序，可以支持或简单或复杂的语法规则”②。如，“十动然拒”“喜大普奔”“人艰不拆”“不明觉厉”等词语的出现，都是大学生将常规用语拼接在一起形成；如，“豆你玩”“厚德载雾，自强不吸；霾头苦干，再创灰煌”等是大学生对于一些社会现实问题作出的娱乐、戏谑化表达。然而值得注意的是，尽管大学生在自媒体平台展示具有娱乐性的内容是无可厚非的，但若大学生将所有内容都以娱乐化的方式表达出来，就必须引起思想政治教育者的高度重视了。

可见，自媒体环境不仅给大学生话语方式注入了许多新的元素，也给已经习惯传统话语结构的许多高校思想政治教育者提出了许多新的难题。对此，高校思想政治教育者既需要了解、适应自媒体环境中大学生话语方式的变化、洞悉话语方式变化的原因，更要善于利用话语方式的改变来提升思想政治教育话语的吸引力、影响力和传播力，提高思想政治教育工作的实效性，“努力探索话语和传播形式的创新，以实现传播效果和教育功能的最大化。”③

---

①③ 张再兴等：《网络思想政治教育研究》，经济科学出版社2009年版，第335页。
② [美] 尼古拉斯·卡尔：《浅薄》，刘纯毅译，中信出版社2010年版，第54页。

第三章

自媒体环境对高校思想政治教育内容、方法和载体的影响

一项完整的思想政治教育活动的完成，总是需要各要素相互配合、相互支持。在思想政治教育过程中，内容、方法和载体等要素同样各有其责。本章将主要从内容选择、内容传播和“灌输式”教育方法、“一对多”的单向教育方法以及载体类型多样化、载体关系紧密化等视角出发，阐释自媒体环境给高校思想政治教育内容、方法和载体带来的诸多改变。

第一节　自媒体环境对高校思想政治教育内容的影响

如今，自媒体这一新型媒介环境势如破竹般对高校思想政治教育各要素产生了不同程度的影响，而内容作为高校思想政治教育过程中不可或缺的要素同样不可避免地发生了改变。

一、自媒体环境影响高校思想政治教育内容选择

自媒体及其所构建的环境凭借其强大影响力，促使思想政治教育对象将其生活、学习、阅读、娱乐、消费等活动大量转移到自媒体平台。时至今日，自媒体环境不仅成为思想政治教育对象学习知识、获取信息、了解世界的主要渠道，也逐渐成为每一个思想政治教育者生产并传递思想政治教育内容的主要媒介，而自媒体环境对高校思想政治教育内容选择的影响主要体现在以下三个方面。

第一，自媒体环境提供的信息内容多元、形式多样，扩大了高校思想政治教育者的信息选择范围。微博、微信、掘客、贴吧、论坛、抖音、B站等自媒体平

台的广泛流行和使用，使阅听大众能够不受时间与空间的阻碍而随时随地接收以及生产、传播任何信息，这种变化在有效拓宽思想政治教育对象的信息选择空间的同时，也极大地扩展了思想政治教育者的信息选择范围。

在自媒体环境中，通过生产、制作、分享、接收、传播多样性信息，高校思想政治教育者可以将任何大学生群体关心、关注的理论知识、热点问题等内容有针对性地输送到大学生身边，这不仅能满足大学生多元化的需求，还能加强思想政治教育者与大学生群体之间的沟通，拉近彼此的距离，从而有利于思想政治教育者更好地开展各项内容丰富、形式多样、生动活泼的思想政治教育实践活动。可以说，依托自媒体环境中海量信息的助力，高校思想政治教育者既能充分满足大学生群体对知识的渴求、对信息的需要，又能提升思想政治教育内容本身的影响力和吸引力，这种改变相较传统高校思想政治教育内容在数量、多样性方面的局限性而言，无疑也是一个非常大的进步。

第二，自媒体环境提供的信息良莠不齐、鱼龙混杂，加大了高校思想政治教育者鉴别、甄选的难度。微信、微博、贴吧、网站、抖音、B站等自媒体平台的即时性、草根性、开放性极大地突破了传统思想政治教育媒介在速度、时间、层级、空间等方面的界限，使各种各样的信息能够在短时间内流向各个专业、各个年级、各个地区的大学生。也正因如此，自媒体环境在向思想政治教育者和大学生群体提供正面、积极、健康、科学、讲道德的信息时，也常常将负面、消极、错误、虚假、不道德的信息输送到思想政治教育者和大学生群体身边。

比如，我们发现：会有一些人在自媒体平台中发表不负责任的言论，造成大学生思想混乱；会有一些人宣传享乐主义、拜金主义、个人主义等思想，影响大学生价值判断和价值选择；也会有一些人对信息进行选择性传播，煽动网民情绪，进行错误舆论引导；还会有一些人故意歪曲正确内容，断章取义，造成不良社会影响；等等。从某种程度上来讲，这些信息的出现极大地增强了高校思想政治教育者在甄选信息过程中的难度，为其开展育人活动设置了障碍，导致一些高校思想政治教育者可能会来不及将混杂其中的不利于大学生身心健康的信息及时剔除掉；加之这些信息往往被包装得很好，能够巧妙地逃过高校思想政治教育者的视线，从而成为漏网之鱼并继续在大学生群体中传播开来。

可见，相比以往传统思想政治教育媒介中整体性、连续性、逻辑性都较强的信息而言，在自媒体环境中进行内容选择一定程度上增加了高校思想政治教育者的工作负担，耗费了高校思想政治教育者的更多精力，同时，这也在无形之中给高校思想政治教育者的能力、素养提出了更高的要求。

第三，自媒体环境提供的信息更新速度快，缩短了高校思想政治教育者的信息过滤周期。自媒体平台具备的即时性特征，使大学生群体生产、制作、分享、接收、传播信息的速度得到明显提升。在这种情况下，许多信息甚至在分秒之后就有可能成为旧闻。如此短暂的信息生产、制作、分享、接收、传播周期，也在一定程度上导致信息过滤时长被迫缩短，从而使思想政治教育者必须高度关注大学生的动态。倘若高校思想政治教育者依旧遵循传统高校思想政治教育过程中的信息过滤周期来开展思想政治教育活动，不仅会在信息储备、更新速度、措施选用上落后于大学生，而且可能会因为对信息的偶尔错过酿成难以弥补的后果。

对此，新时代的高校思想政治教育者必须加强对自身的要求，不仅要投入大量时间和精力关注大学生在微信、微博、QQ、BBS、知乎、抖音等自媒体平台中的细微变化，不放过任何可能产生问题的思想动态、行为方式，还要根据客观条件的变化即时调整思想政治教育活动，以便更好地对大学生进行思想引领和行为引导。

思想政治教育内容是根据思想政治教育目标进行设定与选择的，不论思想政治教育环境发生何种变化，也不论思想政治教育面临何种挑战，思想政治教育者在进行内容选择时都应秉承“用马克思主义理论武装人民群众，不断提高人们认识世界、改造世界的能力”①这一思想政治教育的根本任务。因此，在自媒体环境已经创造出的数量惊人、内容丰富、形式多样的信息面前，高校思想政治教育者必须更加认真、谨慎、用心，绝不能主动放弃“把关人”使命，而是应自觉、主动对信息进行恰当、有效的筛选，从而将科学、健康、有价值的思想政治教育内容传递到每一个大学生身边。当然，高校思想政治教育者也绝不能由于自媒体环境给内容选择带来的挑战、引发的变化就选择放弃使用某

---

① 《思想政治教育学原理》编写组：《思想政治教育学原理(第二版)》，高等教育出版社 2018 年版，第 173 页。

个或所有自媒体平台，这种因噎废食的行为所需要付出的代价是极大的，这种掩耳盗铃的举动也是有失妥当的。正因如此，在这种两难境况中寻找平衡便成为高校思想政治教育者必须主动思考并努力探索的重要问题。

二、自媒体环境影响高校思想政治教育内容传播

在谈及技术对人的延伸作用的时候，马歇尔·麦克卢汉早就指出："在机械时代，我们完成了身体在空间范围内的延伸。今天，经过了一个世纪的电力技术发展之后，我们的中枢神经系统又得到了延伸，以至于能拥抱全球。就我们这个行星而言，时间差异和空间差异已不复存在。"①从某种程度上来说，近年来能够极大地延伸人类能力的自媒体平台的出现，也是在对麦克卢汉的这句话进行极其生动并有力的阐释。

第一，自媒体环境扩大了高校思想政治教育内容的传播空间。对于空间限制人类沟通、交流的问题，麦克卢汉曾作出过这样一个基本判断，即"经过三千年专业分工的爆炸性增长之后，经历了由于肢体的技术性延伸而日益加剧的专业化和异化之后，我们这个世界由于戏剧性的逆向变化而收缩变小了。由于电力使地球缩小，我们这个地球只不过是一个小小的村落"②。陈力丹也曾明确指出："从交往革命到信息革命，人类精神交往手段变革的间隙愈发短暂。如果说铁路、轮船、电报已经冲出世界，把世界连成一片，那么通讯卫星、电脑，就更有力地阻止着世界退回到闭关自守的时代。"③当下，人类正处在以自媒体为代表的新型媒介环境之中，人与人之间的交往越来越频繁、越来越快捷，人与人之间的关系也越来越密切，可以说，地球日渐成为一个名副其实的"小村落"。在移动互联网络和电脑、手机、平板电脑等终端的支持下，思想政治教育者早已能够突破时空的阻挡，穿透众多物理空间的障碍，将思想理论、价值观念、实践经验、知识体系等思想政治教育内容通过博客、微博、微信、抖音、B站等自媒体平台，以图文影音的形式传递到

---

① [加] 马歇尔·麦克卢汉：《理解媒介——论人的延伸》，何道宽译，商务印书馆2000年版，第20页。

② 同上书，第22页。

③ 陈力丹：《精神交往论：马克思恩格斯的传播观》，开明出版社1993年版，第114页。

世界上每一处角落和每一个人，而这种便捷性正是传统思想政治教育环境所不能比拟的。在自媒体环境的推动下，思想政治教育者无疑获得了更大、更广阔的教育舞台和教育空间。

然而，有个问题也需要高校思想政治教育者予以特别重视，那就是广阔的自媒体空间极大地强化了思想政治教育对象在生产、制作、分享、接收、传播信息方面的隐蔽性、分散性。这意味着，大学生群体对自媒体平台的不当使用行为可能会变得日益隐蔽、巧妙并难以察觉，如：匿名制造垃圾信息、匿名发表不负责任的观点、对他人进行骚扰和网络攻击、侵犯他人隐私、沉迷自媒体娱乐空间，等等。可见，媒介环境的变化无形之中也加大了高校思想政治教育者的工作难度、工作强度，对此，高校思想政治教育者唯有以更高的标准要求自己才能应对新环境所带来的多重挑战。

第二，自媒体环境提升了高校思想政治教育内容的传播效率。“一切与时间有关的传播形式，同样要求时效”①，自媒体技术自然也不例外。我们已经了解到，自媒体能够博得阅听大众的厚爱与其所拥有的即时性特征是密不可分的。特别是自媒体这样的传播平台在传播信息方面所展现的惊人速度，一条新闻分秒之间就传遍世界完全不是难题。以至于有学者说“自媒体具有核裂变化的传播速度和传播能量，信息一旦发布，就会像病毒一样迅速传播。微博、SNS、微信平台往往就是信息‘核裂变化’传播的媒介平台”②。此外，与传统媒体不同的是，自媒体还能够较为容易地实现一对一、一对多、多对多等不同方向之间的信息流动和传播。不论大学生身处何时何地，思想政治教育者都能借助自媒体这一特性将讯息及时、准确地传达给大学生，而这对加强高校思想政治教育的时效性是非常有价值的。

从长远来看，“用时间消灭空间呈现着一种无限发展的趋势”③，当下的自媒体环境也正在让这种趋势不断扩大下去。但这种“时间消灭空间”所带来的便捷性同样有着不可忽视的问题，即“在大多数传播情景下，个体处理信息的

---

① 陈力丹：《精神交往论：马克思恩格斯的传播观》，开明出版社 1993 年版，第 262 页。

② 任小龙、沈强：《自媒体与大学生思想政治教育路径创新研究》，《中国青年研究》2014 年第 7 期，第 106—109 页。

③ 陈力丹：《精神交往论：马克思恩格斯的传播观》，开明出版社 1993 年版，第 110 页。

能力是一个限制因素，如果渠道超载，错误就会大量增加”①。如前所述，在自媒体环境中，大学生对海量信息的渴求让思想政治教育者来不及对信息内容进行充分而仔细的审视，以至于大学生所接触信息的真实性、可信度、科学性在很大程度上可能受损。对于每一个高校思想政治教育者而言，我们向大学生传递信息的根本目的在于实现思想政治教育目标，帮助大学生健康成长成才，引导其成长为能够担当民族复兴大任的时代新人。从这个意义上来讲，自媒体平台和自媒体环境应该而且必须承担起输出正确价值理念、科学知识的重要责任，其传递的每一条信息也都应该肩负这样的使命。然而事实如何呢？当自媒体环境将过载的信息输送给大学生的时候，大学生感受到的认知压力、错误信息的混杂可能会导致信息本该发挥的价值引领作用被迫削减。这些问题也必须被纳入高校思想政治教育者的思考范围和研究范围。

第二节　自媒体环境对高校思想政治教育方法的影响

“思想政治教育方法，就是教育者和受教育者在思想政治教育过程中为达到一定教育目的所采用的思想方法和工作方法。”②在不同的传播环境中，教育者在教育方法层面的创新可以说是极其明显的。有学者说，“四百年来，口授交流所培养出来的群聚性和开放性情与印刷文字所营造的内省和独处习惯一直相安无事，但将计算机引入教室之后，二者之间的休战状态终将打破……四百年来，教师在强调印刷文字的同时，也保留了口授在教学中的地位，因此维护了这两种学习方法之间的和平关系，最大限度发挥了二者各自的优

① ［美］沃纳·赛佛林、［美］小詹姆斯·坦卡德：《传播理论：起源、方法与应用》，郭镇之、孟颖、赵丽芳、邓理峰、郑宇虹译，华夏出版社2000年版，第51页。

② 《思想政治教育学原理》编写组：《思想政治教育学原理（第二版）》，高等教育出版社2018年版，第217页。

势。”①如今，自媒体环境的形成和发展使思想政治教育者除了要平衡口头讲授、印刷文字、计算机之间的关系之外，还必须认识到自媒体技术的重要性，了解自媒体对“灌输式”教育方法、“一对多”的单向教育方法等方法的挑战和影响，进而调整思想政治教育方法以适应媒介环境的变化。

一、“灌输式”教育方法受到冲击

“灌输论是思想政治教育学的重要理论”②，“灌输式”教育方法是思想政治教育者最常使用也较为擅长的一种方法。鉴于思想政治教育的本质就是“坚持主流意识形态的主导和灌输”③，“灌输式”教育方法是无论如何都不能被抛弃的重要方法。与此同时，在传统的教育模式中，思想政治教育对象也比较习惯从灌输式教育方法中直接获取信息和知识。

一般来说，“灌输”是指“把某种新的观念、精神注入宣传对象的头脑中。这是一种从无到有的过程”④，灌输的内容大多是思想政治教育对象所不能自发生产和创造的。由于主客观条件的限制，许多思想政治教育对象往往在自主学习能力、个人阅历、信息获取路径等方面处于劣势，因此需要思想政治教育者从外部对其进行思想理论、价值观念、实践经验、知识体系等思想政治教育内容的灌输。通过灌输，引导思想政治教育对象树立符合社会发展、人类进步的世界观、人生观和价值观；帮助思想政治教育对象掌握能够有利于政治、经济、文化、社会、生态等多领域发展的知识和技能；鼓励思想政治教育对象开展能够有利于国家、社会、个人的丰富实践……因而，在某种意义上，“灌输”起到的是实现个体顺利、健康发展和构建稳定、和谐社会的作用。在传统高校思想政治教育环境中，大学生由于既无法凭借自身具备的能力和媒介手段了解更多的思想理论、价值观念、实践经验、知识体系，也无法通过多样的平台生产、传播信息以影响他人，而只能依靠信息占有、知识储备上更具权威优势的思想政治

---

① [美] 尼尔·波兹曼：《技术垄断》，蔡金栋、梁薇译，机械工业出版社 2013 年版，第 14 页。

② 《思想政治教育学原理》编写组：《思想政治教育学原理（第二版）》，高等教育出版社 2018 年版，第 80 页。

③ 同上书，第 81 页。

④ 陈力丹：《精神交往论：马克思恩格斯的传播观》，开明出版社 1993 年版，第 241 页。

教育者，也正因如此，“灌输式”教育方法在很长一段时间里比较奏效。

然而，自媒体的出现以及自媒体所构建的环境却让“灌输式”教育方法受到一定程度的冲击。这是因为，新的媒介生态改变了思想政治教育者与思想政治教育对象之间的信息连接关系，如今，铺天盖地的信息从全球诸多自媒体平台泉涌而至，大学生能够通过这些平台独立自主获取信息，摆脱了之前因为路径有限而信息匮乏的状态。于是，在自媒体环境中就出现了这样一种状况：大学生能够在不依靠思想政治教育者的情况下，仅依托自媒体平台就了解绝大多数以往只有通过“灌输”才可获得的思想理论、价值观念、实践经验、知识体系等信息。除此之外，大学生还可以充分发挥自主性，独立、自由地生产或传播各种类型的信息。在某种程度上来说，自媒体环境打破了思想政治教育者作为信息占有者、信息生产者和信息发布者的权威地位，赋予了大学生更大的自由活动空间。

当大学生的自主性获得更大施展舞台的时候，其会产生的问题也不得不引起高校思想政治教育者的足够重视，即大学生可能会在一定程度上对思想政治教育者“灌输”的思想理论、价值观念、实践经验、知识体系等持一种排斥、远离和怀疑态度。相比来自思想政治教育者的“灌输”，他们更加信任自身或所属群体生产、发布、传播的信息。但通过深入思考和研究不难发现，“正确的思想和理论也即科学的世界观和方法论，不可能不学而知，不教而会，必须通过各种形式的灌输，才能在他们的头脑中扎下根来”①。这就意味着，大学生需要在思想政治教育者的正确、科学、积极引导下才能构建更加正确的价值判断和价值选择，才能养成良好的明辨是非的能力，才能形成对实践经验、知识体系的准确把握、深刻理解，否则就会比较容易受到混杂在自媒体环境中的消极、负面、错误内容的影响与侵蚀。因此，高校思想政治教育者必须思考如何在自媒体环境中有效实现“灌输式”教育方法的价值，特别是面对当前出现的新情况、新问题，高校思想政治教育者“必须不断适应新的环境和变化，必须不断开拓新的工作思路和方法，必须不断增强自身工作的针对性和实效性”②。

---

① 陈万柏、张耀灿：《思想政治教育学原理(第二版)》，高等教育出版社 2007 年版，第 223 页。

② 吴智军：《自媒体时代大学生思想政治工作探析》，《思想理论教育导刊》2014 年第 2 期，第 129—131 页。

二、"一对多的单向"教育方法要与时俱进

"传播工具经历了长期的演变过程，到现在为止，主要分为印刷传播工具（印刷媒介）和电子传播工具（电子媒介）两大类"①，在很长一段时间里，我们所使用的绝大多数媒介在信息传播过程中都是以"一对多的单向"传播方式为主的，特别是以报纸、书籍为代表的传统印刷媒介。尽管电子媒介的出现突破了传统印刷媒介在时间、空间维度的限制，在一定程度上提升了信息的传播效率和传播范围，信息也开始具备一对一、多对多双向传播的可能，但真正让这种可能转变成更广泛的现实的关键媒介则是博客、微博等自媒体平台。

在传统高校思想政治教育过程中，思想政治教育者往往针对众多思想政治教育对象（少则几十，多则几百）进行教育活动，其讲授的思想理论、价值观念、实践经验、知识体系等内容主要遵循单向传播模式流向思想政治教育对象，思想政治教育对象多处于被动接收信息的地位，与思想政治教育者缺少充分、频繁的互动和沟通。同时，"一对多的单向"教育方法在中国有着较为悠久的历史，几乎是从孔子讲学开始，这种教学方法就开始存在并流行了。该方法除了具有反馈及时的优势之外，还能够确保流向教育对象的信息具有科学性和正确性。在这种模式下，思想政治教育者能够控制传播给思想政治教育对象的教育内容，能够将带有主流意识形态和价值观念的信息传递给思想政治教育对象，从而影响其思维模式和行为模式，以实现思想政治教育的既定目标。事实上，无论是对思想政治教育者还是对思想政治教育对象而言，"一对多的单向"教育方法都是他们最为熟悉并习惯的教育模式。尽管偶尔有"一对一"谈心、交流等手段辅助教育实践，但由于思想政治教育者工作时间、工作地点、个人精力等的有限性，实现较大范围的"一对一"教育几乎是不可能的，但现如今这一局面已经开始在自媒体技术的作用下逐渐发生改变。

随着教育的改革和科技的发展，思想政治教育对象显然已经获得了摆脱被动地位的科技手段，自媒体及其所构建的自媒体环境在思想政治教育者和每一个思想政治教育对象之间都搭建了一个独立交流平台，而且消除了时间、

---

① 王学俭、刘强：《新媒体与高校思想政治教育》，人民出版社 2012 年版，第 142 页。

空间的限制。这种新的改变不仅让思想政治教育对象拥有了更大的话语空间和更广阔的交流平台，而且让思想政治教育者因此而拥有了开展更广泛、更深入的“一对一”“一对多”“多对多”教育的可能。

对思想政治教育者而言，如若继续固守传统“一对多”教育方法，而拒绝对新的教育方法进行尝试与创新，势必会造成思想政治教育者地位的不断弱化、思想政治教育对象的渐渐疏远以及思想政治教育成效的日渐式微。因此，思想政治教育者在面对新的教育方法时，必须主动了解、敢于突破、积极应用，让新的教育方法得到广泛使用，也让传统教育方法得到新的发展。

新的教育方法不能被忽视，新的教育方法带来的潜在挑战同样不能被忽视。因为当信息发布者和信息传授者除了思想政治教育者之外还有许多其他源头的时候，信息的意识形态性、正确性、科学性、可信性、积极性在很大程度上将很难得到保证，这不仅会影响高校思想政治教育目标的实现，降低高校思想政治教育的实效性，而且会阻碍大学生群体的健康成长成才。因此，高校思想政治教育者的任务便是需要在新的教育方法和传统教育方法中寻找平衡，使二者能够和谐共生，发挥各自优势、摒弃劣势，进而为提高高校思想政治教育实效性服务。

第三节　自媒体环境对高校思想政治教育载体的影响

一直以来，思想政治教育活动的开展都是通过一定形式的载体进行的。“教育目标的实现，教育任务的完成，教育内容的实施，教育方法的运用，教育主体和教育客体之间的互动等，都离不开一定的载体。”[①]可以说，载体是思想政治教育系统中不可或缺的要素，是其他各要素能够联结起来的重要桥梁。

在思想政治教育这一学科中，“思想政治教育载体是指在思想政治教育过

① 陈万柏、张耀灿：《思想政治教育学原理(第二版)》，高等教育出版社 2007 年版，第 239 页。

程中，思想政治教育者为实现一定的教育目标，选择、运用承载一定的思想政治教育信息的教育中介。”①根据已有的研究成果发现，思想政治教育载体可以被分为：语言文字载体、活动载体、文化载体、传媒载体、管理载体，等等。“网络载体是传媒载体中的新元素，也是思想政治教育的新资源。”②在自媒体这一新型媒介环境中，厘清并掌握思想政治教育载体发生的一系列变化是我们有效利用、引导各种载体的重要前提，也是有效开展高校思想政治教育活动的重要保障。

一、高校思想政治教育载体呈现多样化

如果要对自媒体进行载体归类的话，根据其媒体特性，它应隶属于思想政治教育传媒载体的范畴。思想政治教育传媒载体又被称为思想政治教育“大众传播载体，即以大众传播为思想政治教育载体之意，指思想政治教育主体通过各种大众传播工具向广大群众传导思想政治教育内容，使人民群众在接受广泛的社会信息的同时，接受思想政治教育，从而全面提高自己的思想道德素质和科学文化素质”③。在传统的高校思想政治教育活动中，报纸、书籍、期刊、杂志、广播、电视、电影等都是运用得较为频繁的、用来承载或者传递思想政治教育内容的传播媒介。

如今，随着手机、平板电脑等移动终端的迅速普及，移动互联网的广泛覆盖，博客、微博、微信、QQ、抖音、B站等自媒体平台从产生伊始便凭借其即时性、交互性、草根性等优势吸引了阅听大众尤其是大学生群体的注意，极大地提升了大学生群体对自媒体的“使用黏性、培养了大学生的使用习惯”④。可以毫不夸张地说，每天更新或浏览微信、微博、QQ、B站、知乎等自媒体平台几乎成为大学生群体的生活日常，自媒体环境极大地满足了他们的生活、学习、娱乐、社交、消费等多重需求。

---

① 《思想政治教育学原理》编写组：《思想政治教育学原理（第二版）》，高等教育出版社 2018 年版，第 231 页。

② 同上书，第 243 页。

③ 陈万柏、张耀灿：《思想政治教育学原理（第二版）》，高等教育出版社 2007 年版，第 261 页。

④ 任小龙、沈强：《自媒体与大学生思想政治教育路径创新研究》，《中国青年研究》2014 年第 7 期，第 106—109 页。

这样一个大学生群体几乎已经离不开的媒体形式，当思想政治教育者将其作为承载并传递思想政治教育内容的载体使用时，不仅给思想政治教育者自身提供了更多的信息发布渠道，也给思想政治教育对象提供了更多接收教育内容的路径。要知道，丰富的载体类型不仅有利于扩大思想政治教育的影响范围，生动的载体形式也能够强化思想政治教育的影响力度。如今，高校思想政治教育者在多种自媒体平台的辅助下，既能够灵活地开展各项思想政治教育活动，还能实现与大学生群体随时随地的互动，进而全方位地引导他们树立正确世界观、人生观和价值观。

对于一个全新的网络阵地而言，如果正确的思想不去占领，错误的思想势必会寻求可乘之机。面对众多自媒体平台，高校思想政治教育者将其纳入思想政治教育载体范围是势在必行的选择。然而，高校思想政治教育者也绝不能过分乐观，因为"传播媒介的灵活多样，不仅增大了信息监管的难度，更增加了大学生思想政治教育的难度"①，假如不能正确利用、引导、管控多样的自媒体平台，其提升思想政治教育实效性的任务将很难达成，且自媒体平台不受控制的发展很可能带来更为严峻的后果。因此，高校思想政治教育者要认真思考如何应对此项挑战，在自媒体环境中掌握主导权，从容地应对自媒体环境给高校思想政治教育载体带来的方方面面的变化。

二、高校思想政治教育载体联系日趋紧密化

思想政治教育的载体在发挥作用的过程中往往不是孤立的，而是要彼此连接、彼此影响、彼此依靠的。近年来，我们越来越发现，思想政治教育丰富载体之间的关联愈加紧密，而让这种"紧密程度"与日俱增的便是自媒体平台的出现和环境的构建。

当前的大学生群体早已习惯于将自媒体平台作为其社交、消费、出行、学习、娱乐的重要载体，从某种程度上来说，这种变化既使传统媒体对大学生群体的影响空间被挤占，也使其他载体对大学生群体的作用时间被不断压缩。

① 金飞：《公共理性精神的构建：自媒体环境下大学生思想政治教育的新视野》，《思想教育研究》2013 年第 9 期，第 61—64 页。

之所以出现这种状况，一方面是因为，自媒体平台具有较大的集成性，即能够集社交、娱乐、学习、消费等多功能于一体，同时满足大学生的多样需求；另一方面是因为，自媒体平台在信息提供方面往往更为丰富多彩，能够带给大学生更生动、更立体、更直观的体验。

尽管自媒体给传统媒体、给其他类型的载体带来了危机与挑战，但这种状况却也倒逼其他载体的组织者、管理者着手进行调整与改革。因此，对高校思想政治教育者而言，为了有效提高思想政治教育的实效性，在语言文字载体、活动载体、文化载体、传媒载体、管理载体等不同载体之间进行力量整合逐渐成为必然选择。特别是在当前大学生群体越来越不愿意也不会放弃使用自媒体平台的情况下，载体合力的构建尤显重要。

载体合力的形成、载体间的连接不能凭空生成，而是需要强大的现实条件来支撑。很显然，自媒体环境的形成和发展及时地为高校思想政治教育载体的整合提供了关键平台与重要契机。这是因为，自媒体平台的集成性能够将多样化载体较好地调动起来并集合在一起，而且，许多载体已经开始在自媒体环境的影响下纷纷作出改变，如：语言文字载体方面，高校思想政治教育者逐渐引入大学生群体常用、爱用的流行语，增强思想政治教育内容的趣味性与生动性；活动载体方面，线上直播式、VR 体验式、线下沉浸式等活动交织开展，极大地丰富了高校思想政治教育活动的形式；传媒载体方面，以往的校园广播站、电视台、校报、校刊等纷纷推出了微信、微博客户端，陆续入驻抖音、B 站等平台，以供大学生群体随时随地了解信息并亲身参与新闻的生产、制作；管理载体方面，高校思想政治教育者也开始通过建立微信群、QQ 群等形式增强思想政治教育者和思想政治教育对象之间的沟通与互动；等等。可以说，自媒体环境让高校思想政治教育的语言文字载体、活动载体、文化载体、传媒载体、管理载体之间的联系更加紧密，凝聚力不断增强，在显著地拉近思想政治教育者与思想政治教育对象之间距离的同时，也极大地提升了高校思想政治教育的实效性、针对性与亲和力。

与此同时，我们也要充分考虑到，事物的发展是辩证统一的，任何事物都具有两面性。载体合力的形成在能够最大限度地发挥不同载体类型的优势之余，也必将会通过生产海量、丰富的信息，造成大学生的认知能力、理解能力、思考能力出现负荷。面对自媒体平台和思想政治教育载体合力的关系问题，我们必须端正态度，如果仅仅因为自媒体平台能够带来便利就一味地迷信和依赖，单纯地相信并坚持技术一直都是中性的，简单地认为技术带来的任何结果都有利于社会进步，那么当自媒体工具带来消极影响时我们将会无所适从。要知道，自媒体技术同样“是一种没有文字的意识形态，而且它因为没有文字而显得更加强大。只要人们虔诚地相信社会发展的必然性，它就可以长久地存在下去”①。因此，高校思想政治教育者不能仅仅考虑如何将自媒体环境作为载体合力的黏合剂提高思想政治教育内容传递速率以及扩大思想政治教育对象范围的问题，还需要时刻警惕“科技发展过程中抛撒给我们的精神和社会的残渣”②。

在人类发展的历程中，每个人都是历史的创造者，“每个人都在表现和设计将来的历史”③，形成合力之后的载体系统将会给思想政治教育者和思想政治教育对象提供更好、更大的创造历史的平台和环境。在这一环境中，高校思想政治教育者务必要以自媒体环境的基本特征以及其对思想政治教育系统中各要素所造成的改变为前提，在教育过程中努力平衡不同载体之间的关系，既要具有针对性，又要“注重综合运用多种载体，通过优化组合、相互交叉，相互配合，相互补充、协调作用，共同形成全方位的思想政治教育合力与态势”④。

---

① ［美］尼尔·波兹曼：《娱乐至死》，章艳译，中信出版社 2015 年版，第 188 页。

② ［美］尼尔·波兹曼：《童年的消逝》，吴燕莛译，中信出版社 2015 年版，第 191 页。

③ ［美］尼古拉斯·卡尔：《浅薄》，刘纯毅译，中信出版社 2010 年版，第 213 页。

④ 季海菊：《新媒体时代高校思想政治教育研究》，博士学位论文，南京师范大学，2013 年。

第四章

自媒体环境下高校思想政治教育的路径探索

模拟时代到数字时代的转型，不仅给人类生活提供了诸多便利，也给高校思想政治教育带来了许多新的变化，如：多样的教育手段、广阔的教育空间、先进的教育技术和新颖的教育理念，等等。因此，当人类社会已开始进入自媒体所建构的新型媒介空间的时候，高校思想政治教育为提高实效性，不能仅仅被动迎合自媒体、迎合新技术，而是必须与时俱进、主动出击，正视这些机遇和挑战。

尽管大学生频繁使用微博、微信、门户网站、抖音、QQ、B站等自媒体平台生产、制作、分享、接收、传播各种信息，但是他们有时候却很少察觉自身在思考模式、认知模式、记忆模式、娱乐模式等方面所发生的微小变化，而如何采取相应措施以应对自媒体带来的种种影响更是尚未进入他们的考虑范围。因此，对一个根本不会放弃使用自媒体也并不深刻知晓自媒体可能带来许多问题的大学生群体进行思想政治教育，可以说给新时代的高校思想政治教育者带来了极大挑战。对高校思想政治教育者而言，不仅要帮助大学生意识到问题的存在，还要为大学生创造解决问题的环境、提供解决问题的方法，进而“提高他们对于社会应有观念和价值的认识及自我理解的水平”①。

从根本上来讲，思想政治教育者的根本任务是要立德树人，是要帮助思想政治教育对象更好地认识世界、改造世界、认识自己、完善自己，因而不管媒介环境如何调整变换，思想政治教育者都必须牢记使命并自觉承担起这样的责任，在新挑战、新问题、新机遇面前积极发挥主动作用。目前，在自媒体环境中，高校思想政治教育者可以从形象塑造、内容优化、方法创新、构建媒介合力、塑造思维方式等方面展开尝试、进行探索并突破创新，将责任担当真正落

---

① 武东生：《努力找寻思想政治教育和大学生实际需要的最佳结合点》，《高校理论战线》2005年第4期，第13—14页。

细落小落实，进而帮助高校思想政治教育对象实现新发展、推动高校思想政治教育工作取得新成效。

第一节　自媒体环境下高校思想政治教育者形象塑造

习近平总书记曾说："教师重要，就在于教师的工作是塑造灵魂、塑造生命、塑造人的工作。一个人遇到好老师是人生的幸运，一个学校拥有好老师是学校的光荣，一个民族源源不断涌现出一批又一批好老师则是民族的希望。国家繁荣、民族振兴、教育发展，需要我们大力培养造就一支师德高尚、业务精湛、结构合理、充满活力的高素质专业化教师队伍，需要涌现一大批好老师。"①中华人民共和国成立以来，我们在政治、经济、文化、社会、生态等各个领域所涌现的杰出人才、所取得的显著成绩，其实都离不开教育事业的不断进步与蓬勃发展。正如习近平总书记所言，我们"建成了世界最大规模的教育体系，保障了亿万人民群众受教育的权利，极大提高了全民族素质，有力推动了经济社会发展。长期以来，广大教师自觉贯彻党的教育方针，教书育人，呕心沥血，默默奉献，为国家发展和民族振兴作出了巨大贡献，赢得了全社会广泛赞誉和普遍尊重"②。可见，好老师无论对于个人成长成才抑或是对于国家富强繁荣、民族发展进步而言都具有十分重要的意义。

那么，作为身处自媒体环境中的高校思想政治教育者，我们要如何在新的时代环境养成好老师的各种品质呢？高校思想政治教育者要如何改善、调整、创新才能应对自媒体环境带来的新挑战呢？

通过前面的论述，我们已经了解到，当今大学生能够轻而易举地依靠自媒体环境获取以往只有通过教育者才能了解的"思想观念、政治观点、道德规范

---

①② 习近平：《做党和人民满意的好老师——同北京师范大学师生代表座谈时的讲话》，《人民日报》2014年9月10日，第2版。

和法律意识”①,导致高校思想政治教育者在传统思想政治教育环境中树立的权威形象、主导地位在很大程度上受到影响、冲击和瓦解,也导致高校思想政治教育者在新时期开展思想政治教育工作时显得有些力不从心且成效欠佳。对此,笔者认为,身为新时代的高校思想政治教育者,我们需要“由‘权威指导者’向‘成长促进者’转变”②,在自媒体环境中将自身塑造成有情怀、有担当、有本领、有规矩的思想政治教育者,真正成为大学生的铺路石,“做学生锤炼品格的引路人,做学生学习知识的引路人,做学生创新思维的引路人,做学生奉献祖国的引路人”③,让大学生在成长路上有依靠、有指导、有榜样、有目标。

一、有情怀:高校思想政治教育者要自觉弘扬正能量

曾有学者指出,尽管当前高校思想政治教育者队伍整体上是积极向上、主动担当的,但在一定程度上仍然存在着“三类先生”。那么,究竟是哪“三类先生”呢?

> 一类是“好好先生”,其主要表现是不讲原则、不敢担当,对于大学生思想领域的大是大非问题,他们往往态度暧昧、立场模糊。另一类是“南郭先生”,他们常常混在“乐队”里比划,缺乏对大学生进行思想政治教育的能力。还有一类是“撞钟先生”,他们缺乏从事思想政治教育的激情与动力,无所用心、得过且过。这“三类先生”对高校思想政治教育带来一定负面影响。高校应把教师队伍建设摆在重要位置,促使教师认真履职尽责,自觉做社会主义核心价值观的坚定信仰者、积极传播者、模范践行者。④

同时,其还指出了当前思想政治理论课中教师可能存在的三种现象:

---

① 刘建军:《寻找思想政治教育的独特视角》,中国人民大学出版社 2017 年版,第 120 页。

② 管秀雪:《人工智能时代思想政治教育者角色探析》,《思想理论教育》2022 年第 1 期,第 96—100 页。

③《全面贯彻落实党的教育方针　努力把我国基础教育越办越好》,《人民日报》2016 年 9 月 10 日,第 2 版。

④ 郭海成:《提升高校思想政治教育亲和力》,《人民日报》2017 年 7 月 25 日,第 7 版。

一是个别教师理想信念动摇，对马克思主义理论做不到“真懂”“真信”“真用”，课上讲授一套，课下交流另一套，给学生造成困扰；二是部分教师对于学生在课堂上提出的有关意识形态的错误观点，不能大胆表明立场，不能给予有力驳斥，事实上造成了错误思想观点在高校课堂公开传播的不良现象；三是极个别教师甚至采取或公开或隐蔽的方式在课堂上传播错误观点，在学生中造成极坏影响。①

习近平总书记说：“每个人心目中都有自己好老师的形象。做好老师，是每一个老师应该认真思考和探索的问题，也是每一个老师的理想和追求。我想，好老师没有统一的模式，可以各有千秋、各显身手，但有一些共同的、必不可少的特质。”②对于前文有学者提到的现象和问题，笔者认为，高校思想政治教育者必不可少的一种特质就是，要有情怀。所谓有情怀，就是要“心里装着国家和民族，在党和人民的伟大实践中关注时代、关注社会，汲取养分、丰富思想”③。换言之，“有情怀”意味着高校思想政治教育者要从有利于学生成长、社会进步、国家发展的视角来积极主动开展具体的思想政治教育工作，绝不能消极怠工、应付了事，更不能得过且过，要做到用真情、真用情、用情真，让大学生在真挚的情怀中接受教育并能够开展自我教育。

在谈及“情怀要深”的问题时，习近平总书记曾说：“只有打动学生，才能引导学生。教师在课堂上展现的情怀最能打动人，甚至会影响学生一生。真信才有真情，真情才能感染人。”④

可见，“情怀”既是一个有温度的词语，更是一种有温度的行为导向。“有情怀”的思想政治教育者往往能够较为容易地走入思想政治教育对象的内心，同思想政治教育对象进行深入、真诚的交流，跟思想政治教育对象形成亦师亦

---

① 郭海成：《高校思政课要兼具政治性与生动性》，《人民论坛》2017 年第 31 期，第 218—219 页。

② 习近平：《做党和人民满意的好老师——同北京师范大学师生代表座谈时的讲话》，《人民日报》2014 年 9 月 10 日，第 2 版。

③《用新时代中国特色社会主义思想铸魂育人 贯彻党的教育方针落实立德树人根本任务》，《人民日报》2019 年 3 月 19 日，第 1 版。

④ 习近平：《思政课是落实立德树人根本任务的关键课程》，《求是》2020 年第 17 期。

友的关系；与此同时，“有情怀”的思想政治教育者也常常具有较强的共情能力，能够对思想政治教育对象的感受、困惑以及诉求感同身受。相较来说，“有情怀”的思想政治教育者在开展思想政治教育过程时会更为顺利，也更为高效。通过观察和了解到的案例，笔者发现，“有情怀”的思想政治教育者关注的绝不仅仅是自我，绝不是自私自利的，更多时候他们的这种“情怀”会投射到他人、集体和社会层面，会表现出更高尚的道德情操、更真挚的仁爱之心、更无私的奉献精神，等等。比如，黄旭华院士的“情怀”就是，把自己所有的热爱都奉献给了祖国的核潜艇事业，隐姓埋名、攻坚克难，为祖国科技事业的发展作出了卓越贡献；张桂梅校长的“情怀”就是，把自己全部的爱和心血都奉献给了学生、帮助学生认识到了更广阔的世界，进而从此改变了学生的命运；黄文秀的“情怀”就是，把自己所有的青春都献给了脱贫攻坚事业，心系群众、心系工作，让脱贫攻坚战场绽放出绚丽的青春之花；等等。

那么，高校思想政治教育者要怎样做到具有炽热、深沉的情怀呢？

第一，高校思想政治教育者要树立崇高信仰。思想政治教育者的信仰崇高而坚定，那么他们在育人过程中也会给思想政治教育对象传递出信仰的力量，并让其产生共鸣，进而在实践中树立崇高信仰。鉴于思想政治教育者与思想政治教育对象在教育过程中的紧密关联，我们有理由作出这样的判断：如果一个思想政治教育者不能具备良好的品德、高尚的情操、正确的价值导向，那么，其思想政治教育对象或多或少也会因此而受到影响。所谓“言传身教”，就是这样的意思。正如有学者所指出的那样：“亲其师，则信其道；信其道，则循其步。对于教师来说，想把学生培养成什么样的人，自己首先就应该成为什么样的人。”①

在自媒体环境中，新时代的高校思想政治教育者必须加强对自我的要求和管理，不断夯实理论基础、拓展实践锻炼，做到真学、真懂、真信，从而让崇高信仰的根基更加深厚。笔者认为，红色文化的教育不论是对思想政治教育对象抑或是对思想政治教育者而言，都有着较强的感染力和影响力。高校思想政治教育者可以利用寒暑假时间积极开展实践调研，走进红色旧址，踏访革命

---

① 舒立春：《以高尚人格感染学生》，《人民日报》2019 年 4 月 10 日，第 5 版。

圣地，调研老区群众，在真实的历史面前感受革命先辈的信仰力量，强化对崇高信仰的认同。与此同时，高校思想政治教育者还要善于依托微博、微信、抖音、B站等自媒体平台以文章、微课、直播的形式为大学生阐释树立崇高信仰的价值与路径，同时融自己的崇高信仰于思想政治教育内容的传递之中，通过不断施教和学习，与大学生共同让崇高信仰更加坚定，让践行崇高信仰的信念更加笃定。

第二，高校思想政治教育者要心有大爱。习近平总书记在与北京师范大学师生代表座谈时说："老师在学生心目中具有重要位置，老师无意间的一句话，可能造就一个天才，也可能毁灭一个天才。好老师一定要平等对待每一个学生，尊重学生的个性，理解学生的情感，包容学生的缺点和不足，善于发现每一个学生的长处和闪光点，让所有学生都成长为有用之才。"①思想政治教育者和思想政治教育对象之间传递的不仅仅有知识、有信仰，还有情感，还有爱。事实上，"爱"本身就是教育中非常有力量的一种存在，不论是家庭教育还是学校教育，将"爱"融入教育、引导全过程都是非常必要且非常有效的。

一直以来，我国也都有这样的教育传统，"早在2000多年前，儒家先贤就讲'仁者爱人''老吾老以及人之老，幼吾幼以及人之幼'，涵养一颗仁爱之心，这是君子的德行，也是中国传统理想社会的写照。"②习近平总书记也曾说过："好老师要用爱培育爱、激发爱、传播爱，通过真情、真心、真诚拉近同学生的距离，滋润学生的心田，使自己成为学生的好朋友和贴心人。好老师应该把自己的温暖和情感倾注到每一个学生身上，用欣赏增强学生的信心，用信任树立学生的自尊，让每一个学生都健康成长，让每一个学生都享受成功的喜悦。"③

因此，从教育的传统和教育的现实来看，高校思想政治教育者都应该做到心有大爱。这种"大爱"表现在以下两个方面：

一方面，高校思想政治教育者要做到"真"。这意味着，高校思想政治教育者要做到对思想政治教育对象真诚、真情、真心、真意。情感是能够被敏锐捕捉和感受的一种存在，对于思想政治教育对象而言，是否融入真诚、真情、真

---

①③ 习近平：《做党和人民满意的好老师——同北京师范大学师生代表座谈时的讲话》，《人民日报》2014年9月10日，第2版。

② 桂从路：《爱是成长的必修课》，《人民日报》2018年10月9日，第19版。

心、真意是比较容易就可以判断的事情。高校思想政治教育者要在具体的思想政治教育活动中倾注情感、融入热爱，让思想政治教育对象感受来自思想政治教育者的积极、乐观、赤诚。而这样“真”的思想政治教育，也能够帮助思想政治教育对象养成良好的品质、平和的心态。同时，我们也已经了解到，自媒体以及自媒体所构建的环境打破了时空的界限，为高校思想政治教育者随时随地开展思想政治教育活动提供了更便利的条件、更多的机会、更丰富的载体，高校思想政治教育者要善于利用这些平台及时对思想政治教育对象的思想动态、学习状况、理想目标、身体状况等进行了解、关心和帮助，让思想政治教育对象真切感受到来自思想政治教育者的关注、关心、关爱以及鼓励和引导。

另一方面，高校思想政治教育者要做到“实”。这意味着，高校思想政治教育者对思想政治教育对象的关心、关爱、关照不能是浮于表面的、不能是只说不做的、不能是掌握了但不行动的，这样不仅会导致思想政治教育效果的大打折扣，甚至可能会削减思想政治教育对象对思想政治教育者的信任和依赖，进而导致二者之间的距离不断疏远。高校思想政治教育者要从大学生的真实需求、真实情感、真实困惑出发，能够对思想政治教育对象的迷茫与困惑感同身受，并设身处地为其寻求解决困难的可行性路径，真正做到有回应、有路径、有效果。

与此同时，心有大爱也有利于高校思想政治教育者实现自己的价值，因为“真”“实”的思想政治教育必然会得到思想政治教育对象的良好反馈，思想政治教育者本身也会收获来自思想政治教育对象的支持与喜爱。这样的反馈，对从事教育活动的每个人来说都将是一件十分欣慰的事情；这样的反馈，也会激发高校思想政治教育者将更多的热情、精力都投入思想政治教育工作之中。对整个教育过程而言，这也会产生一个正向的、有效的循环。

第三，高校思想政治教育者要知行统一。思想政治教育者不仅是思想政治教育对象的教育者、引导者，也是思想政治教育对象成长进步的榜样。思想政治教育者所展现的形象不仅会影响思想政治教育对象对教育者本身的判断与评价，甚至会影响其对整个教育过程、教育队伍、教育效果的判断与评价。因此，高校思想政治教育者必须严格要求自己，在“做人做事”与“做学问”方面都坚持知行统一。

在做人做事方面，高校思想政治教育者“既要遵守教学纪律，也要遵守政治纪律和政治规矩，做到课上课下一致、网上网下一致，不能在课上讲得不错、却在课下乱讲，不能在现实生活中表现不错、却在网上乱说”①；为思想政治教育对象作“为人、为事”的表率，展现一个真实的思想政治教育者形象。

在做学问方面，高校思想政治教育者要做到研究真问题、真研究问题，将理论研究与社会生活的实际结合起来，“学”“用”结合，为思想政治教育对象作“为学”的表率。

高校思想政治教育者的上述情怀并不会因为媒介的变化而变化，也不会因为时代的发展、思想政治教育对象的发展进步而有所减弱。这是一个好老师在任何时空境遇中都应保有的优秀品质，更是一个好老师赢得思想政治教育对象信赖与认可的重要密码。

二、有担当：高校思想政治教育者要树立“把关人”意识

如果让我们退回到那个不能互联互通的时代，想必绝大多数人都是不愿意的，因为我们早已习惯享受海量信息带来的种种便利。但殊不知海量信息也带来了很多挑战，特别是其中那些凌乱的、夹杂错误观念的内容。有学者更是直接指出：“未受规范的信息将是致命的。”②

2018 年，习近平总书记在全国宣传思想工作会议上强调：“我们必须科学认识网络传播规律，提高用网治网水平，使互联网这个最大变量变成事业发展的最大增量。”③作为新时代激发社会活力的一股重要力量，新时代的大学生几乎都是依网而生的，他们视互联网为生活的底色，把自己的情绪、观点、社交、生活、工作、学习等都分享在网络空间的各个自媒体平台。尽管当前自媒体环境中主流是好的，但其中也不乏一些虚无主义、个人主义、拜金主义、享乐主义等负面信息的传播，因为“网络媒介的‘脱域机制’使得西方世界的价值习

① 习近平：《思政课是落实立德树人根本任务的关键课程》，《求是》2020 年第 17 期。

② ［美］尼尔·波兹曼：《技术垄断》，蔡金栋、梁薇译，机械工业出版社 2013 年版，第 58 页。

③《举旗帜聚民心育新人兴文化展形象　更好完成新形势下宣传思想工作使命任务》，《人民日报》2018 年 8 月 23 日，第 1 版。

惯、文化产品、意识形态与我国建立了直接的联系，这使得我国的自媒体网络信息传播在全球自媒体平台中处于低势和被动地位。自媒体场域已成为西方对我国进行意识形态渗透与攻击的重点”①。可以说，自媒体环境在给高校思想政治教育带来新平台、新方法、新场域的同时，也为提升高校思想政治教育的实效性带来了阻力与障碍。

正如有学者指出：“媒介在许多时候都会以非常隐蔽的手段传播一些需要人们具备高超的解读技巧才能识别的信息，而个人的因素往往也会在信息解读过程中发挥令我们意想不到的作用，需要我们对这些因素加以科学地控制。”②因此，作为高校思想政治教育者，我们务必要加强对网络的管理、影响和渗透，做好自媒体环境中的“把关人”，为大学生营造一个天朗气清的网络环境，使自媒体环境和自媒体平台更好地成为加强高校思想政治教育实效性的重要推动力。

“作为传播学领域的一个重要概念，‘把关人’理论最初由美国社会心理学家卢因(Kurt Lewin)在1947年提出，他认为，在群体传播过程中，只有符合群体规范或把关人价值标准的信息内容才能进入传播的渠道。”③“把关人最突出的影响是决定受众认知。”④如果“把关人”缺位，势必会产生假新闻泛滥以及信息焦虑的现象。

对此，《人民日报》曾发表相关论述：

> 在社交平台上，去中心化的传播机制让公众表达权得到扩大的同时，也滋生了不实信息和假新闻。有国外研究人员通过网站流量统计发现，社交平台为传统主流新闻网站引入10.1%的流量，却为假新闻网站引入41.8%的流量。另一项研究显示，打开脸书网页的前3秒内，22.1%的文章是假新闻。社交平台用户人人都能发声，假新闻的潜在源头多；社交平

---

① 聂智：《自媒体领域我国主流意识形态的话语权研究》，人民出版社2020年版，第53页。

② 吴玉兰：《媒介素养十四讲》，北京大学出版社2014年版，第11页。

③ 李嘉莉、马学思：《高校思政课教师的网络舆论“把关人”角色刍议》，《思想理论教育导刊》2019年第2期，第144—147页。

④ 胡泳、周凌宇：《把关理论与现代社会的重构》，《新闻与写作》2021年第8期，第41—51页。

台的社会化和算法化传播机制，使假新闻传播快而广；别有用心的假新闻背后，是利益关联者在推动。这些导致社交平台上的假新闻泛滥。①

由此可见，“把关人”存在的意义和价值在于能够将积极、健康、科学、正面、正确的信息传播给阅听大众，从而减少信息失控所造成的种种问题。

通过前面的分析，我们已经了解到，在传统思想政治教育环境中，为了思想政治教育对象能在正确舆论场域、信息环境中成长成才，思想政治教育者需要扮演“把关人”角色。但如今，这一角色的价值和地位却因自媒体环境的开放性、自由性受到挑战。然而，“把关人”并不能因为现实环境的变化、挑战的增多和困难的加强就走向缺位和失语状态，换言之，“把关人”在新的媒介生态中仍然应主动担当、自觉构建安全健康、和谐美好的网络空间，为每一个阅听大众提供有益其成长和发展的信息环境。尽管思想政治教育者在自媒体环境中所具有的“把关人”地位被削弱，高校思想政治教育者还是应自觉直面挑战、寻求路径，坚守“把关人”意识，履行“把关人”责任。

第一，高校思想政治教育者要加强对信息的审视、过滤和优化。自媒体环境的开放性，使大学生除了能接收有利于其学习、生活的正面信息之外，还能够接触到会冲击其固有思想、价值观念的负面信息；与此同时，“大学生在高校生活，少则三到四年，多则九到十年，正处在人生成长的关键时期，知识体系搭建尚未完成，价值观塑造尚未成型，情感心理尚未成熟”②，这导致大学生在鱼龙混杂的信息面前抵抗力、分辨力相对较弱，因此，特别需要思想政治教育者对信息进行引导和管理。

一方面，高校思想政治教育者可以从信息本身入手。在处理大量信息过程中，高校思想政治教育者要主动、自觉“发挥‘把关人’的检查功能、加工功能、评价功能、导向功能、桥梁功能，对扑面而来的信息在传播通道上设置关卡进行检查”③，将不适合大学生学习、生活、娱乐、社交的信息予以控制、加工、删减，将不同信息进行反复对比，并选择合适的自媒体渠道将信息传播给大学

① 宦翔：《社交平台，“把关人”不能缺位》，《人民日报》2019 年 3 月 21 日，第 17 版。
② 本书编写组：《思想道德修养与法律基础》，高等教育出版社 2018 年版，第 84—85 页。
③ 王学俭、刘强：《新媒体与高校思想政治教育》，人民出版社 2012 年版，第 403—404 页。

生。同时,高校思想政治教育者还可以对一些信息进行语言、形式等方面的加工,并对这部分信息明确表明立场和态度,使其能够在网络空间实现裂变式传播,从而最大限度将正确价值导向传递给大学生。

另一方面,高校思想政治教育者可以从算法推荐的视角入手。高校思想政治教育者要科学认识大数据环境中算法推荐分发信息的模式,深化并加强对算法推荐的理解和重视,“对算法设计人员进行价值引导,使其明晰自身职业使命,纠正价值偏差,筑牢算法的价值根基”①,同时在应用算法推荐的过程中突出主流价值观的引领,“将赋予主流价值的优质内容融入算法‘推荐池’,强化思想政治教育话语供给,提升数字资源的价值承载量”②。融入推荐范围的内容,可以包括:与红色文化相关的革命先辈故事、旧居旧址、精神谱系;与社会主义核心价值观相关的理论阐释、实践榜样;与爱国主义精神相关的基本内涵、基本原则;与改革创新相关的实践项目、重要成果;与法治素养相关的法律介绍、法律常识;等等。通过一系列的推荐和引导,不断加强主旋律信息的传播,进而提高思想政治教育的针对性和实效性。

第二,高校应形成与自媒体环境相契合的舆情引导制度和规范。“信息匮乏的确会带来苦难,但我们现在也逐渐发现——信息爆炸、毫无意义的信息以及缺失管控机制的信息,同样会给我们的文明带来痛苦和悲伤。”③“任何一个社会都存着某种制度和技术,其功能就像是生物体内的免疫系统,其目的在于维持新与旧、创新与传统、意义与概念紊乱之间的平衡,其做法就是‘破坏’不需要的信息……有时候,社会体制只是简单地禁止公众获取信息,但它的主要功能在于引导公众,对信息应该赋予多大的权重和价值。”④相反,若国家、社会、学校等机构不对信息进行适当管控,那么不受控制、肆意传播的信息将会具有极大攻击性和破坏性,而人们在信息环境中也会变得越来越不堪一击。

不论古今中外,“学校是信息控制的机制之一。至于控制的标准,可以从课程设置中看出,而更详细的信息则可以在课程概况手册里找到。大学概况

---

①② 管秀雪:《人工智能时代思想政治教育者角色探析》,《思想理论教育》2022 年第 1 期,第 96—100 页。

③ [美] 尼尔·波兹曼:《技术垄断》,蔡金栋、梁薇译,机械工业出版社 2013 年版,第 64 页。

④ 同上书,第 67 页。

手册将课程、科目及研究领域逐一列出，综合起来看，不啻是一份官方陈述，宣示了学生应该思考的问题。而如果检查一下这份手册里所没有列出的内容，我们就可以发现这所大学‘不希望’学生思考的问题。”①可见，学校一直都致力于创造一种满足学校和社会期望的校园环境。

如今，在自媒体这一新型媒介环境中，高校也应及时出台相应制度和规范：

一方面，从思想政治教育者的维度出发，高校的制度构建要能够将“把关人”职责真正落到实处。对此，高校思想政治教育者可以通过“构建具有前瞻性、回应性及参与性的制度性信息收集机制、分析甄别机制、预警协调机制、对话引导机制及应急处理机制，切实扭转和避免目前大学生思想政治工作在自媒体应用中普遍存在的‘形式化、空心化’等现象”②，让“把关人”能够切实、有效地发挥作用。

另一方面，从思想政治教育对象的维度出发，高校的制度构建要能够实现正确引导。高校思想政治教育者可以通过制定相应校内规范，使大学生明确“什么样的信息不能肆意传播”以及“传播之后可能引发何种后果”，进而引导大学生合理、合法、合规使用自媒体平台，文明、有序、科学地对信息进行生产、制作、分享、接收、传播。与此同时，高校思想政治教育者还应加强校园微博、微信、抖音、B站等自媒体平台账号的建设和管理，从校园信息的生产源头进行引导，构建高校自媒体舆论场，即时、高效、准确地发布权威信息，输出积极、科学、准确的信息，澄清消极、错误、虚假的信息，提升大学生对校园权威媒体的认同感和使用黏性。

三、有本领：高校思想政治教育者要增强自媒体应用能力

在自媒体环境中，高校思想政治教育者面临的压力和挑战与日俱增。除了要对传统思想政治教育手段进行创新之外，高校思想政治教育者还应不断加强学习和训练以提高对自媒体技术的应用能力，使自身不至于被日新月异、竞争激烈的教育环境所淘汰，不至于影响思想政治教育实效性的提高，进而真

---

① ［美］尼尔·波兹曼：《技术垄断》，蔡金栋、梁薇译，机械工业出版社 2013 年版，第 68 页。

② 吴智军：《自媒体时代大学生思想政治工作探析》，《思想理论教育导刊》2014 年第 2 期，第 129—131 页。

正成为大学生成长成才的引领者、守护者。关于如何提高高校思想政治教育者自媒体应用能力的方法，我们可以从以下两个方面出发：

第一，高校思想政治教育者要积极融入自媒体环境，养成自媒体意识，形成自媒体思维，主动关注自媒体、接纳包容自媒体、熟练使用自媒体。作为在自媒体环境中肩负重要立德树人使命的高校思想政治教育者，我们必须意识到新时代大学生与自媒体愈加紧密的连接关系，必须意识到自媒体在参与高校思想政治教育工作中所发挥的具体作用。因此，高校思想政治教育者要在思想观念中加强对各项自媒体平台的重视，厘清自媒体基本内涵、自媒体环境的特征以及自媒体信息传播规律，熟悉不同自媒体渠道的优势。主动开通、妥善管理和完善微博、微信、抖音、B站等自媒体平台个人校园账号，加强与大学生在学习、生活、工作、社交等方面的连接，拉近与大学生的距离，通过自媒体渠道正确阐释相关知识、理论和观念，向大学生传递正面价值导向，同时利用自媒体平台关注大学生思想动态、兴趣爱好并及时解决大学生产生的矛盾与困惑。此外，高校思想政治教育者还要不断提高个人的信息鉴别能力、分析能力、批判能力、整合能力，努力学习并不断掌握自媒体舆情监控和管理的基本技术，在对信息进行传播的过程中主动规避不良内容、低俗内容、错误内容、消极内容，以保证大学生能够在健康有序的自媒体环境中成长进步。

第二，高校要积极开展关于提高思想政治教育者自媒体实际应用能力的各类培训。“开展思想政治教育工作者的培训活动是提高思想政治教育工作者素质的重要途径，是促进思想政治教育工作者结构现代转型的重要举措。”①高校思想政治教育者是高校思想政治教育的实践者、组织者、引导者，是大学生成长成才的守护者，其基本能力和基本素质的高低直接影响高校思想政治教育的实效性能否提高。因此，除了思想政治教育者个人要自觉提升理论水平、实践能力之外，高校还应为思想政治教育者的发展提供基本环境，为其组织多种技能培训，形成完善的培训体系，“通过岗前培训、日常培训、专题培训相结合的方式”②，使思想政治教育者在理论和实践中加深对自媒体的

---

① 孙其昂等：《思想政治教育现代转型研究》，学习出版社 2015 年版，第 203—204 页。

② 鲁凤：《自媒体环境下高校思想政治教育的境遇解析与路径探究》，《黑龙江高教研究》2014 年第 6 期，第 124—126 页。

认知和理解，形成对自媒体信息传播规律的准确把握，进而自觉高效管理各类自媒体平台账户，并能够有针对性地在不同自媒体平台上生产、制作、分享、接收、传播思想政治教育内容。

面对自媒体这一全新媒体技术，高校思想政治教育者既不能排斥、抵制、反对，也不能仅仅因为潮流时尚而使用先进技术和设备。对待自媒体工具融入思想政治教育过程这一现象，高校思想政治教育者必须形成正确、恰当的观点，分析其利弊，将关注点放在是否有利于大学生健康发展，是否有利于社会良好风气的形成等方面；同时，高校思想政治教育者还要不断加强自身认知能力和业务水平，提升理论素养和实践能力，进而满足大学生成长需要和社会发展需要，适应不断发展变化的思想政治教育环境。

四、有规矩：高校思想政治教育者要提升媒介素养

“媒介素养是公民在对多元媒体属性具有充分认知的基础上所形成的信息辨识分析能力、熟练操作技术能力、公共道德能力及创新精神的有机统一”①，“是信息时代每个公民都应该具备的基本能力之一，是公民素养的重要组成部分”②。媒介素养要求使用该媒介的个人能够恰当认识、正确使用该媒介产品，充分发挥该媒介产品对于社会发展和个体成长的作用与价值。

事实上，媒介素养的提高并非单纯是某一特定媒介环境的需求，它同样是适应未来社会发展进程中出现的更新的媒介环境的需要。因此，对高校思想政治教育者而言，无论身处何种社会发展阶段，只要媒介工具被用来开展思想政治教育活动，被用来提升思想政治教育实效性，其就必须“从封闭性思维转向开放性思维”③，就必须重视媒介环境的影响力，就必须加强个人媒介素养。可以说，媒介素养是高校思想政治教育者除思想道德素质、政治素养、理论水平之外又一需要不断加强和提高的重要素质。不论对高校思想政治教育者个

① 于文娟：《智能媒体时代大学生媒介素养的嬗变与提升路径》，《传媒》2020年第14期，第84—86页。

② 吴玉兰：《媒介素养十四讲》，北京大学出版社2014年版，第4页。

③ 岳宗德：《论自媒体环境下主体间性大学生思想政治教育的转向》，《学校党建与思想教育》2014年第3期，第66—68页。

人而言，抑或是对大学生成长、对社会发展来说，媒介素养都具有不容小觑的价值。在自媒体这一新型媒介环境中，高校思想政治教育者要不断培养能够适应自媒体环境的、有利于社会发展的、可以有效开展思想政治教育的媒介素养。

“科学技术从来没有像今天这样深刻影响着国家前途命运，从来没有像今天这样深刻影响着人民生活福祉。”①“技术本身没有价值导向，但操作者、应用者是重要变量。”②面对自媒体环境中的海量多样信息，高校思想政治教育者要特别注意以下两个方面：

第一，高校思想政治教育者必须做到能够文明使用自媒体工具。高校思想政治教育者要合理、合法、合规地应用微博、微信、抖音、知乎、B站等平台传递思想政治教育内容，为大学生如何使用自媒体作出表率。与此同时，高校思想政治教育者还要“建立起解读媒介表象与本质、真实与虚假的基本能力，能够客观评价媒介的性质、功能和局限，认清媒介的组织结构及其与政治、经济的各种微妙、隐秘的关系，从而对媒介所传播的信息进行思辨、解读，透视信息背后所隐含的意识形态和价值取向，提高自身对媒介信息的正确评估与选择能力”③，不断将正确、科学、健康的信息输送给大学生群体，为大学生营造良好信息和舆论环境，而将信息中的糟粕挡在过滤机制之外，切断错误信息的传播途径，不断压缩负面、错误信息的生长空间，从而降低大学生被负面信息侵蚀的概率。

第二，高校思想政治教育者必须做到“能力在线”“话语在线”。这并不是说高校思想政治教育者要24小时全程在自媒体平台关注思想政治教育对象的所有动态，而是说在遇到挑战时，高校思想政治教育者能够有能力、有思路、有话说。其中，高校思想政治教育者的“能力在线”是指，在向大学生输送信息的过程中，面对可能会引起大学生激烈讨论的社会现象或话题，高校思想政治教育者应努力做到不失语、不妄言、不缺位、不支支吾吾、不遮遮掩掩、不放任

---

① 段伟文：《数字化时代需要“数字素养”：共同营造健康向上的数字生活》，《人民日报》2021年6月7日，第5版。

② 徐静茹：《别让算法制造“信息茧房”》，《人民日报》2017年9月11日，第5版。

③ 吴玉兰：《媒介素养十四讲》，北京大学出版社2014年版，第10页。

自流，提高自身对信息的敏感性和解释力，加强实践操作能力，对大学生不理解的信息和内容及时予以阐释说明，进而减少信息在传播过程可能造成的误解。高校思想政治教育者的“话语在线”是指，当面对大学生在自媒体环境中创造的流行语、开展的新活动、提出的新问题时，高校思想政治教育者要学会用适合自媒体平台的话语形式和内容与大学生进行沟通和交流，缩短与大学生之间的距离。

与此同时，我们也必须意识到，在自媒体环境中，媒介素养的提升不仅仅是思想政治教育者要做的事情，对于每一个身处这一环境中的人，媒体素养的提升都是必不可少的。鉴于此，每个阅听大众都应自觉加强对媒介素养的重视，进而更好、更规范地在自媒体环境中开展各项操作。

第二节　自媒体环境下高校思想政治教育对象思维方式培养

根据前面的研究可知，电子媒介诞生之后，大学生就一直深深受到碎片化信息的影响。碎片化信息为了实现裂变式传播并满足大学生效率至上的心理，常常将复杂信息简单化、零散化、具体化。为与此相适应，大学生不仅培养出碎片化阅读习惯，甚至在思维方式上也呈现出零散化、无序化、表面化、具体化等倾向。这种改变无疑会削弱大学生抽象、逻辑、分析等能力的生成，不利于大学生的长远发展。特别是抽象、分析、推理、总结、归纳等能力“既不像感觉和记忆那样与生俱来，也不像审慎那样仅凭经验即可获得，它往往是通过后天的艰苦训练得来的”①。因此，高校思想政治教育者必须通过相应手段训练大学生的思维能力，重点培养大学生深度阅读、深度思考的能力，使大学生形成理性、有逻辑、能抽象的思维方式，进而能够自觉化解自媒体环境所带来的负面影响。

① ［英］霍布斯：《利维坦》，吴克峰译，北京出版社 2008 年版，第 23 页。

一、引导高校思想政治教育对象减轻对自媒体的过分依赖

我们已经知道，碎片化思维的根源并非自媒体各项平台，但自媒体技术在加深我们碎片化趋势的问题上却有着不可推卸的责任。微博、微信、门户网站、知乎、B站等将各种碎片化信息集结到各自平台上，在方便大学生进行生产、制作、分享、接收、传播等操作之余，也确实让大学生的碎片时间得到了更加丰富的利用。但与此同时，有一点绝不能忽视，那就是自媒体平台在方便大学生利用碎片时间的同时，也使大学生的时间、生活、行为、思维被切割成各种碎片。通过仔细观察和深入研究，我们不难发现，自媒体技术似乎正在呈现一种不可忽视的悖论：自媒体技术在不断将碎片化信息集合的过程中，也正不断将它的使用者变得更加碎片化；自媒体环境在不断丰富阅听大众体验的过程中，也正不断让使用者的某些体验更加固化。

"技术的后果总是不可预测的，但这些后果并非总是不可避免。"[①]因为我们可以非常肯定的是，将人类的生活和思维碎片化绝不是自媒体技术被发明和应用的初衷。而对于如何调整碎片化思维方式，减轻大学生对自媒体的过分依赖和偏爱，高校思想政治教育者可以从以下两个方面出发：

第一，高校思想政治教育者应引导大学生合理分配、利用自媒体和印刷媒体进行学习与阅读的时间，帮助大学生形成"以拥有完整知识结构、塑造性格、提升涵养为目的的阅读习惯"[②]。事实上，许多体验都已表明，自媒体环境中的海量信息在很大程度上增加了大学生的认知负荷，消解了大学生对深度学习和深度研究的兴趣，从而影响了大学生理解能力、分析能力、记忆能力、阐释能力的有效提升。

因此，在思想政治教育过程中，高校思想政治教育者一方面可以鼓励大学生在一定程度上减少对自媒体的时间分配，减轻对自媒体的过分依赖，降低接收碎片化信息的概率，通过尽可能多地阅读纸质书籍、报刊等学习材料，锻炼整体性思维、线性思维和理性思维；另一方面，还可以鼓励大学生暂时走下自

---

① [美]尼尔·波兹曼：《童年的消逝》，吴燕莛译，中信出版社2015年版，第35页。

② 赵婀娜、章正、王舒媛：《大学生阅读，应做"深呼吸"》，《人民日报》2014年4月24日，第18版。

媒体，为大学生举办辩论、演讲、竞赛等能够训练思辨能力、抽象能力、逻辑能力的实践活动，让大学生的课余时间得到更加丰富的使用。与此同时，高校思想政治教育者还要通过线上或线下的思想政治教育活动使大学生明辨“浅阅读”“碎片化阅读”“碎片化思维”“娱乐性思维”带来的消极影响，从而自觉养成良好的阅读习惯和思考习惯。

第二，高校思想政治教育者应引导大学生培育独立思考的能力。“从一定意义上说，独立思考，深入思考，从而能够以思想来驾驭日益膨胀的知识，是比一般的学习更为重要的。”①如今，大学生群体是一个几乎不会放弃使用自媒体平台，也不会脱离自媒体环境的群体，大学生的学习、社交、娱乐、购物、出行等都越来越离不开自媒体的参与和作用。尽管不同大学生使用的平台略有不同，但其深深地受到自媒体影响却是个不争的事实。

要知道，独立思考能力的缺失不仅会阻碍理性、严谨的思维方式的形成，还可能导致大学生在面对五花八门的碎片信息时弱化正确的价值判断和价值选择。对此，高校思想政治教育者一方面要使大学生深刻意识到独立思考能力的意义和价值，意识到独立思考能力在开展科学研究、形成正确价值判断、实现个体发展等方面所发挥的作用是不可替代的，意识到独立思考能力是需要不断训练才能养成的；另一方面，要帮助大学生构建独立思考的外在环境，通过开展读书会、分享会、讲座、论坛等活动激发大学生独立思考的兴趣，通过布置论文、课题、项目等助力大学生形成独立思考的习惯。

我们知道，独立思考、深入思考并不是一件十分容易的事情，但也有研究表明，“我们的大脑总是在不断变化的，环境和行为的轻微变化就会引起它的适应性调整”②，这意味着当大学生通过对复杂信息进行处理、分类、研读和思考，接收的信息从碎片变成整体、从无序变成充满逻辑、从具体变成抽象，其深度思考能力、材料分析能力、信息鉴别能力必然能够得到有效训练，其新的思考习惯和行为习惯也必然能够形成。

此外，值得注意的是，我们强调并提出减轻对自媒体平台的过分依赖，并

---

① 刘建军：《寻找思想政治教育的独特视角》，中国人民大学出版社2017年版，第175页。
② [美]尼古拉斯·卡尔：《浅薄》，刘纯毅译，中信出版社2010年版，第32页。

非要大学生排斥新科技，反对自媒体技术，而是要引导大学生合理安排自媒体使用时间，在进行学习、阅读等活动时不能忽视书籍、报刊等印刷媒体，进而不断提升大学生独立思考问题与解决问题的能力。

二、增强高校思想政治教育对象个体主体性

“经过多年探索，新时期思想政治教育逐步接受了思想政治教育对象新变化的事实，并将此作为开展工作的前提。教育对象不是消极被动的，而是具有能动性，这一点已成为思想政治教育工作者的共识，没有人会有疑问了。”①那么，自媒体环境中如何使高校思想政治教育对象的主体性、能动性得到更有效、更充分的发挥呢？

我们已经了解到，自媒体平台为大学生展示自我创造了丰富多样的舞台和极大的空间，使大学生的独特性、多样性得以较好地表现出来，但大学生在追求标新立异的过程中也日益呈现出被自媒体技术“异化”的倾向。要知道，个性的充分展现并不完全意味着大学生的主体性得到了真正释放，自媒体环境中大学生的主体性是指其在使用自媒体技术的过程中所“表现出来的主动性、主导性、创造性和前瞻性等本质特征”②。也就是说，主体性的发挥并不单纯意味着大学生在生产、制作、分享、接收、传播信息过程中展现更高的自由度，也不单纯意味着大学生在新的自媒体环境中展现更新、更多的特征。真正的主体性表现在大学生生产出更多有价值、有新意的内容，表现在大学生的创造性得到了实质性提升，并且在自我成长成才的同时能够造福人类和社会。

关于技术对人类生活的过分参与，尼尔·波兹曼曾经指出：“在这个世界里，培根原先设想的人类进步思想，已经被技术进步思想所取代。这个世界的目标不再是消除愚昧、迷信和苦难，而是调整我们自己，去适应新技术的要求。”③如今，自媒体碎片化信息的大量涌入使大学生的生活、学习、社交几乎

① 刘建军：《寻找思想政治教育的独特视角》，中国人民大学出版社2017年版，第134—135页。

② 王兴国：《人文关怀视角下网络思想政治教育主体性建构探析》，《江西社会科学》2012年第8期，第246—249页。

③ [美]尼尔·波兹曼：《技术垄断》，蔡金栋、梁薇译，机械工业出版社2013年版，第64页。

都是以自媒体为中心的。假若自媒体过分参与大学生的各项成长、各个领域，那么，可能产生的后果将会是非常棘手的。

具体来说，高校思想政治教育者要如何帮助思想政治教育对象提升主体性呢？

第一，高校思想政治教育者要帮助思想政治教育对象客观认识自我和评价自我。由于海量碎片化信息常常让大学生产生自己已经掌握很多知识、知晓很多道理进而变得很“聪明”、知识很“渊博”的错觉，高校思想政治教育者必须引导大学生形成准确的自我认识机制、自我评价体系、自我强化机制。要引导思想政治教育对象既不能过度自我陶醉，也不能过分自我贬低，而应实事求是地对自己进行客观判断和合理评析，并通过持续的理论学习和实践锻炼不断提升自我、塑造自我、超越自我，在努力奋斗中不断实现自己的理想和目标。

第二，高校思想政治教育者要帮助大学生形成独立自主意识。由于自主性是“人自己作为主体，自觉地意识到自我需要并为之努力，独立、自由地作出判断、抉择并进行自我控制的动机、能力或特征”①，大学生形成独立自主的意识就意味着：他们要自觉意识到应不断培养自主能力、形成自主人格，要意识到自身在客观世界所处的准确位置，要意识到自媒体作为一种技术工具其实质应是“人的创造能力和人的智力的发展”②，自媒体技术只是我们认识世界、改造世界、认识自己、发展自己的工具之一，而非生活的中心和重心，自媒体在实践中主要发挥参与、助推作用而非决定、主导作用。

毫不夸张地说，“在人类历史的大部分时间当中，人所使用的工具和器皿总体来说都是他自身机能的延伸。这些工具和器皿没有，或者更重要地是看起来没有独立存在的价值。尽管这些工具都是工匠的亲密伙伴，也能反过来促进人的能力，使他的目光更加锐利，使他的技能更加精湛，教会他尊重被加工材料的自然属性。工具使人们和环境更和谐地相处，但这并不是因为工具能够帮助人们重新塑造环境，而是因为工具使人们认识到了自身的局限

① 张鹏君：《人的自主性与教育的本真诉求》，《教育理论与实践》2013 年第 25 期，第 3—7 页。
② 陈力丹：《精神交往论：马克思恩格斯的传播观》，开明出版社 1993 年版，第 111 页。

性……无论在哪个时代，技术永远都是教育和自律的手段。”①

第三，高校思想政治教育者要鼓励思想政治教育对象自主探索。作为新时代的思想政治教育者，我们必须意识到“单向的灌输，直接告诉他们结论，往往不易受到他们的欢迎。相反，允许和提倡受教育者发挥自己的主动性积极性，自主地去对事情的原委和答案进行独立思考与探索，由此得到的结论他们就自然而然地接受了”②。因此，在思想政治教育过程中，高校思想政治教育者可以开展各种活动为培育大学生的主体性创造机会，鼓励其进行自主探索、自主学习、自主创新、自主管理，让主体性得到较大程度的训练与发挥。

三、帮助高校思想政治教育对象实现虚拟世界与现实世界的统一

第一，高校思想政治教育者在引导大学生实现虚拟世界与现实世界相统一的过程中，要首先使大学生认识到，虚拟与现实本身就处于一种动态平衡之中。“平衡，而不是单方面的突进。”③在自媒体环境中，自媒体平台营造的虚拟世界是不可能独立于现实世界而存在的，可以说，除了是否借助于互联网这一点之外，大学生的虚拟世界与现实世界的边界越来越模糊、关系越来越紧密、重合度越来越高，自媒体环境的影响力逐渐超越大学生的在线学习、娱乐、社交、购物而扩散到大学生的离线生活之中，很多人的在线世界更是开始逐渐与离线世界融合并成为离线世界的重要补充与延伸。因此，高校思想政治教育者要使大学生充分意识到，其在自媒体虚拟世界中的思维模式、行为模式与其在现实世界中的思维模式、行为模式可能会具有不同程度的连贯性、一致性、相关性、因果性。引导大学生自觉做到，在使用自媒体平台的过程中避免对虚拟空间中人物、事物、关系的过分偏爱、过分沉溺、过分依赖，现实世界中的人物、事物与关系同样是我们需要倾心关注、认真经营、主动维护的重要内容。作为现实的人，虚拟世界只能是大学生现实学习、社交、娱乐等行为的延

---

① ［美］刘易斯·芒福德：《技术与文明》，陈允明、王克仁、李华山译，中国建筑工业出版社2009年版，第281页。

② 刘建军：《寻找思想政治教育的独特视角》，中国人民大学出版社2017年版，第166页。

③ ［美］刘易斯·芒福德：《技术与文明》，陈允明、王克仁、李华山译，中国建筑工业出版社2009年版，第380页。

展和强化。在具体实践中，高校思想政治教育者可以为大学生创造更多讲座、课堂讨论、社会实践等现实体验感较强的互动性模式，与大学生面对面交流、沟通、对话，使大学生认识到尽管自媒体环境已经全方面参与整个教育过程和个体的成长，但现实世界中各项活动的意义与价值仍然是虚拟世界无法替代的。

第二，高校思想政治教育者要引导大学生平衡娱乐性与理性之间的关系。自媒体平台及其所构建的自媒体环境给大学生提供了极为丰富、宽松的娱乐方式和娱乐场域。事实上，娱乐本身并无可厚非，但娱乐的过度发展却引发了诸多泛娱乐化现象、滋生了娱乐化思维方式。通过研究，我们发现，这种现象与思维方式可能导致大学生不经过深刻思考就以娱乐、诙谐、搞怪、调侃、反讽等形式对信息进行解读和传播，以至于产生歪曲事实、作出错误判断等严峻后果。

对此，一方面，高校思想政治教育者要使大学生认识到“理性能力乃是人的种属特性，它与我们所想象的不同，是人身上相对感性和本能而言的全部思维力量”①，如今，娱乐性已开始逐渐挤压理性并在大学生思维方式中占有一席之地，而部分大学生对娱乐性思维的过分认同和对理性思维的相对疏离无疑将对大学生个人成长和社会发展产生不良影响。另一方面，思想政治教育者还要积极主动地通过理论阐释、经典解读、实践调研、现场教学、言传身教等多种方法引导大学生，进而训练并强化其理性思维方式，使大学生能够站在发展的、历史的、科学的视角研究社会问题、解读社会现象。

第三，高校思想政治教育者要引导大学生在新的时空观念中寻求平衡。自媒体创造的全新媒介环境，使个体对时间与空间的理解、感知都在以往基础上实现了新的发展和进步。新的时空观念表现在哪里呢？在时间维度上，大学生能够在极短时间内占有上至原始社会、下至此时此刻的公开信息（由于主客观原因的限制，我们并不能绝对占有某个历史时期的全部信息）；在空间维度上，大学生能够了解远及地球另一端、近及此地的新闻。

在这样一个全新的时空观念中，高校思想政治教育者的引导可以从以下

---

① ［德］J. G. 赫尔德：《论语言的起源》，姚小平译，商务印书馆 1998 年版，第 23 页。

两个方面着手：

一方面，高校思想政治教育者要帮助大学生辩证看待新的时空观念。新的时空观念的正面意义在于：它拉近了大学生和整个世界的关联，不仅使大学生对信息的接收和处理方式发生变化，使大学生对时间的分配方式、管理方式发生变化，而且也使大学生对更广阔空间的认知和体验成为可能。但与此同时，新的时空观念也给大学生的成长成才带来了一些可能的弊端。如：自媒体平台让大学生具备了短时间就可以占有、储存大量信息的可能，这在一定程度上可能会导致大学生疏于对记忆、分析、抽象等能力的持续训练；自媒体平台集合了来自世界各地的新闻，特别是抖音等短视频平台、直播平台的出现，使大学生足不出户便能十分立体、充分地知晓异国他乡的风土人情、文化风貌，这在一定程度上可能会导致大学生忽略了亲身实践、行万里路的价值。

另一方面，高校思想政治教育者要帮助大学生开拓新路径以构建动态、平衡的时空观念。通过上面的分析，我们必然会得出结论，那就是——只重视效率而忽视质量的信息储存、信息使用，是非常片面的；同样，只重视思维的天马行空而忽略行为的脚踏实地，也是非常片面的。因此，高校思想政治教育者要鼓励大学生在新的时空观念中脚踏实地、躬行实践，通过为大学生创造丰富的讲演、辩论、论坛、调研与实习等机会，让大学生的思维与行为都在前进的路上，使其养成深度学习、深度思考、深度实践的能力，在实践中强化对已有信息的认知和理解，切实帮助大学生提升理论水平和实践水平。

四、构建高校思想政治教育对象认知与行为的统一

过多地依赖自媒体平台、体验自媒体环境，我们有时候就会产生一种错觉，即那些我们接收到的海量信息以及浏览过的内容，似乎都已经被我们很好地记住且掌握了，我们的能力和水平也可能在这一过程中实现了大幅度的提升。

然而，事实真的如此吗？显然不是这样，因为只有认知而缺乏广泛、深度调研与实践的学习行为对个体的成才和发展都是远远不够的，其中的准确性、生动性、丰富性可能都有待进一步增强。

作为自媒体环境中的高校思想政治教育者，我们要帮助大学生构建两种

客观、准确的认知：

一方面，高校思想政治教育者要通过分析帮助大学生构建“外在形象”与“内在修养”的准确认知。自媒体环境使大学生在某种程度上凸显了“图像化”“图片化”思维，这意味着大学生在对人、事、物进行识别、判断和评价的过程中，“图像”“画面”等直观印象可能会先于理论、观点、判断、理念等抽象认识映入大学生的头脑，进而导致大学生在一定程度上更倾向于相信“看到的”，对于“未看到的”信息则容易持怀疑态度。对这样的变化，无论是思想政治教育者还是思想政治教育对象都不能轻视。因为它可能会使大学生习惯倾向于去创造外界喜欢或欣赏的“形象”，倾向于在大众视野中呈现“创造出的美好自我”“包装出来的自我”而非其“真实的自我”，同时疏于对内在素养、理论基础、专业学识、实践能力的修炼，导致内在与外在的发展出现距离。因此，在帮助大学生看清“图像化”“图片化”思维的过程中，高校思想政治教育者要鼓励大学生脚踏实地、实事求是，使其深刻认识到“愈是抽象理念，愈加需要具体落实，愈是知易行难，愈加需要踏实践行”①，从而在自媒体环境中自觉做到“慎思笃行，行以致知，知行合一”②，将认知和行为统一起来，以实干而不是以形象论英雄。

另一方面，高校思想政治教育者要通过引导帮助大学生构建“自由”与“底线”的准确认知。自媒体环境创造了比以往媒介环境更广泛的自由空间，大学生因此获得了更加自由、多样的表现自我的舞台，但这并不意味着大学生可以随心所欲、不受约束地生产、传播各种内容和信息。纵使自媒体环境改变了大学生对“时间”“空间”“自我”“形象”的感知，但大学生对于道德底线、法律法规的遵守却是丝毫不能改变的。对此，高校思想政治教育者在教育过程中必须帮助大学生形成底线意识、构建底线思维，并对大学生可能违反社会规范或法律法规的言论与行为予以规范、进行约束，引导身处全新媒介环境中的大学生谨言慎行，从身边的实际出发，以正确思想意识推动实践发展，以实践检验自身思想理念，真正做到知行合一，为建设美好国家、维护社会公正、促进社会进步不断努力奋斗，让青春在时代的舞台上不断绽放更加绚丽的光彩。

---

①《实处着力，知行合一》，《人民日报》2014 年 4 月 18 日，第 1 版。

② 陈奕威：《最重要的是知行合一》，《人民日报》2015 年 3 月 7 日，第 1 版。

第三节　自媒体环境下高校思想政治教育内容优化

内容传播背后往往体现着传播者的态度，渗透着传播者的观点，凝聚着传播者的价值观，彰显出传播者渴望信息接收者据此形成的思想方式、话语方式和行为方式。因此，对于思想政治教育的整个过程而言，思想政治教育传播的内容就是要告知思想政治教育对象哪些价值观、思想观念是需要养成并坚守的，哪些知识、理论是需要学习的，哪些行为是要积极践行的。在不同社会发展阶段，由于社会发展主要任务和社会基本状况的不同，思想政治教育所传播的内容也具有不同侧重点。“从历时态来看，思想政治教育内容对社会转型以及思想政治教育其他要素转型的敏感度和准确度如何，直接关系到思想政治教育的生命力”①。

那么，高校思想政治教育者要如何对思想政治教育内容进行优化、从供给侧进行转型与调整呢？基于已有研究和对现实的考量，笔者认为，高校思想政治教育者必须根据社会政治经济发展水平、信息传播环境、传播手段、传播渠道、传播对象等发生的变化，从理论引导、形式多样、再语境化、话语创新等视角展开论述。

一、理论引导：构建正确价值导向

透彻的理论阐释、有效的理论引导，能够让大学生充分感受理论的魅力与作用，并自觉在实践中沿着正确的方向不断前行。

习近平总书记曾指出：“一个民族要走在时代前列，就一刻不能没有理论思维，一刻不能没有正确思想指引。中国共产党为什么能，中国特色社会主义为什么好，归根到底是因为马克思主义行。马克思主义之所以行，就在于党不

① 孙其昂等：《思想政治教育现代转型研究》，学习出版社 2015 年版，第 236 页。

断推进马克思主义中国化时代化并用以指导实践。”①新时代的大学生正处于日新月异、复杂多变的社会生活中，海量信息、多样文化、西方意识形态等正搭乘自媒体的快车将他们团团包围，而大学生在面对新事物、新思想时相对缺乏客观成熟的判断能力，难以鉴别西方价值观念利用学术思想外衣为政治渗透清障的本质，这更加导致他们极易受到各种错误思潮和价值理念的影响。也正因如此，他们“比以往任何时候更加需要科学的思想和理论来指导自己进行正确的选择和决策，以便更加有效地认识环境，适应环境，发展自己”②。

习近平总书记深刻指出：“要把学习掌握马克思主义理论作为看家本领，深入学习马克思列宁主义、毛泽东思想，深入学习邓小平理论、‘三个代表’重要思想、科学发展观，深入学习十八大以来党的理论创新成果，不断领悟，不断参透，做到学有所得、思有所悟，注重解决好世界观、人生观、价值观这个‘总开关’问题，真正做到对马克思主义虔诚而执着、至信而深厚。”③

始终在理论上保持清醒，才能在政治上更有定力、行动上更有方向。因此，在自媒体环境中，高校思想政治教育者要通过各个自媒体平台不断加强理论的引导，不断夯实大学生的理论根基，使大学生自觉做到心中有信念有理想、肩上有责任有担当、行动有方向有力量，自觉提升为中华民族伟大复兴贡献青春力量的坚定性和自觉性。

在开展具体的思想政治教育活动时，一方面，高校思想政治教育者要坚持不懈地传播马克思列宁主义、毛泽东思想、邓小平理论、“三个代表”重要思想、科学发展观、习近平新时代中国特色社会主义思想，并将这些科学正确的理论融入思想政治教育内容的生产、制作、分享、接收、传播等过程，融入具体的教学实践活动，让大学生在接受教育的过程中“正确地看待世界和自我，树立科学的理想信念，解决人生意义的问题，努力实现有价值的人生”④。另一方面，高校思想政治教育者要主动将大学生的关注点、兴趣点、需求与理论深度融

---

① 《继续把党史总结学习教育宣传引向深入　更好把握和运用党的百年奋斗历史经验》，《人民日报》2022 年 1 月 12 日，第 1 版。

② 陈万柏、张耀灿：《思想政治教育学原理（第二版）》，高等教育出版社 2007 年版，第 223 页。

③ 《习近平谈治国理政》（第二卷），外文出版社 2017 年版，第 142 页。

④ 刘建军：《寻找思想政治教育的独特视角》，中国人民大学出版社 2017 年版，第 128 页。

合，通过直播、微课等新形式，对大学生感兴趣的热点、难点问题作出有说服力的理论阐释和说明，使大学生真切地感受思想政治教育内容的吸引力、感染力和影响力，并深刻地意识到内容中所体现的思想体系、价值观念与自身经历、当下生活、未来发展的密切联系，进而为学生成长营造良好的网上网下学习氛围，“为学生一生成长奠定科学的思想基础”①。

二、形式多样：契合自媒体传播特性

于大学生而言，自媒体环境已经发展成一种无法剥离的存在，大学生如今早已能够游刃有余地在其中生活、学习、社交、娱乐，而且其思维习惯、阅读习惯、话语习惯等都不约而同地出现了适应性调整，因此高校思想政治教育内容在自媒体环境中进行优化的过程中，要在一定程度上根据自媒体环境的基本特征以及大学生的特点进行调整和改变。

第一，高校思想政治教育者要充分重视信息标题、文本长短对思想政治教育效果的影响。自媒体环境的即时性特征、效率至上观念以及大学生学习欲望的增强，使大学生渴望在短时间内获得大量信息，这便导致大学生往往将标题作为信息是否有接收价值的判断依据，若标题不够吸引眼球、不能激起大学生阅读兴趣，那么该信息则大概率会被丢弃到信息海洋中。与此同时，若大学生所接收的信息文本过长，那么，其阅读该信息的兴趣与概率同样有可能会降低。

因而高校思想政治教育者在传递思想政治教育内容时，要加强对信息标题和文本长短的重视：

一方面，高校思想政治教育者要慎重拟定题目。即，所选择的题目最好能够简洁明了地概括文本内涵、彰显作者情感、刺激读者思考，从而提升思想政治教育对象学习、阅读该内容的兴趣与概率。当然，标题的重要性是不言而喻的，但思想政治教育者也要避免成为纯粹的“标题党”、切忌生产华而不实的教育内容，不能为了拟定标题而拟定标题，反而遗忘创新标题的真正意义在于将

① 《把思想政治工作贯穿教育教学全过程　开创我国高等教育事业发展新局面》，《人民日报》2016年12月9日，第1版。

文本内容准确地输送给大学生。要知道，华丽的标题配备空洞乏味的内容更会导致大学生产生排斥心理和疏离感。

另一方面，高校思想政治教育者在设计文本时要注意详略得当。关于文本长短的问题，有两名宾夕法尼亚大学教授曾经对“有关文章长短对分享次数以及病毒式传播的影响”问题进行过研究，他们以《纽约时报》为研究对象，通过详细统计发现：与短文相比，往往那些长文被分享的次数更多，而且若文章由权威人士、知名人士撰写，则形成“病毒式传播”的可能性极高。因此，高校思想政治教育者不能固执地坚持言简意赅、短小精悍的信息生产原则，而是要根据具体思想政治教育情况进行定夺。与此同时，高校思想政治教育者在对文本进行阐述说明时，还应注重理论的吸引力、说服力、感染力和解释力，使大学生通过文本能够知晓基本理论、基本观念、基本方法和基本路径。

第二，高校思想政治教育者要善于利用图片、文字、视频、音频、直播等静态和动态的多种形式展现思想政治教育内容，提升内容的吸引力和影响力，激发思想政治教育对象的共鸣和认同。自媒体环境已经在一定程度上使大学生的注意力发生了从文字到图片、视频、音频的转变，并使大学生养成了“图像化”“图片化”思维方式。尽管这种思维方式冲击了传统思维习惯中的理性、抽象、逻辑、秩序等，但转变这种思维方式将是一个长期且复杂的过程。我们无法一下子就彻底扭转这种状况，事实上，这也是不大可能的。

从某种程度上来说，高校思想政治教育者还需要迎合大学生的阅读喜好和自媒体的传播特征，将思想政治教育内容以大学生易于注意、接受和喜欢的方式表现出来，如：在文本中穿插图片、在视频中添加文字、在静态传输中添加动态内容、制作短视频、拍摄微电影、进行直播，等等。不过，高校思想政治教育者要注意的是，对于这些形式的选用要秉持适度原则，避免在教育过程中强化了大学生的图片化思维、娱乐化思维以及浅阅读等习惯。

同时，我们也要深刻认识到，契合自媒体多种特征并不意味着毫无准则地盲目迎合，在对思想政治教育内容进行多样化展现时，高校思想政治教育者还要特别重视以下两个方面：

一方面，内容展现要具有真实性。事实上，高校思想政治教育者是无法从根本上彻底切断大学生与错误信息、虚假信息、消极信息之间的连接的，因为各种各样的信息总是会无孔不入地渗透到社会生活的方方面面，大学生难免与之发生接触。但我们也不能因此就悲观消极，感叹思想政治教育工作的无力。鉴于正面信息与负面信息在对抗过程中呈现此消彼长的态势，高校思想政治教育者必须不断通过生产大量真实的信息来挤压错误信息、虚假信息、消极信息的生存空间，进而帮助大学生构建健康、积极的自媒体网络环境。因此，高校思想政治教育者除了要做好“把关人”，还需要在生产、制作、分享、接收、传播思想政治教育内容的过程中坚持客观性、可靠性、准确性、科学性等基本原则，以确保对大学生进行积极引导和教育。

另一方面，内容展现不能盲目娱乐，而要具有严肃性。严肃性旨在教育大学生娱乐是有度的，并非所有人物、事物都能够被娱乐；旨在引导大学生以严谨、认真的态度来对待思想政治教育内容、践行思想政治教育活动。同时，高校思想政治教育者在创造教育内容的过程中，也要格外注重对相关内容进行严谨表达、恰当陈述和合理阐释。

三、再语境化：构建对高校思想政治教育内容的准确认知

在自媒体环境中，如果对大学生问及“自媒体提供的海量信息究竟解决了人类的什么问题”，想必答案往往会是“自媒体使人类能够更迅速、更便捷地获取信息”“自媒体让大学生能够了解更加丰富多样的内容”“自媒体打破了时空的界限”等。殊不知，这种便捷性在一定程度上已经实实在在地给大学生的成长带来了一种不甚明显的隐患——去语境化。

毋庸置疑，只有在一定的语境之中，语言和信息才有其价值和意义，才能被准确地理解和把握。“作为语用活动中的一个要素，语境对交际有重要的影响。它对话语意义特别是言外之义的影响和制约作用十分明显。”[①]但如今，自媒体环境提供的海量信息往往都是碎片化、零散化、独立、无先后顺序、互不关联、缺少语境的，这不仅给大学生理解目标信息带来难度，而且不利于大学生形成整体性、线性思维方式。“信息是思想的火药”[②]，但假若自媒体环境提

---

① 王建华：《关于语境的定义和性质》，《浙江社会科学》2002 年第 2 期，第 189—192 页。

② ［美］尼尔·波兹曼：《娱乐至死》，章艳译，中信出版社 2015 年版，第 166 页。

供的大部分信息都处于缺少语境的状态，这不仅可能会导致思想的火花不能充分迸发，信息能够发挥的开阔视野、启迪心智的作用被弱化，而且可能会使大学生对接收的信息产生误解乃至偏见。

“政治、社会特别是个人的问题，很少因为信息匮乏而产生”①，却往往会因为信息的支离破碎、互不关联而产生。对此，高校思想政治教育者在实践中应努力将“去语境化”的碎片信息进行“再语境化”处理，引导大学生既见树木，又见森林；既能从局部思维的视角认识问题，又能从系统思维的视角分析问题。所谓“再语境化”，是指为大学生能够具体地、历史地、全面地生产、制作、分享、接收、传播并研究信息创造一个完整的信息环境，在对信息进行“再语境化”处理的过程中，高校思想政治教育者可以从以下两个方面入手。

第一，再语境化的过程要注重“因事而化”“因时而进”“因势而新”。马克思曾说：“人们自己创造自己的历史，但是他们并不是随心所欲地创造，并不是在他们自己选定的条件下创造，而是在直接碰到的、既定的、从过去承继下来的条件下创造。”②习近平总书记曾经指出：“做好高校思想政治工作，要因事而化、因时而进、因势而新。要遵循思想政治工作规律，遵循教书育人规律，遵循学生成长规律，不断提高工作能力和水平。”③

因此，对自媒体环境中的信息进行“再语境化”处理，需要高校思想政治教育者准确把握世情国情党情，遵循各种规律，了解高校思想政治教育对象实际，掌握信息的准确内容，将割裂的信息进行重新整合，进而对信息进行科学分析、正确阐释，使信息在新的语境中能够对社会现象、社会问题作出合理、全面、客观的反映。从这一意义上来讲，“再语境化”就意味着高校思想政治教育者要引导大学生在获取信息的过程中注重从时间维度和空间维度将碎片化信息进行恰当还原，既要知其然又要知其所以然，而这种从时间维度和空间维度的训练，不仅有利于大学生养成“自我反思与批判、超越的精神”④，而且有利

---

① [美] 尼尔·波兹曼：《技术垄断》，蔡金栋、梁薇译，机械工业出版社 2013 年版，第 56 页。

② 《马克思恩格斯选集》(第一卷)，人民出版社 2012 年版，第 669 页。

③ 《把思想政治工作贯穿教育教学全过程 开创我国高等教育事业发展新局面》，《人民日报》2016 年 12 月 9 日，第 1 版。

④ 曾斌、陈志华：《再语境化：理论创新的一种可能》，《内蒙古社会科学(汉文版)》2010 年第 2 期，第 139—142 页。

于大学生养成比较的、全面的、系统的、整体的思维方式。

第二，再语境化的过程要合理运用图文影音等多种形式。高校思想政治教育者在教育过程中除了要鼓励大学生依托传统信息搜索方式给信息恢复语境之外，还要帮助大学生运用多种方式让信息再语境化。如：一方面，高校思想政治教育者可以通过合理利用文字、图像、视频、音频等信息表现形式，为大学生提供更多分析信息、解读信息的视角，降低大学生在接收单一信息形式时产生偏见和误解的可能性；另一方面，高校思想政治教育者可以在传导同一思想政治教育内容的图文影音之间构建内在联系，以弥补碎片化信息所导致的语境缺失问题，让大学生能在完整语境中体验信息表达的深刻含义、内在逻辑，达成对信息的完整、全面、准确把握，从而形成科学认知、作出正确价值判断和价值选择，最终在完整的信息接收过程中促成更多有效的思想政治教育实践。

鉴于“我们生活的世界以前从来没有遭遇过信息爆炸的问题”①，从未出现过碎片化现象和“去语境化”现象如此严重的局面，人们没有足够的时间和精力反思自媒体环境、自媒体技术所带来的后果，而是只能在不断摸索中前进。对高校思想政治教育者而言，在未来开展思想政治教育活动中面临的挑战仍然会是十分严峻的，因而高校思想政治教育者必须深入思考，发掘更多、更有效的措施来解决“去语境化”等问题，在整体性思维和碎片化思维之间寻求平衡，以使思想政治教育实效性在新的媒介环境中得到实质性提升。

四、话语创新：增强高校思想政治教育内容的话语力量

“话语方式和话语风格并不是小事情，而是直接关系到能否为受教育者所喜爱和接受的大问题。”②尼尔·波兹曼曾说：“我们的语言即媒介，我们的媒介即隐喻，我们的隐喻创造了我们的文化的内容。”③高校思想政治教育工作的有效开展、高效推进，依托于一套规范、稳定、成熟的话语体系的参与，为了不断提升高校思想政治教育的实效性、针对性和亲和力，高校思想政治教育者

① [美] 尼尔·波兹曼：《技术垄断》，蔡金栋、梁薇译，机械工业出版社 2013 年版，第 56 页。
② 刘建军：《寻找思想政治教育的独特视角》，中国人民大学出版社 2017 年版，第 117 页。
③ [美] 尼尔·波兹曼：《娱乐至死》，章艳译，中信出版社 2015 年版，第 17 页。

要谨记习近平总书记在全国高校思想政治工作会议中的讲话精神，在自媒体环境下紧紧“围绕学生、关照学生、服务学生”，从学生成长规律、兴趣爱好和现实需求出发，增强自媒体环境下高校思想政治教育话语对大学生的影响力、渗透力和引导力。

第一，高校思想政治教育者要加强学术话语向生活话语的转化。关于转化的必要性，可以从两个维度进行分析：

一方面，从话语本身的特征来看：我们通常会认为，学术话语都具有理论性强、抽象性强、逻辑性强的特征，对大学生而言，既难于理解，也难于记忆；生活话语则往往因为具有接地气、生动活泼、简单易懂等特征能够较为轻易地被大学生理解和记忆。面对这样的差异，高校思想政治教育者需要在一定程度上实现学术话语向生活话语的转化，以此提升大学生对思想政治教育内容的理解和把握。

另一方面，从思想政治教育对象来看：从根本上来说，高校思想政治教育工作是做人的工作，是为了解决学生在生活、学习、工作中的困难而存在的工作，是为了给学生树立正确价值理念、对学生进行思想引领的工作。因此，高校思想政治教育工作是实实在在的工作，致力于解决实实在在的问题。高校思想政治教育工作的这一现实属性决定了高校思想政治教育话语绝不能远离学生、远离生活、远离实际，不能成为单纯的“课堂之声”或居高临下的“空中楼阁”，而是要能够回应现实问题、观照现实矛盾、直面现实挑战，在解决学生面临的现实困惑中积极发挥作用，在满足学生发展需求中积极助推，引导学生正视困难、务实进取。

综合以上两个方面来说，为了避免高校思想政治教育话语与大学生话语之间产生鸿沟，新时代的高校思想政治教育者必须努力让高校思想政治教育话语从学术话语向生活话语转化。

事实上，毛泽东同志在延安文艺座谈会上就曾提出过“文艺话语”与“人民话语”的断层问题：“我们的文艺工作者不熟悉工人，不熟悉农民，不熟悉士兵，也不熟悉他们的干部。什么是不懂？语言不懂，就是说，对于人民群众的丰富的生动的语言，缺乏充分的知识。许多文艺工作者由于自己脱离群众、生活空虚，当然也就不熟悉人民的语言，因此他们的作品不但显得语言无味，而且里面常常夹着一些生造出来的和人民的语言相对立的不三不四的词句。许多同志爱说'大众化',但是什么叫做大众化呢?就是我们的文艺工作者的思想感情和工农兵大众的思想感情打成一片。而要打成一片,就应当认真学习群众的语言。"①

如今,在自媒体环境下,部分高校思想政治教育者在教育过程中也存在类似问题,如:不熟悉大学生网络话语的变化,不熟悉大学生所创造、常用的流行语,不理解大学生的表达方式和话语方式,与大学生在交流中存在障碍,与大学生的生活、学习脱节等,最终导致思想政治教育效果欠佳。为改变这一现状,高校思想政治教育者在将学术话语向生活话语转换的过程中,可以从两个方面着手:

一方面,高校思想政治教育者要主动熟悉大学生话语。也就是说,高校思想政治教育者要以具体的思想政治教育现状为出发点,主动去了解并熟悉大学生话语习惯、生活习惯,加强对大学生群体的深度了解、整体把握,拉近与大学生的距离,围绕"现实的人""现实的矛盾"创新思想政治教育话语的表达方式;在传播思想政治教育内容的过程中,适当吸收大学生常用流行语,多采用学生"听得懂""喜欢听"的话语形式,使思想政治教育话语更加贴近生活、生动、接地气,让大学生愿意听、喜欢听并且听有所得、听有所悟。

另一方面,高校思想政治教育者要准确把握学术话语。将学术话语转换成生活话语,如果单纯寄希望于对学生话语的了解和熟悉,还是远远不够的,或者说还是非常片面的。作为新时代的高校思想政治教育者,我们还必须苦练内功、夯实基础、提升素养,加强对经典理论的研究、解剖与理解。在不断学习理论的过程中,能够将理论中蕴含的深刻道理进行总结、归纳,并使之与思想政治教育对象的实际结合,"将理论进行通俗但不庸俗、深刻但不费解、客观但不疏离、方法科学但灵活多样的话语表达和内容呈现"②,进而利用自媒体渠道实现思想理论、价值观念、知识体系的裂变式传播。

要知道,"思想政治教育话语既是思想政治教育内容最直接的表达系统,

---

① 《毛泽东选集》(第三卷),人民出版社 1991 年版,第 850—851 页。

② 孙其昂等:《思想政治教育现代转型研究》,学习出版社 2015 年版,第 230 页。

也是思想政治教育理论转化为实践引导的重要媒介"①;思想政治教育话语既是思想理论的外在表现,也是强化大学生思想意识、影响大学生心理的重要手段。因而高校思想政治教育者务必要重视依托自媒体环境调整思想政治教育话语,从而避免沟通距离、话语鸿沟的扩大与加深。

第二,高校思想政治教育者要寓教于乐,实现话语意识形态性与娱乐性的平衡。意识形态性是思想政治教育话语的重要特征,这是由思想政治教育的本质所决定的,不论环境如何变化,这一特性都不能有所动摇。同时,意识形态性本身也是确保思想政治教育各项工作取得良好效果的重要助力。在提升思想政治教育话语吸引力的过程中,构建话语意识形态性与娱乐性的平衡,并不是为了追求一时的流行和流量,也不是单纯为了增加娱乐性、趣味性,而是因为意识形态性话语所具备的严肃性容易导致大学生疏离思想政治教育内容,从而不利于高校思想政治教育亲和力、实效性的提升。

那么,高校思想政治教育者要如何构建这种平衡呢?

从具体的思想政治教育实践活动来讲:高校思想政治教育者可以将严肃的内容用具有亲和力、感染力、吸引力的话语表达出来,用思想政治教育对象喜闻乐见的形式呈现出来,激发大学生对思想政治教育内容的兴趣和热爱;打造思想政治教育对象能参与、愿参与的自媒体公众平台,推送具有理论阐释、价值引领内容的文章,例如,中国人民大学开设的微信公众平台"别笑我是思修课",其推送的既有专家学者发表的学术意蕴浓厚的文章,也有学生原创的充满情怀的短文,一经推出就受到了学生们的广泛喜爱;邀请劳动模范、道德模范、优秀教师代表、优秀学生代表开展讲座,让思想政治教育对象在聆听的过程中,感受人物事迹背后的爱国主义精神、改革创新精神、无私奉献精神、艰苦奋斗精神;拍摄能够彰显主旋律的微电影、微视频,鼓励思想政治教育对象积极参与、建言献策,使其在参与过程中潜移默化地接受教育;构建大思政育人格局,让思想政治理论课、专业课都参与到主流价值观的引导过程之中,实现育人效果的全面提升;等等。

---

① 富旭:《人工智能时代思想政治教育话语建构面临的挑战及其应对》,《思想理论教育》2021年第4期,第85—89页。

第三,高校思想政治教育者要避免信息的过度重复,坚持信息适度原则。中外学者都曾指出:“当我们给大脑供应思考原料的时候,并非越多越好”①,“超过必要的限度,重复的增多并不会带来效果的相应增加。事实上,它的效果是递减的,与付出不成比例。这就意味着教育者的大量劳动付之东流,以及相应的教育资源的浪费流失。思想政治教育者不能只是一味地加大投入,也要讲究投入与产出的比例”②。

可见,信息传输并非数量越多,效果越好。在一定程度上,话语所涵盖的信息量越庞大,越会分散信息接收者注意力,越会加剧信息接收者的认知疲劳,最终削弱信息接收者的学习能力和理解能力。因此,高校思想政治教育者在向思想政治教育对象传递思想理论、价值观念等信息的时候,要特别谨慎地思考关于内容“重复”的问题。因为过度重复可能会导致教育效果适得其反,并使大学生产生疲惫感和疏离感,“特别是简单的重复或低水平重复,就更使人厌烦,而当这种厌烦无法摆脱的时候,就升级为逆反。这种逆反心理不仅使正在进行的教育无法继续,而且把后续的教育通道堵死了。这种不快的记忆使受教育者对所有的受教过程产生巨大而不易克服的抗拒心理,这种心理甚至可能伴随他的一生”③。

对此,高校思想政治教育者可以依托以下路径以避免过度重复,如:在开展思想政治教育活动之前,对思想政治教育的内容进行分类、整合,剔除干扰注意力的重复信息,筛选高质量的精品内容;将那些思辨而深刻、丰富而立体、普遍而典型的基础理论、典型事例、热点问题,制作成文本、视频、音频等,刺激大学生的多种感官,引发大学生共鸣并在大学生头脑和心中留下深刻印象;等等。事实上,这种能发挥事半功倍效果的教育内容才是高校思想政治教育者应努力生产、创造的。

作为一套特殊的言语符号体系,高校思想政治教育话语应在保持自身稳定性的同时,结合时代发展和社会现实作出适应性调整,不断寻求思想政治教育内容与思想政治教育对象之间的内在关联。生产传播能够解决思想政治教

---

① [美]尼古拉斯·卡尔:《浅薄》,刘纯毅译,中信出版社 2010 年版,第 140 页。

② 刘建军:《寻找思想政治教育的独特视角》,中国人民大学出版社 2017 年版,第 158 页。

③ 同上书,第 159—160 页。

育对象思想困惑和实际困难的信息，用理性平实的话语对大学生关注的问题进行客观、专业、有说服力的分析与表达，用科学正确的理论对现实问题作出及时回应与阐释。

这里，我们需要注意的是，坚持信息适度原则并不是要将重复施教一票否决，事实上，重复施教在一定意义上是难以避免的也是非常必要的。正如有学者对此曾分析过的：

> 必要的重复施教还是要坚持，这是思想政治教育本身的要求。在这方面我们要保持清醒。尽管有一些必要的重复施教也并不受到欢迎，但我们知道这是必须有的，因而必须坚持而不动摇。①
>
> 通常，越是重要的事情就越需要突出强调，而为了突出强调就需要反复申说。因此，重复就成为强调重要事情的自然后果。思想政治教育的内容当然非常重要，它是属于"德"的方面，与属于"才"的方面相比，应该放在首位。特别是一些政治性的内容，一些关系党和国家前途命运的重大问题，更是特别重要。因为重要而强调，因为强调而重复，这是可以理解的，也具有必要性。②

第四节　自媒体环境下高校思想政治教育方法创新

科学、合理的方法能够帮助教育实践取得事半功倍的效果；反之，若运用错误教育方法，不仅往往事倍功半，甚至可能事与愿违、阻碍教育活动的顺利开展。一般来说，思想政治教育方法主要包括理论教育方法、实践教育方法、批评与自我批评教育方法这些基本方法，以及在具体操作中使用的疏导教育

① 刘建军：《寻找思想政治教育的独特视角》，中国人民大学出版社 2017 年版，第 161 页。
② 同上书，第 157 页。

法、比较教育法、典型教育法、激励教育法、感染教育法等一般具体方法。上述这些方法都曾在不同时期的高校思想政治教育实践中取得过良好教育效果，并且仍然具有很强的现实价值。但通过前文的论述，我们已然发现，网络的普及、自媒体的发展、自媒体环境的构建突破了以往课堂教学、实践教学的空间，让高校思想政治教育的场域从现实社会延伸至虚拟空间，高校思想政治教育者也因此面临一个更加复杂的教育生态。为了取得更好的思想政治教育效果，高校思想政治教育者在掌握上述方法的同时，还必须对其进行创新，因为“在任何时候，创新都是使人保持新鲜、好奇和热情的最佳选择”①，都是使人类社会能够不断发展进步、大步向前的重要路径。也唯有如此，高校思想政治教育者才能更好应对当下思想政治教育所面临的机遇和挑战。正如习近平总书记所说，“互联网是当前宣传思想工作的主阵地。这个阵地我们不去占领，人家就会去占领”②，我们“要运用新媒体新技术使工作活起来，推动思想政治工作传统优势同信息技术高度融合，增强时代感和吸引力”③。

一、线上-线下教育方法同步应用

思想政治教育方法在线上和线下的同步应用并非线下教育方法的简单平移、生硬转换，而是需要高校思想政治教育者在充分了解自媒体平台、自媒体环境的基础上，对理论教育方法、实践教育方法、批评与自我批评教育方法进行创造性转换，使之在自媒体环境中也能够发挥更加有效、更加深入、更加全面的作用，产生更加广泛、更加积极、更加充分的影响。

事实上，线上思想政治教育与线下思想政治教育本身就是互为补充、互为延伸的关系，这既是当前线下世界与线上世界的高度融合所决定的，也是高校思想政治教育实效性提升的目标所要求的。在自媒体环境中，虚拟环境的生活早已开始“增补了真实世界里的社会生活，而不是作为一个替代方案出现。我们的电子化网络没有变成单独的赛博空间，而是深深地嵌入真实的生活之

① 刘建军：《寻找思想政治教育的独特视角》，中国人民大学出版社 2017 年版，第 162 页。
② 《习近平谈治国理政》（第二卷），外文出版社 2017 年版，第 325 页。
③ 同上书，第 378 页。

中"[1]，也正因如此，高校思想政治教育者必须"在关注虚拟空间的同时，更要立足现实，实现虚拟教育与现实教育的融合与互补"[2]。为实现思想政治教育方法的线上、线下同步应用，高校思想政治教育者可以从以下几个方面入手。

1. 高校思想政治教育者要自觉将自媒体平台发展成为常用教育手段，密切与大学生的线上连接关系，不断提升高校思想政治教育的工作效率和实效性。

近年来，许多流行观点、价值理念、流行话语、行为方式被大学生广泛认可并接受，自媒体的传播作用可以说是功不可没。2013 年 8 月 19 日，习近平总书记在全国宣传思想工作会上的讲话中指出："很多人特别是年轻人基本不看主流媒体，大部分信息都从网上获取。必须正视这个事实，加大力量投入，尽快掌握这个舆论战场上的主动权，不能被边缘化了。要解决好'本领恐慌'问题，真正成为运用现代传媒新手段新方法的行家里手。要深入开展网上舆论斗争，严密防范和抑制网上攻击渗透行为，组织力量对错误思想观点进行批驳。要依法加强网络社会管理，加强网络新技术新应用的管理，确保互联网可管可控，使我们的网络空间清朗起来。做这项工作不容易，但再难也要做。"[3]

线上连接的加强，不仅有利于在高校思想政治教育者与思想政治教育对象之间构建和谐、稳定的关系，有利于各项高校思想政治教育活动的顺利开展，而且有利于高校思想政治教育对象在连接中强化对思想政治教育内容的理解，进而使之更好地内化于心、外化于行。同时，线上连接的加强，能够有效避免失语状况的出现，否则，高校思想政治教育者在其他领域中通过努力所取得的成效就很可能由此而受到影响，特别是在如今大学生从自媒体平台接收的信息量远远大于从课堂上获取的信息量的状况下。

对高校思想政治教育者而言，加强线上连接可以从以下三个方面着手：

第一，主动探索、创新线上教学。近年来，线上课堂的发展逐渐完善、成熟

① [美] 克莱·舍基：《人人时代》，胡泳、沈满琳译，中国人民大学出版社 2012 年版，第 159 页。

② 鲁风：《自媒体环境下高校思想政治教育的境遇解析与路径探究》，《黑龙江高教研究》2014 年第 6 期，第 124—126 页。

③ 中共中央文献研究室：《习近平关于全面深化改革论述摘编》，中央文献出版社 2014 年版，第 83—84 页。

起来,思想政治教育对象也逐渐加深了对线上课堂的了解和熟悉。从一定意义上来讲,线上教学领域的开发与维护已经成为高校思想政治教育者必须关注的内容之一。作为新时代的高校思想政治教育者,为了让线上课堂更富吸引力、感染力,我们可以:丰富、充实、拓展线上教学内容,合理、巧妙地进行教学设计,帮助思想政治教育对象从历史故事中总结现实经验、从具体案例中抽象深刻理论;在线上教学环节中设置能够激发思想政治教育对象参与讨论的题目;组织思想政治教育对象进行课程汇报和展示;积极制作慕课、翻转课堂、微课,不断打造高质量的精品课,使之与线下课堂同步发展,实现对大学生理论输入、价值引导的目的;等等。

第二,及时组织、开展线上宣传。以最近这些年迅速发展的"直播"为例,根据第 48 次《中国互联网络发展状况统计报告》的数据,我们看到:"截至 2021 年 6 月,我国网络直播用户规模达 6.38 亿,同比增长 7 539 万,占网民整体的 63.1%。其中,电商直播用户规模为 3.84 亿,同比增长 7 524 万,占网民整体的 38.0%;游戏直播的用户规模为 2.64 亿,同比减少 452 万,占网民整体的 26.2%;真人秀直播的用户规模为 1.77 亿,同比减少 875 万,占网民整体的 17.6%;演唱会直播的用户规模为 1.30 亿,同比增长 896 万,占网民整体的 12.8%;体育直播的用户规模为 2.46 亿,同比增长 5 305 万,占网民整体的 24.4%。"①

通过对数据的分析和对实践的观察,不难发现,直播已然逐渐成为互联网生态中吸引用户注意力、实现双向互动的新方式,事实上,高校中也有不少大学生对直播这一新的形式表现出了好奇的心理和参与的态势。而作为敏锐的、善于创新的思想政治教育者,我们也需要赶上时代潮流、把握学生喜好。要知道,"准确、权威的信息不及时传播,虚假、歪曲的信息就会搞乱人心;积极、正确的思想舆论不发展壮大,消极、错误的言论观点就会肆虐泛滥。"②

高校思想政治教育者可以在个人开设的微信、微博、抖音、QQ、知乎等自媒体平台账号,以直播、视频、图、文等形式将能够对思想政治教育对象身心健康起到正向引导作用的思想理论、价值观念输送出去,实现润物细无声地影响

① 中国互联网络信息中心:第 48 次《中国互联网络发展状况统计报告》。
② 《习近平谈治国理政》(第三卷),外文出版社 2020 年版,第 319 页。

思想政治教育对象价值判断和价值选择的目的；还可以在抖音、B 站、微博等思想政治教育对象使用黏性较高的平台上直播高校开学典礼、毕业典礼、校庆晚会、表彰大会、十大歌手大赛、演讲比赛、体育竞赛等活动，让思想政治教育对象在充分参与校园活动的过程中感受充满生机的校园文化和向善向上的力量。

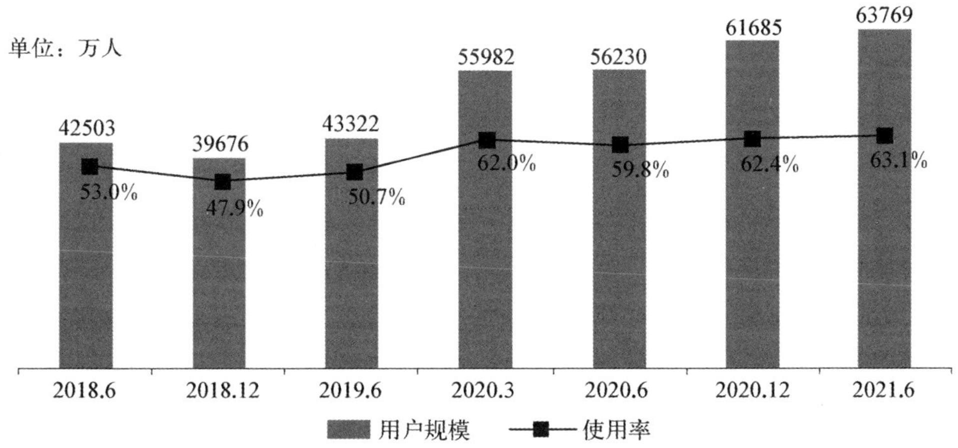

图 4－1　2018 年 6 月—2021 年 6 月中国网络直播用户规模及使用率

图片来源：中国互联网络信息中心：第 48 次《中国互联网络发展状况统计报告》，2021 年 6 月。

第三，进行深入、真诚的线上交流。高校思想政治教育者要善于通过自媒体平台关心思想政治教育对象情绪、心理、思想等方面的变化，对思想政治教育对象提出的问题、产生的困惑及时予以解答和疏导；同时，还可以通过建立班级、学院、社团、党团组织等讨论群的形式，与思想政治教育对象进行常态化交流，这不仅能未雨绸缪，防止校园问题的产生，还能使思想政治教育对象感受到来自思想政治教育者的人文关怀，进而增强其对思想政治教育的认同、对思想政治教育者的信任。

2. 高校思想政治教育者要主动参与大学生线下实践活动，与大学生建立良好线下关系，在现实生活中加强对大学生的人文关怀和心理疏导。

在互联网和科学技术的帮助下，人类早已进入数字世界，新一代大学生更是被形象地称为“数字原住民”，这充分表明他们与数字技术之间具有不可割裂的某种关联。那么，这是否意味着，只要我们处理好网络世界中与大学生的关系，做好线上高校思想政治教育活动，所有的育人目标就能顺其自然达成呢？

毫无疑问，答案是否定的。尽管自媒体环境中思想政治教育对象的多数学习、阅读、娱乐、社交、购物等人生体验都能够通过手机、电脑、平板电脑等来完成，但那些有温度的、有深度的、真实的人际交往仍然是不可替代的。

作为高校思想政治教育者，我们更应充分认识到这一点，在加强与思想政治教育对象的线上连接之余，不断强化线下连接，绝不放弃与思想政治教育对象面对面传道授业、情感交流、心灵沟通等的机会。比如：高校思想政治教育者可以依托线下课堂教学，结合体验式、沉浸式等教学方式，创新教学路径，强化教学印象；可以通过开展大学生学业规划、就业指导、心理健康咨询、志愿服务、公益活动等实践活动，增强思想政治教育的感召力和影响力；可以依托校园文化建设，倾力打造能够启润学生心灵、释放学生情感、涵养学生品德的丰富校园文化，充分调动大学生参与活动的积极性、主动性；还可以经常走进学生宿舍、关心学生生活，不断增强大学生对思想政治教育者的信任和依赖；等等。

3. 高校思想政治教育者要注重灌输与双向互动之间的平衡。

就大学生而言，由于其理解能力、分析能力、抽象能力以及经验阅历等方面的有限性，其不大可能在不进行任何学习、不接受任何教育的状态下就获得全部正确的理论和科学的知识。接受教育是我们成长过程中的一个重要历程，也似乎是广受认同的一件事情。也正因如此，“灌输”对高校思想政治教育者而言，是不论环境如何发展、思想政治教育对象特征如何变化都不应该放弃使用的一种教学方法。如今，传播方向的丰富性和立体性已然呈现出一种不可逆的趋势。那么，高校思想政治教育者要如何在“灌输”和双向互动之间实现平衡呢？

一方面，从自媒体特征出发：高校思想政治教育者要充分利用自媒体平台的互动性，在坚持课堂、讲座、论坛、演讲等理论灌输的同时，尊重大学生主体地位，主动倾听大学生声音，吸取大学生意见，增强同大学生之间的信息双向流动，进而更好地满足大学生需求、更有效地引导大学生掌握正确思想理论和价值观念。

另一方面，从思想政治教育对象特征出发：高校思想政治教育者要不断激发大学生的创造性，鼓励大学生群体参与到思想政治教育内容的生产、制作、分享、接收、传播全过程，在参与中激发大学生的认同与共鸣，最终引导大学生自觉做到内化于心、外化于行，并逐步学会在复杂社会现实中作出正确价值判断和价值选择，学会在漫长发展道路上进行正确有效的自我教育和自我引导。

二、"意见领袖"影响-学生自我教育协同配合

（一）选树"意见领袖"，充分发挥其影响力

在自媒体环境中，除了传播环境、传播主体、传播内容、传播方法、传播平台、传播形式会影响大学生的思维和行为之外，自媒体环境中形成的"意见领袖"也往往会充当催化剂，对大学生群体乃至整个社会都产生重要影响。"意见领袖"多是指那些在人际关系网络中较为活跃的、积极的、主动的，并且能够提出建设性意见、合理化意见的个体，"意见领袖"所生产、制作、分享、接收、传播的信息常常被大多数人接受。一般来说，"意见领袖"通常会具有较强的影响力、组织力和号召力。

在大学生群体中，有一部分人会对来自朋辈的信息、建议表现出乐于接收和相信的态度，之所以会出现这种现象，往往是因为他们之间年龄相仿、诉求相似、学习环境相同，从而能够更好地彼此理解、彼此沟通、彼此认同、彼此依赖。如果高校思想政治教育过程中也能够有这样一股力量发挥作用，那么，对于高校思想政治教育效果的提升而言，显然也是非常有益的。

因此，在思想政治教育过程中，高校思想政治教育者要善于培养、选拔并树立大学生"意见领袖"，不仅要让他们成为思想政治教育者与思想政治教育对象之间沟通的桥梁与纽带，成为表达大学生利益与需求的代表，更要让他们成为思想政治教育对象身边一股关键的引导力量，成为能够推动高校思想政治教育工作顺利开展的重要力量。

关于大学生"意见领袖"的选拔问题：一方面，由于大学生党员、共青团员、班干部、社团负责人、校园兼职辅导员等具有较高政治觉悟和较强的领导

能力、组织能力、学习能力、管理能力,高校思想政治教育者可以考虑从这一部分大学生中选拔“意见领袖”,并鼓励他们在微博、微信、QQ、抖音、知乎等平台的个人账号上继续将组织能力、领导能力、团结同学的能力充分发挥出来;另一方面,高校思想政治教育者还可以在大学生群体中选拔并培养思想道德素质和科学文化素质都较高,具有大局意识、服务意识、担当精神的学生代表,使他们在群体中发挥亲和力和影响力。

在选树大学生“意见领袖”之后,高校思想政治教育者还要助力他们积极发挥作用:鼓励每一个大学生“意见领袖”积极活跃地在其微信、微博、抖音、知乎等自媒体平台的个人账号上发表意见、表达诉求、彰显特性,“面对网络上的噪音杂音时不能静音,‘该出声时就出声’,在第一时间响应反馈,及时澄清真相,进行理性批判,使主流声音形成优势”①;鼓励每一个大学生“意见领袖”有效传达思想政治教育者的教育内容,向其他大学生传播正确价值观念,潜移默化地影响其朋友圈内众多大学生,发挥自身“意见领袖”应有的舆论影响;鼓励每一个大学生“意见领袖”自觉代表大学生群体的利益和需要,维护大学生群体的权益;鼓励每一个大学生“意见领袖”细心、主动地关心身边的室友、同学,发现思想政治教育者未发现、难发现、不能发现的问题,及时向思想政治教育者反馈,从而有效避免校园问题的产生。此外,信息在自媒体平台上常常会呈现“裂变式传播”,这就导致信息散播范围势必会突破大学生群体,进而渗透给社会不同阶层的自媒体使用者。因此,大学生“意见领袖”的树立不仅能够对大学生成长成才起到助推作用,而且对社会发展和人类进步也是极为有益的。

(二)高扬大学生主体性,引导大学生开展自我教育

首先,高校思想政治教育者要引导思想政治教育对象明确自我教育能力的重要意义。有学者指出:“教育的完美形态是自我教育,有意图的思想政治教育的最终目的,在于培养能够进行自我教育的人。”②在自媒体环境中,尽管

---

① 谢晓尧:《高校宣传思想工作,也要“互联网+”》,《人民日报》2015 年 9 月 11 日,第 12 版。

② 武东生:《努力找寻思想政治教育和大学生实际需要的最佳结合点》,《高校理论战线》2005 年第 4 期,第 13—14 页。

思想政治教育者的引导、大学生“意见领袖”的影响对大学生“认识自媒体、使用自媒体”具有重要作用,但在具体实践中“外力”所发挥的作用难免会因客观条件的影响受到限制。而大学生本身既是高校思想政治教育的对象,同时也是高校思想政治教育的主体力量。因此,高校思想政治教育者必须引导大学生掌握并使用“自我教育法”,鼓励思想政治教育对象能够“按照思想政治教育的目标和要求,主动提高自身思想认识和道德水平以及自觉改正自己错误思想和行为”①,能够在自媒体环境中恰当地进行“自我认识、自我评价、自我监督、自我调适”②、自我激励以及自我约束和自我控制。

尽管高校思想政治教育者能够将大部分错误的、不科学的、带有迷惑性的信息挡在教育的大门之外,拉开大学生与这些信息之间的距离,减少大学生被误导的可能,但他们却并不能做到将每一条信息都进行精心过滤、仔细筛选和重新整合(这从理论上和实践上都是无法实现的),因而大学生不可避免地会通过其他途径接收一定负面、消极、混乱的信息。但倘若大学生具备良好的自我引导、自我教育能力,在很大程度上,他们可以自觉抵制错误信息的传播、各种诱惑的侵扰,能够从接收端就屏蔽这些不良信息,进而在海量复杂的思想和价值面前作出正确判断和抉择。这种通过大学生“内力”发挥作用的教育方法,使大学生在面对自媒体平台良莠不齐的信息时,能够自我鉴别而非全盘接受;使大学生在面对网络上被热炒的社会事件时,能够客观评判而非人云亦云;使大学生能够合理、合法、合规地使用自媒体平台,自觉构建良好的自媒体生态空间。

其次,高校思想政治教育者要主动将思想政治教育对象纳入教育主体的队伍当中,“发挥学生在实践育人中的主体作用……激发学生参与实践的自觉性、积极性……发挥学生在实践育人中的自我教育、自我管理、自我服务作用”③。高校思想政治教育者要鼓励大学生走出宿舍、走下网络,使大学生在参与活动之余也能实现自我教育。在这一方面,全国很多高校都走在了前列,比如:有的高校积极组织师生共同打造兼具家国情怀、奋斗精神、校园特色的

①② 郑永廷:《思想政治教育方法论》,高等教育出版社 2010 年版,第 154 页。

③ 教育部思想政治工作司:《加强和改进大学生思想政治教育重要文献选编(1978—2014)》,知识产权出版社 2015 年版,第 497 页。

文艺作品，其中讲述邓稼先一生的清华大学原创话剧《马兰花开》、由师生共同演绎的同济大学校园版歌剧《江姐》、述说杨石先放弃国外优厚待遇选择回国育人故事的南开大学原创话剧《杨石先》、弘扬西迁精神的西安交通大学原创话剧《追忆西迁年华——向西而歌》等，都是发挥大学生主体性的代表性活动。这些活动都使学生在塑造人物、还原事件、现场观看中感受了革命先辈的爱国正气、奉献精神与高尚情怀，达成了良好育人效果。也有的高校注重打造展现学生特色、时代特色的校园宣讲队伍，其中复旦大学《共产党宣言》展示馆党员志愿服务队、继承李四光先生“爱国、创新、奉献”崇高精神的北京大学“李四光讲师团”、旨在将研究生专业优势转化为社会服务效能的清华大学博士生讲师团等便是典型代表，这些学生队伍以大学生讲给大学生、讲给中小学生、讲给社会、讲给家庭的朴素方法，使正能量辐射到了更大范围、影响了更多群体，而大学生本身也在实践中强化、巩固了对正确价值导向的认知、认同和践行，真正做到了自我教育和社会教育的有机统一。

通过上述分析，我们不难发现，“意见领袖”的外力影响和大学生自我教育的内力培育是不可分割的，二者的协调发展、共同作用能够最大限度地把正确的思想理论、价值观念传递到大学生的头脑和内心，并最大限度地规避自媒体环境所带来的消极影响。

第五节　自媒体环境下构建高校思想政治教育媒介合力

作为当下流行媒介手段的自媒体不仅可以承载多样思想政治教育信息，而且能够为思想政治教育对象创造多样、时尚的使用体验。作为新时代的高校思想政治教育者，唯有积极适应自媒体技术创造的新型媒介环境，应对自媒体环境中的新挑战并及时解决新问题，把多种媒介形式应用到高校思想政治教育的具体实践活动之中，使之形成“媒介合力”，才能让高校思想政治教育工作取得良好效果。

一、优势互补：高校传统媒体与自媒体融合发展

（一）高校媒体融合发展的必要性

关于传统媒体和新兴媒体的关系问题，习近平总书记曾指出："传统媒体和新兴媒体不是取代关系，而是迭代关系；不是谁主谁次，而是此长彼长；不是谁强谁弱，而是优势互补。从目前情况看，我国媒体融合发展整体优势还没有充分发挥出来。要坚持一体化发展方向，加快从相加阶段迈向相融阶段，通过流程优化、平台再造，实现各种媒介资源、生产要素有效整合，实现信息内容、技术应用、平台终端、管理手段共融互通，催化融合质变，放大一体效能，打造一批具有强大影响力、竞争力的新型主流媒体。"①

通过前面的论述，我们已经知道，在传统媒体被广泛应用的时期，人们往往需要付出极大的努力和极高的成本才能将自己的声音传播给更多的人、传递至更遥远的地方，但如今这一困难早已被博客、微博、微信、个人网站、抖音、知乎等自媒体平台所克服。我们发现，"与新闻报道关联的媒介出口变得越来越多——从前是报纸和电视，现在有了博客、视频博客（video blogging）、播客（podcasting）等"②。获取百万、千万甚至更多人的注意，越来越变成一件具有极大可行性且能降低时间成本和经济成本的事情。可以说，自媒体也几乎要"成为信息发布的第一渠道"③。作为新时代的高校思想政治教育者，我们要充分意识到自媒体所具备的优势以及其参与到高校思想政治教育过程中所能够发挥的作用；同时，也要充分认识到，无论是自媒体还是传统媒体，单兵作战永远不能发挥最大效能，唯有融合发展才能释放二者的最大能量，才能让高校思想政治教育的实效性得到实质性提升。

（二）高校媒体融合发展的可行性

传统媒体和自媒体也并非毫无交集的两个平行媒介空间，无论是传播过

① 《习近平谈治国理政》（第三卷），外文出版社 2020 年版，第 317 页。

② ［美］克莱·舍基：《人人时代》，胡泳、沈满琳译，中国人民大学出版社 2012 年版，第 59 页。

③ 杨敏：《微信对大学生思想政治教育的挑战及应对策略研究》，《思想理论教育》2012 年第 11 期，第 72—76 页。

程、传播目的还是传播内容,传统媒体和自媒体都有着很多共同点。因此,为提高高校思想政治教育实效性、提升高校思想政治教育现代化水平,我们必须与时俱进,在应用不同媒介手段的过程中将二者结合起来,努力在二者之间寻找平衡。对高校思想政治教育者而言,这种"结合"意味着把传统媒体和自媒体各自的优势相融合,使二者实现优势互补,互惠双赢。

在具体实践操作中,高校思想政治教育者可以将传统媒体在信息真实性、严肃性、准确性、科学性、权威性等方面所具有的特性融入自媒体承载的教育内容中,从而确保思想政治教育对象通过自媒体接收到的信息具有较高的价值和意义;可以将传统媒体在措辞表达中所具有的严谨性、逻辑性应用到自媒体信息生产过程中,提高思想政治教育信息的感染力和凝聚力;也可以将自媒体平台上常用的流行语言、符合思想政治教育对象接受特性的碎片化信息适当地融入电视、广播、电视等传统媒体的信息传播过程中,提高传统媒体的影响力、吸引力和渗透力;还可以充分借助自媒体善于应用图片、视频、音频等传递信息的特性,并使之与传统媒体注重文字宣传的特性结合起来,多角度、灵活地影响、引导、教育思想政治教育对象。除此之外,得益于自媒体的广泛普及和应用,思想政治教育对象的生活开始具有高度可搜索性和透明性,而这意味着通过关注思想政治教育对象微博、微信、QQ 等自媒体平台的个人账号,高校思想政治教育者就能够在一定程度上较为及时地获得并深入了解他们的思想动态、心理动态、兴趣爱好、学习状况,进而有针对性地对个别思想政治教育对象开展思想政治教育。从一定意义上来说,这也极大地弥补了以往高校思想政治教育环境中传统媒体在此方面的欠缺。

传统媒体与自媒体"载体合力"的形成和发展需要高校思想政治教育者对此进行持久深入的探索,因为这不仅是当下思想政治教育者要解决的问题,更是未来社会发展的任何阶段都将面临的挑战。而当下问题解决的过程和结果不仅能为日后提供直接经验,还在一定程度上决定了高校思想政治教育者能否在未来新型技术手段面前、在全新媒介环境中做到应对自如并游刃有余。

二、平台创新:打造影响力大、凝聚力强的高校自媒体

当前,许多高校思想政治教育者都具有较好的媒介意识和媒介素养,也深

刻认识到自媒体对高校思想政治教育对象所产生的影响，但他们在解决问题时注意力往往集中在“我们应该如何利用自媒体来影响教育”这一问题上，而不是“我们应该怎样利用思想政治教育来引导自媒体”这一问题中。因此，高校思想政治教育者要充分发挥主动性与创造性，接受、应用自媒体技术的同时不断对自媒体工具予以创新，使之成为提升高校思想政治教育实效性的重要助力。

(一) 平台创新要彰显用户思维

“用户思维是互联网思维中的一种，强调以用户为中心……对于媒体而言，以用户思维开展传播活动，就是了解受众的信息需求，生产受众喜闻乐见的内容，以用户喜爱的信息获取方式和渠道来创作和分发信息内容。”①对于“用户思维”的定位及影响，有学者曾作出这样的判断：“用户思维是互联网思维的核心，没有用户思维也就不可能悟懂用通其他思维。”②事实上，强调“用户思维”，就是在强调一切从实际出发，就是在强调从工作对象的现实状况出发，而不能“想当然地”“盲目地”制订工作计划、工作目标以及预期效果。

在高校思想政治教育的具体工作中，我们的“用户”就是思想政治教育对象，而增强“用户思维”就意味着高校思想政治教育者要以思想政治教育对象为中心，通过调研、访谈、观察等方式，主动了解思想政治教育对象的需求，进而在具体工作中使之得到有效满足与回应。

比如：在大学生的价值塑造方面，高校思想政治教育者可以生产与大学生息息相关的、能够引起学生关注的“暖新闻”，传播正能量，以图文、视频、音频等灵活形式，推送温暖人心、催人奋进的正能量事件和榜样人物，营造风清气正的网络文化与校园文化，在潜移默化中影响、引导大学生成长；在大学生学业、就业方面，高校思想政治教育者可以打造相关的网站、公众号，开设线上、线下课程，主动关心大学生的学业、就业状况，帮助大学生制订成长规划与职业规划，进而化解大学生的学业、择业困惑；在大学生心理健康方面，高校思想政治教育者可

① 常玲玲：《以用户思维打造融媒体产品——以〈主播说联播〉为例》，《青年记者》2020 年第 8 期，第 84—85 页。

② 左殿升等：《大学生网络思想政治教育研究》，人民出版社 2019 年版，第 24 页。

以为大学生提供能够安顿“心里话”的匿名留言平台，鼓励大学生吐露心扉、诉说困扰，帮助大学生舒缓思想压力与情绪压力，进而引导大学生养成理性、平和的社会心态；在校园流行语方面，高校思想政治教育者可以通过自媒体环境主动了解“佛系”“躺平”等流行语产生的社会背景与深层原因，进而对大学生进行积极、正面引导；等等。

“用户思维”的构建不仅有利于高校思想政治教育者构建良好的师生关系，而且有利于高校思想政治教育效果的显著提升。不过，通过观察和研究，我们也发现，“用户的需求和满足是一对很复杂的变量，受年龄、学历、收入、环境、情感、心理等多重因素影响，具有个性化、动态性、社会化的特征。因此，对用户需求的探索是在变化中不断逼近的过程，用户思维也需要在不断丰富与迭代中深化”①。

同时，高校思想政治教育者也要特别注意，养成“用户思维”固然重要，但对于众多的用户需求，高校思想政治教育者也应进行区分，绝不能单纯为了博取眼球、获取流量而生产缺乏深度、思想空洞的信息。要知道，思想政治教育的本质是要进行“主流意识形态的主导和灌输”②，是要将正确的价值导向、理论观念传抵大学生并将其培养成能够担当民族复兴大任的时代新人，无论何时，思想政治教育者都要明确这样的使命和担当。

（二）平台创新要彰显校园特色

如今，很多高校都致力于打造这样的平台，如清华大学的“清华大学学生会”“学生清华”、北京大学的“北大团委”“北京大学学生会”、中国人民大学的“中国人民大学学生会”“别笑我是思修课”、复旦大学的“团团在复旦”“复旦大学校友会”、同济大学的“青春同济”“时代声音传播社”、南开大学的“NK 外院”“周政学生”、天津大学的“天外天”“北洋话剧团”等自媒体平台上的公众号，不仅得到广大学生的喜爱和关注，而且辐射范围超越校园，受到社会的广泛关注，可以说，这些公众号真正发挥了良好的育人效果。

---

① 王烨、冉天枢：《融合背景下传统媒体的用户思维变革》，《传媒》2020 年第 16 期，第 66—68 页。

② 《思想政治教育学原理》编写组：《思想政治教育学原理（第二版）》，高等教育出版社 2018 年版，第 81 页。

自2014年11月17日开始，《中国青年报》官方微信号每周都会对全国高校微信公众号的影响力进行排名。以2021年11月的排名为例，在2021年11月1日至2021年11月30这一个月的时间范围里，全国普通高校微信公号综合影响力榜单中，排名前十的公众号分别为“北京大学”“清华大学”“武汉大学”“浙江大学”“晚安华师”“华中科技大学”“哈尔滨工业大学”“厦门大学”“上海交通大学”“大连理工大学”。在文章的阅读量排行榜上，排名较为靠前的文章中不仅有来自“晚安华师”“中山大学”“华南理工大学”“武汉大学”“广东外语外贸大学”“华南农业大学”“东南大学”等公众号的与校庆相关的文章，有来自“北京大学”“清华大学”“苏州大学”“哈尔滨工程大学”等公众号的与校园景色相关的文章，也有来自“天津大学”“电子科技大学”“南京理工大学”“中南林业科技大学”“北京航空航天大学”“南方医科大学”“南昌大学”“陕西师范大学”“同济大学”“厦门大学”等公众号的高校教授当选两院院士的文章，这些文章在当月的阅读量基本接近或超过10万，且点赞数量和在看数量都很高。

表4-1　2021年11月1日—2021年11月30日全国普通高校微信公众号综合影响力排行榜(部分)

	公众号	发文	阅读	头条	平均	在看	点赞	WCI
1	北京大学	39	259W+	259W+	66 660	17 578	34 277	1 449.12
2	清华大学	47	233W+	219W+	49 760	10 631	27 271	1 399.82
3	武汉大学	33	183W+	183W+	55 557	13 333	26 843	1 380.72
4	浙江大学	36	135W+	132W+	37 716	12 611	29 189	1 318.13
5	晚安华师	18	87W+	87W+	48 435	25 155	29 115	1 284.49
6	华中科技大学	30	111W+	111W+	37 043	5 444	14 427	1 255.28
7	哈尔滨工业大学	49	109W+	105W+	22 312	5 439	16 459	1 231.60
8	厦门大学	27	89W+	89W+	33 159	5 955	16 096	1 224.99
9	上海交通大学	34	99W+	99W+	29 255	5 018	11 938	1 224.41
10	大连理工大学	30	97W+	94W+	32 550	4 922	13 480	1 223.87

数据来源：《中国青年报》微信公众号：《中国大学官微百强(2021年11月普通高校公号)》，2021年12月15日。

表 4-2 2021 年 11 月 1 日—2021 年 11 月 30 日全国普通高校微信公众号月度文章阅读量排行榜(部分)

	公众号	标题	阅读数	在看数	点赞数
1	晚安华师	华师校庆礼盒抢鲜看！超大福利来了！	100 001	12 287	12 171
2	晚安华师	华师，88 岁生日快乐！88 份锦鲤来庆生！	100 001	7 003	7 390
3	中山大学	中山大学，生日快乐！	100 001	6 184	8 798
4	浙江大学	同心抗疫，共克时艰！昨夜，温暖与感动同在	100 001	5 520	11 641
5	华南理工大学	亲爱的华南理工，69 岁生日快乐！	100 001	5 477	6 076
6	武汉大学	128 岁生日快乐，亲爱的武汉大学！	100 001	5 189	7 419
7	北京大学	情深不知处，北大最知秋	100 001	3 292	4 419
8	北京大学	北大，秋天的童话	100 001	2 371	3 644
9	广东外语外贸大学	广外，56 岁生日快乐！	100 001	2 028	3 664
10	华南农业大学	华农，112 岁生日快乐！	100 001	1 912	2 841
11	上海外国语大学	公告	100 001	1 816	5 193
12	北京大学	暮念朝思，等北大初雪，也等你	100 001	1 760	2 841
13	东南大学	东南大学 120 周年校庆一号公告发布	100 001	1 596	2 946
14	天津大学	天津大学 4 位教授新当选院士！	100 001	1 528	2 754
15	电子科技大学	喜讯！电子科大 2 位教授 4 位校友新当选中国科学院、中国工程院院士	100 001	1 502	2 625
16	清华大学	愿以三分初雪，勾勒百景清华	100 001	1 409	2 629
17	南京理工大学	喜报！南京理工大学陈光教授、付梦印教授、特聘教授王明洋当选两院院士！	100 001	1 360	3 992
18	中南林业科技大学	重磅！吴义强教授当选中国工程院院士！	100 001	1 335	3 279
19	苏州大学	潋滟秋色！苏大的调色盘打翻了！	100 001	1 197	1 773
20	北京航空航天大学	重磅！北航 3 位教授、8 位校友当选中国科学院、中国工程院院士！	100 001	1 193	2 364
21	南方医科大学	南方医科大学高天明教授当选中国工程院院士！	100 001	1 116	2 110
22	哈尔滨工业大学	刚刚，2021 年增选当选院士名单公布，哈工大+3！	100 001	1 109	3 061

续　表

	公众号	标　　题	阅读数	在看数	点赞数
23	南昌大学	南昌大学教授谢明勇当选中国工程院院士	100 001	1 098	2 952
24	陕西师范大学	重磅！陕西师范大学房喻教授当选中国科学院院士！	100 001	1 077	2 083
25	中山大学	中央决定高松同志任中山大学校长	100 001	1 064	1 699
26	浙江大学	2021 年两院院士增选名单公布，浙大 5 人当选！	100 001	1 049	2 051
27	同济大学	祝贺！6 位同济人当选院士！	100 001	1 042	1 888
28	东南大学	重磅！东南大学新增三位院士！	100 001	1 016	2 163
29	中央财经大学	生日快乐，我的中财大！心有《所向》，不负勇往！	100 001	1 002	1 309
30	北京大学	29 岁时，她成为北大最年轻的博导	100 001	997	2 459
31	武汉大学	4 000 万美金！武大获史上最大笔外汇捐赠	100 001	978	2 254
32	厦门大学	重磅！厦大两位教授当选中国科学院院士！	100 001	875	1 888
33	厦门大学	前方高甜！厦大这对学霸情侣，让爱情和优秀不约而至！	100 001	874	2 871
34	北京大学	这是北大保安的画？网友：舍不得擦！	100 001	831	2 279
35	北京理工大学	祝贺！5 位北理工人当选中国工程院院士！	100 001	820	2 043
36	哈尔滨工程大学	冰“程”，以水墨勾勒琉璃仙境！	100 001	817	1 591
37	北京体育大学	亲爱的北体，祝您生日快乐	100 001	792	1 605
38	北京理工大学	重磅！再再获一等奖！北理工牵头的 5 项成果获国家科学技术奖	100 001	764	1 855
39	南京农业大学	祝贺！南京农业大学沈其荣教授当选中国工程院院士	100 001	745	1 895
40	中国石油大学北京	喜讯！张来斌教授当选中国工程院院士	100 001	739	1 240

数据来源：《中国青年报》微信公众号：《中国大学官微百强（2021 年 11 月普通高校公号）》，2021 年 12 月 15 日。

在2020年12月于深圳举行的“2020大学校长论坛”中，公布了2019—2020年高校社会影响力分析的排名情况，报告的数据“截取时间段是2019年9月至2020年9月，选取对象为165所部属重点高校及地方重点院校，由媒体影响力、新媒体影响力、网络舆论影响力、科研影响力等多个榜单构成”①。在高校的新媒体影响力这部分内容中，“通过对高校社交媒体账号，主要是‘双微’服务力、传播力和互动力等指标进行赋权分析，综合评估高校‘双微’等新媒体的综合影响力，武汉大学、清华大学、北京大学、上海交通大学、浙江大学、厦门大学、西北工业大学、中南大学、四川大学和郑州大学的新媒体影响力位居全国高校的前十位。通过分析新媒体综合影响力排行前十高校的‘双微’基础数据，发现高校新媒体影响力呈现以下特点：一是高校‘双微’平台活跃度高；二是微博原创内容比例明显上升；三是高校‘双微’中用户新媒体接触习惯逐渐巩固，转发、评论、点赞等互动行为数据走高。”②可见，能够彰显校园特色、高扬青年特征的内容在传播方面展现出了强有力的影响。

如今，自媒体平台如火如荼的发展状况不仅让更多人看到多角度、全方位提升思想政治教育效果的可能性，也让更多人看到了引导自媒体育人平台、打造自媒体育人环境的必要性。对于高校思想政治教育者而言，以上数据不仅展示了当下高校公众号平台的发展状况，也给高校思想政治教育者在如何培育具有较高影响力的高校自媒体平台方面以众多启示。

比如：高校思想政治教育者不仅要注重思想政治教育内容的普遍性，还要注重思想政治教育内容的特殊性，即通过传播彰显校园特色、专业特色的思想政治教育内容，打造具有标识性的高校自媒体平台，增强高校大学生对校园文化的认同与热爱；高校思想政治教育者要努力让“思想政治教育内容的形态从平面走向立体、从静态变为动态”③，在传播的过程中不仅要注重思想政治教育信息的质量和数量，还要注重内容的时效性和多样性；高校思想政治教育者要积极开展具有校园特色、青年特色的品牌活动，通过线上与线下相结合的方式，增强大学生的参与度和关注度；高校思想政治教育者要加强对校园“学

---

①② http://edu.people.com.cn/n1/2020/1219/c1053-31972169.html.

③ 周源源、费国强：《微博视野下大学生思想政治教育对策研究》，《思想理论教育》2011年第9期，第76—79页。

术之星”“体育之星”“文艺之星”“道德之星”等榜样的宣传，使其优秀品质和影响力不仅辐射校园大学生，也能辐射更广泛的社会群体；等等。通过这些路径，不断提升大学生对校园自媒体的使用黏性，使高校自媒体平台真正成为“联系学生、服务学生的重要窗口”①，成为思想政治教育内容输出的重要渠道。

同时，高校思想政治教育者在创新、培育、引导自媒体平台的过程中，还要意识到，不论是打造具有“用户思维”的校园自媒体平台，抑或是创新具有“高校特色”的校园自媒体平台，我们都应准确把握自媒体平台的“分享”功能以及大学生渴望被“关注”的心理：

一方面，高校思想政治教育者要用好自媒体环境创造的易于“分享”的传播特性。“分享”是思想政治教育对象彰显观点、表达态度的一种方式，也是思想政治教育对象吸引志同道合的朋友的一种路径。通过“分享”，具有相同价值观念、兴趣爱好、理想目标的大学生逐渐靠近并互相了解，从线上的交流、联络逐渐走向线下的沟通、合作，不同家乡、专业、年纪的大学生都可能因此而建立较强的连接关系，进而彼此影响、彼此促进。高校思想政治教育者要充分把握这一特性，主动设计易于被大学生浏览、阅读和分享的公众号、帖子、表情包，不断强化校园自媒体平台对思想政治教育对象的影响，“在潜移默化中占领思想政治工作的新阵地”②。

另一方面，高校思想政治教育者要把握新时代大学生渴望受到“关注”的内心需求。无论是发状态、分享帖子，在一定程度上，大学生都是希望能够得到外界的关注，渴望诉求被看到、心声被了解、观点被认同。对此，高校思想政治教育者可以通过创建树洞、辅导员信箱等平台，鼓励大学生倾诉自我、展现自我，进而有针对性地采取应对方法，使大学生真正感受到关心、关注和关爱。

不能否认，当前自媒体环境所带来的变化有很多能够推动社会发展、人类

---

① 吴智军：《自媒体时代大学生思想政治工作探析》，《思想理论教育导刊》2014 年第 2 期，第 129—131 页。

② 汤力峰、王学川：《自媒体环境下高校思想政治工作的创新》，《中国青年研究》2012 年第 3 期，第 10—14 页。

进步的方面，这当然是整个媒介环境中值得肯定的改变，但高校思想政治教育者绝不能否认自媒体环境的缺点和劣势，不能因其给社会带来的正面价值就选择忽视其产生的问题。从技术本身而言，并"不存在一般意义上的好工具，只有适合于特定工作的工具"①，因此，高校思想政治教育者除了要从上述路径入手之外，还应从机制保障的层面出发，构建有利于高校媒体运行的长效管理办法，积极塑造长效监督、管理制度，保障高校各种媒体的高效、平稳、健康运行，为自媒体技术的发展创造一个规范的外界环境，使自媒体各项平台能够合理、合法、合规、有序地参与到为高校思想政治教育实践活动服务的过程中，进而也为大学生营造一个健康、积极的自媒体生态环境。

---

① [美] 克莱·舍基:《人人时代》，胡泳、沈满琳译，中国人民大学出版社 2012 年版，第 215 页。

结　语

自“自媒体”这一概念在2003年被谢因·波曼和克里斯·威理斯明确定义之后，人类对“自媒体”的研究便持续推进并不断有新的研究成果涌现。作为思想政治教育活动的组织者、管理者、研究者，我们对自媒体的研究不能仅仅源于对热点的追寻，在自媒体的影响已经深至人类思维方式与行为方式的关键时期，我们要深刻意识到思想政治教育工作在应对这些改变时所能采取的具体对策。因此，本书对自媒体环境下高校思想政治教育展开研究既是出于思想政治教育理论和实践应紧跟时代发展的客观考虑，更是出于思想政治教育者所肩负的立德树人使命的本质要求。

立足自媒体所营造的新型媒介空间，从自媒体对高校思想政治教育各要素的影响入手，探讨开展高校思想政治教育实践活动的具体措施，是本书的基本研究脉络。通过研究的开展和对生活的观察，我们很容易就能发现，自媒体对个体生活、学习、工作、娱乐、社交等领域的参与已然呈现出逐渐加深并扩张的趋势。当下，人类与自媒体的关系展现出前所未有的紧密。特别是对大学生而言，如果想让他们放弃使用自媒体几乎是不太可能的。作为新时代的高校思想政治教育者，面对科技给高校思想政治教育者、教育对象、教育内容、教育方法、教育载体等要素带来的种种便利，我们自然十分乐于见到这样的画面。在这种图景下，我们需要做的，就是探索能够让科技释放最大能量的所有路径和方式，使自媒体能够助力高校思想政治教育工作的顺利、高效开展。但事物的发展往往具有两面性，自媒体及其所构建的自媒体环境在带来机遇的同时也带来了诸多挑战。正如我们已经论述过的，在高校思想政治教育者方面，它挑战了传统教育环境中已经构建很久的高校思想政治教育者的权威地位、冲击了高校思想政治教育者曾经十分擅长的线下教育模式；在高校思想政治教育对象方面，自媒体环境改变了大学生的社交方式、阅读方式、思考方式和话语方式，在一定程度上使大学生成为自媒体环境中十分活跃的、能够引领网络风尚的重要群体;在高校思想政治教育内容方面,无论是信息数量上抑或是信息传播上,自媒体环境都为高校思想政治教育内容构建了不同于以往的生存空间;在高校思想政治教育方法方面,灌输式方法、一对多的教育方法则均受到不同程度的挑战;在高校思想政治教育载体方面,丰富多样的、日渐融合的载体也呈现出不可小觑的力量。

面对这些挑战,高校思想政治教育者必须在遵循高校思想政治教育规律、大学生成长规律的过程中,对上述影响进行有针对性的重点突破。这些路径包括:加强高校思想政治教育者形象塑造,从情怀、担当、本领、规矩等方面促进高校思想政治教育者的引领力和感召力;塑造高校思想政治教育对象的思维方式,强化高校思想政治教育对象的创新力和执行力;优化高校思想政治教育内容,从理论引导、形式多样、再语境化、话语创新等视角加强高校思想政治教育内容的解释力和说服力;创新高校思想政治教育方法,依托线上-线下相结合的方法、“意见领袖”影响-学生自我教育协同配合的形式,提升高校思想政治教育方法的影响力和辐射力;构建高校传统媒体与自媒体融合的机制、创新高校自媒体平台等路径,增强高校思想政治教育载体的传播力和融合力;等等。通过对一系列路径的探索与研究,旨在实现高校思想政治教育活动的高效、顺利开展以及高校思想政治教育实效性的本质性提升。

尽管本书对自媒体环境下的高校思想政治教育各要素进行了较为细致的分析和深入的探讨,但从自媒体的视角来说,自媒体本身仍然在持续发展和更新,新的自媒体平台也正不断被创造;从高校思想政治教育的视角来说,各个要素仍在随着环境的变化进行适应性调整。因此,本书不可避免地会存在一些不足之处,而本书的研究也只能被看作关于自媒体以及高校思想政治教育的基础性探索。通过保持对自媒体与高校思想政治教育的持续探索,笔者会将这些不足视为后续深耕和努力的方向,及时回应新时期的新挑战新问题,为思想政治教育学的理论创新贡献力量。同时,作为一名新时代的高校思想政治教育者,笔者也将在教学实践中实际应用上述路径,不断总结经验、拓展实践路径,以期为大学生成长成才提供有效助力,做好新时代大学生的铺路石和引路人,真正成为大学生的依靠和榜样。

参 考 文 献

一、专著

1.《马克思恩格斯全集》(第 39 卷),人民出版社 1974 年版。

2.《马克思恩格斯文集》(第 1—10 卷),人民出版社 2009 年版。

3.《马克思恩格斯选集》(第 1—4 卷),人民出版社 2012 年版。

4.《毛泽东文集》(第 1—8 卷),人民出版社 1993—1999 年版。

5.《毛泽东选集》(第 1—4 卷),人民出版社 1991 年版。

6.《思想政治教育学原理》编写组:《思想政治教育学原理(第二版)》,高等教育出版社 2018 年版。

7.《习近平谈治国理政》(第 2 卷),外文出版社 2017 年版。

8.《习近平谈治国理政》(第 3 卷),外文出版社 2020 年版。

9. 本书编写组:《思想道德修养与法律基础》,高等教育出版社 2018 年版。

10. 本书编写组:《习近平总书记教育重要论述讲义》,高等教育出版社 2020 年版。

11. 陈力丹:《精神交往论:马克思恩格斯的传播观》,开明出版社 1993 年版。

12. 陈丽荣:《自媒体时代大学生社会主义意识形态认同研究》,九州出版社 2021 年版。

13. 陈万柏、张耀灿:《思想政治教育学原理(第二版)》,高等教育出版社 2007 年版。

14. 陈宪奎、陈泽龙:《从大众传播到自媒体》,中国社会科学出版社 2019

年版。
15. 仇志伟:《自媒体视域下大学生意识形态教育研究》,中国社会科学出版社 2020 年版。
16. 冯刚:《改革开放 40 年高校思想政治教育编年史(1978—2018)》,北京师范大学出版社 2019 年版。
17. 共青团北京市委员会、中国社会科学院社会学研究所、北京青年委员会:《北京青年社会结构变化与共青团工作改革》,社会科学文献出版社 2016 年版。
18. 侯外庐、赵纪彬、杜国庠:《中国思想通史》(第一卷),人民出版社 2011 年版。
19. 黄蓉生、王华敏、崔健:《大学生思想政治教育改革创新研究》,人民出版社 2018 年版。
20. 季羡林:《季羡林谈人生》,浙江人民出版社 2016 年版。
21. 教育部课题组:《深入学习习近平关于教育的重要论述》,人民出版社 2019 年版。
22. 教育部思想政治工作司:《加强和改进大学生思想政治教育重要文献选编(1978—2014)》,知识产权出版社 2015 年版。
23. 刘建军:《马克思主义基本原理与当代中国思想政治教育专题研究》,中国人民大学出版社 2015 年版。
24. 刘建军:《寻找思想政治教育的独特视角》,中国人民大学出版社 2017 年版。
25. 刘建军:《因为祖国:寄给青年朋友们》,湖南人民出版社 2014 年版。
26. 聂智:《自媒体领域我国主流意识形态的话语权研究》,人民出版社 2020 年版。
27. 孙其昂等:《思想政治教育现代转型研究》,学习出版社 2015 年版。
28. 王学俭、刘强:《新媒体与高校思想政治教育》,人民出版社 2012 年版。
29. 吴庆麟:《教育心理学——献给教师的书》,华东师范大学出版社 2003 年版。
30. 吴玉兰:《媒介素养十四讲》,北京大学出版社 2014 年版。

31. 武东生等:《社会主义意识形态研究》,中国社会科学出版社 2014 年版。
32. 张耀灿、郑永廷、吴潜涛、骆郁廷等:《现代思想政治教育学》,人民出版社 2006 年版。
33. 张再兴等:《网络思想政治教育研究》,经济科学出版社 2009 年版。
34. 郑永廷:《思想政治教育方法论》,高等教育出版社 2010 年版。
35. 中共中央文献研究室:《习近平关于青少年和共青团工作论述摘编》,中央文献出版社 2017 年版。
36. 中共中央文献研究室:《习近平关于全面深化改革论述摘编》,中央文献出版社 2014 年版。
37. 左殿升等:《大学生网络思想政治教育研究》,人民出版社 2019 年版。
38. [德] J. G. 赫尔德:《论语言的起源》,姚小平译,商务印书馆 1998 年版。
39. [法] 让·鲍德里亚:《消费社会》,刘成富、全志钢译,南京大学出版社 2014 年版。
40. [加] 马歇尔·麦克卢汉:《理解媒介——论人的延伸》,何道宽译,商务印书馆 2000 年版。
41. [美] 本尼迪克特:《菊与刀》,田伟华译,中国画报出版社 2011 年版。
42. [美] 丹·吉摩尔:《草根媒体》,陈建勋译,南京大学出版社 2010 年版。
43. [美] 弗雷德里克·杰姆逊:《后现代主义与文化理论》,唐小兵译,陕西师范大学出版社 1987 年版。
44. [美] 赫伯特·马尔库塞:《单向度的人:发达工业社会意识形态研究》,刘继译,上海译文出版社 2008 年版。
45. [美] 杰弗里·延森·阿奈特:《长大成人:你所要经历的成人初显期》,段鑫星、刘琪、宋雪冰等译,科学出版社 2016 年版。
46. [美] 克莱·舍基:《人人时代》,胡泳、沈满琳译,中国人民大学出版社 2012 年版。
47. [美] 刘易斯·芒福德:《技术与文明》,陈允明、王克仁、李华山译,中国建筑工业出版社 2009 年版。
48. [美] 玛格丽特·米德:《代沟》,曾胡译,光明日报出版社,1988 年版。
49. [美] 尼尔·波兹曼:《技术垄断》,蔡金栋、梁薇译,机械工业出版社 2013

年版。
50. [美] 尼尔·波兹曼:《童年的消逝》,吴燕莛译,中信出版社 2015 年版。
51. [美] 尼尔·波兹曼:《娱乐至死》,章艳译,中信出版社 2015 年版。
52. [美] 尼古拉斯·卡尔:《浅薄》,刘纯毅译,中信出版社 2010 年版。
53. [美] 尼古拉斯·克里斯塔基斯、[美] 詹姆斯·富勒:《大连接》,简学译,中国人民大学出版社 2013 年版。
54. [美] 托马斯·弗里德曼:《世界是平的》,何帆、肖莹莹、郝正非译,湖南科学技术出版社 2008 年版。
55. [美] 沃纳·赛佛林、[美] 小詹姆斯·坦卡德:《传播理论:起源、方法与应用》,郭镇之、孟颖、赵丽芳、邓理峰、郑宇虹译,华夏出版社 2000 年版。
56. [美] 詹姆斯·格雷克:《信息简史》,高博译,人民邮电出版社 2013 年版。
57. [新西兰] 艾伦·贝尔、[澳大利亚] 彼得·加勒特:《媒介话语的进路》,徐桂权译,中国人民大学出版社 2016 年版。
58. [英] 霍布斯:《利维坦》,吴克峰译,北京出版社 2008 年版。
59. [英] 维克托·迈尔-舍恩伯格、肯尼思·库克耶:《大数据时代》,盛杨燕、周涛译,浙江人民出版社 2013 年版。
60. [英] 维克托·迈尔-舍恩伯格:《删除》,袁杰译,浙江人民出版社 2013 年版。
61. John Palfrey, Urs Gasser, *Born Digital*, Basic Books, 2008。
62. Shayne Bowman, Chris Willis, We Media: How Audiences are Shaping the Future of News and Information, The American Press Institute, 2003。

二、报纸

1.《把思想政治工作贯穿教育教学全过程　开创我国高等教育事业发展新局面》,《人民日报》2016 年 12 月 9 日,第 1 版。
2.《继续把党史总结学习教育宣传引向深入　更好把握和运用党的百年奋斗历史经验》,《人民日报》2022 年 1 月 12 日,第 1 版。
3.《坚持中国特色社会主义教育发展道路　培养德智体美劳全面发展的社会

主义建设者和接班人》,《人民日报》2018 年 9 月 11 日,第 1 版。
4.《举旗帜聚民心育新人兴文化展形象　更好完成新形势下宣传思想工作使命任务》,《人民日报》2018 年 8 月 23 日,第 1 版。
5.《全面贯彻落实党的教育方针　努力把我国基础教育越办越好》,《人民日报》2016 年 9 月 10 日,第 2 版。
6.《习近平在中共中央政治局第二十九次集体学习时强调:大力弘扬伟大爱国主义精神　为实现中国梦提供精神支柱》,《人民日报》2015 年 12 月 31 日,第 1 版。
7.《新时代的中国青年》,《人民日报》2022 年 4 月 22 日,第 10 版。
8.《用新时代中国特色社会主义思想铸魂育人　贯彻党的教育方针落实立德树人根本任务》,《人民日报》2019 年 3 月 19 日,第 1 版。
9. 习近平:《做党和人民满意的好老师——同北京师范大学师生代表座谈时的讲话》,《人民日报》2014 年 9 月 10 日,第 2 版。

三、期刊

1. 常玲玲:《以用户思维打造融媒体产品——以〈主播说联播〉为例》,《青年记者》2020 年第 8 期。
2. 陈大文:《论新时代师德建设的着力点》,《伦理学研究》2019 年第 6 期。
3. 陈嘉迪、郑永扣:《自媒体环境下高校思想政治教育的新特征及路径优化》,《南通大学学报(社会科学版)》2021 年第 6 期。
4. 陈洁、高国希:《大学生思想政治教育内容体系研究》,《思想理论教育导刊》2011 年第 10 期。
5. 陈锦、兰涵旗:《自媒体时代高校党建媒介传播力提升研究》,《学校党建与思想教育》2019 年第 4 期。
6. 陈锡喜:《思想政治理论课"关键在教师"的两维解读》,《宁波大学学报(教育科学版)》2019 年第 4 期。
7. 陈志勇:《自媒体环境下高校社会主义意识形态话语体系建构》,《思想理论教育导刊》2019 年第 12 期。
8. 笪蕾:《自媒体时代高校思政工作模式的优化》,《学校党建与思想教育》

2019 年第 18 期。
9. 邓新民:《自媒体:新媒体发展的最新阶段及其特点》,《探索》2006 年第 2 期。
10. 丁凯、宋林泽:《试论自媒体时代高校思想政治教育话语权的建构》,《思想理论教育导刊》2018 年第 6 期。
11. 段然:《自媒体碎片化对高校思想政治教育的挑战及其应对》,《学校党建与思想教育》2018 年第 16 期。
12. 冯秀军:《论思想政治教育的整体性视野》,《教育研究》2017 年第 8 期。
13. 冯秀军:《新时代高校思政课教师队伍建设难点及其突破》,《国家教育行政学院学报》2021 年第 1 期。
14. 高国希:《从国家治理视角看思想政治教育如何增进四种认同》,《马克思主义与现实》2021 年第 6 期。
15. 高国希:《关于思想政治教育方法的思考》,《思想政治教育研究》2011 年第 3 期。
16. 高国希:《坚持显性教育和隐性教育相统一》,《中国高等教育》2019 年第 11 期。
17. 高国希:《论思想政治教育的目标与途径》,《思想理论教育》2008 年第 11 期。
18. 高国希:《思想政治教育在社会管理中的地位与作用》,《思想教育研究》2011 年第 5 期。
19. 高海燕:《自媒体时代大学生思想政治教育实效性提升策略》,《继续教育研究》2017 年第 7 期。
20. 高金超、曹晶晶:《自媒体视域下高校思想政治教育协同创新研究》,《黑龙江高教研究》2020 年第 11 期。
21. 耿中华、丁三青:《自媒体环境下大学生社会认同的培育路径研究》,《江苏高教》2021 年第 7 期。
22. 辜克霞:《自媒体视域下大学生政治认同探析》,《学校党建与思想教育》2019 年第 23 期。
23. 郭一:《自媒体时代高校学生思想政治教育工作创新探究》,《学校党建与思想教育》2017 年第 6 期。
24. 郭芸:《自媒体场域主流意识形态话语权的式微与重构》,《中学政治教学参考》2021 年第 12 期。
25. 胡泳、周凌宇:《把关理论与现代社会的重构》,《新闻与写作》2021 年第 8 期。
26. 黄静:《基于微信公众号的高校辅导员工作创新研究》,《思想理论教育》2015 年第 11 期。
27. 黄苏芬、司雯、穆亭钰:《自媒体时代高校网络舆情管控与引导机制创新研究》,《情报科学》2021 年第 4 期。
28. 姜竹青:《自媒体时代下思想政治教育的话语权提升路径研究》,《黑龙江高教研究》2019 年第 4 期。
29. 蒋和珈、陈大文:《思政课一体化视域下的教师培训优化》,《思想政治课教学》2021 年第 9 期。
30. 金飞:《公共理性精神的构建:自媒体环境下大学生思想政治教育的新视野》,《思想教育研究》2013 年第 9 期。
31. 康沛竹、艾四林:《建设高素质思政课教师队伍》,《中国高校社会科学》2019 年第 3 期。
32. 孔文军、黄体锐:《自媒体时代高校思想政治教育方法创新研究》,《教育理论与实践》2018 年第 3 期。
33. 邝家旺、王晓飞、张荣:《自媒体时代高校思想政治教育模式创新研究》,《吉首大学学报(社会科学版)》2019 年第 S1 期。
34. 雷彦巧、贾鹏、张丽萍:《论自媒体环境下大学生思想政治教育方法的优化》,《学校党建与思想教育》2016 年第 15 期。
35. 李嘉莉、马学思:《高校思政课教师的网络舆论“把关人”角色刍议》,《思想理论教育导刊》2019 年第 2 期。
36. 李晓丹:《自媒体视域下的大学生社会主义核心价值观认同培育》,《学校党建与思想教育》2020 年第 4 期。
37. 李宗建、武东生:《中国共产党“宣传思想工作”概念的演变》,《云南社会科学》2013 年第 1 期。

38. 梁钦:《自媒体对“00 后”大学生思想政治教育的影响及对策》,《学校党建与思想教育》2020 年第 8 期。
39. 廖海花:《自媒体时代大学生抵制历史虚无主义思潮路径探讨》,《思想理论教育导刊》2017 年第 5 期。
40. 林良盛:《自媒体视域下主体间性思想政治教育的实践转向》,《教育评论》2017 年第 2 期。
41. 刘枫、喻国明:《自媒体内容生产与传播未来模式》,《中国出版》2020 年第 4 期。
42. 刘洪民:《自媒体时代大学生社会主义核心价值观培养之我见》,《学校党建与思想教育》2016 年第 4 期。
43. 刘建军:《论高校思想政治工作的育人格局》,《思想理论教育》2017 年第 3 期。
44. 刘建军:《论海外留学生在场对大学生思想政治教育语境的影响》,《思想理论教育》2015 年第 6 期。
45. 刘建军:《论思想政治教育的科学化》,《教学与研究》2011 年第 3 期。
46. 刘建军:《论思想政治教育的主渠道与微循环》,《思想理论教育》2014 年第 9 期。
47. 刘建军:《论思想政治教育内容的基本形态》,《思想理论教育导刊》2020 年第 9 期。
48. 刘建军:《试论新时代思想政治教育的精神气质》,《文化软实力》2017 年第 4 期。
49. 刘建军:《试析思想政治教育过程中的重复施教》,《思想理论教育导刊》2014 年第 8 期。
50. 刘建军:《思想政治教育的话语转换及其路径》,《安徽师范大学学报(人文社会科学版)》2016 年第 4 期。
51. 刘建军:《思想政治教育话语转换的三重基础》,《思想理论教育导刊》2016 年第 5 期。
52. 刘建军:《思想政治教育要发挥真理的魅力》,《思想理论教育导刊》2011 年第 8 期。

53. 刘建军:《谈思想政治理论课教师怎样做科研》,《思想理论教育导刊》2014 年第 1 期。
54. 刘建军:《习近平对高校思想政治工作解惑功能的全面阐述》,《思想理论教育导刊》2017 年第 10 期。
55. 刘建军、邱安琪:《论新时代思想政治教育的高质量发展》,《思想理论教育》2021 年第 4 期。
56. 刘建军、赵宇飞:《思想政治教育视阈中〈共产党宣言〉的文本考察》,《中国人民大学学报》2022 年第 2 期。
57. 刘利娟:《自媒体语境与大学生主流价值观教育成效提升》,《中学政治教学参考》2021 年第 44 期。
58. 刘蕊、王岳喜:《自媒体时代思想政治教育人文关怀的现实际遇与创新路径》,《思想理论教育导刊》2018 年第 10 期。
59. 刘书林:《论思想政治教育的本质——坚守"灌输论"的缘由》,《思想理论教育导刊》2012 年第 10 期。
60. 刘书林、华晔子:《思想政治教育学重要理论问题研究的新进展》,《思想教育研究》2011 年第 7 期。
61. 刘醒、张健:《从"最大变量"到"最大增量":自媒体时代高校思想政治教育的新视野》,《江苏高教》2019 年第 11 期。
62. 鲁凤:《自媒体环境下高校思想政治教育的境遇解析与路径探究》,《黑龙江高教研究》2014 年第 6 期。
63. 任凯歌、刘世勇、陈慧:《自媒体传播语境下大学生思想政治教育研究》,《学校党建与思想教育》2016 年第 23 期。
64. 任小龙、沈强:《自媒体与大学生思想政治教育路径创新研究》,《中国青年研究》2014 年第 7 期。
65. 阮涛:《自媒体时代思想政治教育话语的范式转换》,《中共天津市委党校学报》2018 年第 2 期。
66. 邵颖:《高校教师投身网络自媒体的社会影响及其机制——基于符号资本与符号权力的视角》,《当代教育科学》2019 年第 12 期。
67. 沈壮海:《思想政治教育学科的新自觉与新未来》,《马克思主义理论学科研究》2015年第1期。
68. 沈壮海、金瑶：《思想政治教育研究的新10年：回顾与展望》,《马克思主义理论学科研究》2018年第5期。
69. 沈壮海、李佳俊：《论新时代高校思想政治工作体系的构建》,《思想理论教育》2019年第12期。
70. 沈壮海、刘灿：《论新时代思想政治教育的高质量发展》,《思想理论教育》2021年第3期。
71. 沈壮海、史君：《推动思想政治教育与信息技术的高度融合》,《国家教育行政学院学报》2017年第1期。
72. 孙秋雁：《自媒体时代提升大学生思想政治教育亲和力研究》,《学校党建与思想教育》2018年第10期。
73. 孙晓华、刘书林：《论占领网络思想政治教育新阵地》,《思想理论教育导刊》2013年第5期。
74. 汤力峰、王学川：《自媒体环境下高校思想政治工作的创新》,《中国青年研究》2012年第3期。
75. 陶韶菁：《自媒体的传播特性与大学生社会主义核心价值观教育》,《思想理论教育导刊》2017年第6期。
76. 王炳林：《努力做一名受学生欢迎的思政课好老师》,《北京师范大学学报(社会科学版)》2015年第1期。
77. 王炳林：《思想政治教育专题史研究的开拓之作——评〈中国共产党民族思想政治教育简史〉》,《思想教育研究》2014年第7期。
78. 王炳林、郝清杰：《意识形态建设是高校思想政治工作的灵魂》,《国家教育行政学院学报》2017年第1期。
79. 王炳林、杨瑞：《中国共产党教育思想发展的百年考察》,《南开学报(哲学社会科学版)》2021年第3期。
80. 王超、张红霞：《自媒体时代加强大学生意识形态教育探究》,《学校党建与思想教育》2018年第6期。
81. 王婧、张开：《媒介素养教育视阈下高校思想政治教育困境解析与对策》,《江苏高教》2021年第1期。

82. 王仕民、丁存霞:《自媒体视域下的主流意识形态认同》,《湖北社会科学》2017 年第 2 期。
83. 王易:《当前思想道德教育的特点、挑战和回应》,《人民论坛》2015 年第 2 期。
84. 王易:《深化中华优秀传统文化中的思想政治教育资源研究》,《高校马克思主义理论教育研究》2020 年第 1 期。
85. 王易、陈雨萌:《新时代网络空间道德建设的多维审视》,《思想理论教育》2021 年第 3 期。
86. 王易、茹奕蓓:《论思想政治教育获得感及其提升》,《思想理论教育导刊》2019 年第 3 期。
87. 王易、宋健林:《论新时代思想政治教育规律研究的科学化》,《重庆大学学报(社会科学版)》2018 年第 4 期。
88. 王易、宋健林:《试论思想政治教育的基本规律》,《教学与研究》2019 年第 12 期。
89. 王易、宋健林:《提升思想政治教育效果受众向度的研究》,《创新人才教育》2020 年第 1 期。
90. 王易、岳凤兰:《建设符合新时代要求的高素质思想政治理论课教师队伍》,《思想理论教育》2020 年第 5 期。
91. 王煜、施威:《自媒体时代大学生的自我伦理危机及其消解》,《学校党建与思想教育》2018 年第 22 期。
92. 魏晓波:《自媒体时代高校学生社会主义核心价值观认同对策探析》,《山东社会科学》2015 年第 S2 期。
93. 吴倩、刘建军:《扎根理论在我国思想政治教育研究中的运用》,《学校党建与思想教育》2017 年第 11 期。
94. 吴智军:《自媒体时代大学生思想政治工作探析》,《思想理论教育导刊》2014 年第 2 期。
95. 武东生:《论马克思关于"思想政治教育"的主要思想》,《理论学刊》2014 年第 3 期。
96. 武东生:《马克思主义理论关于思想政治教育本质的基本观念》,《教学与研究》2014 年第 2 期。
97. 武东生:《毛泽东思想的“思想政治教育”概念简析》,《马克思主义理论学科研究》2018 年第 2 期。
98. 武东生:《努力找寻思想政治教育和大学生实际需要的最佳结合点》,《高校理论战线》2005 年第 4 期。
99. 武东生:《“思想政治教育”与“公民教育”关系辨析》,《思想理论教育导刊》2013 年第 4 期。
100. 武东生、冯乐:《对“政治教育”到“思想政治教育”概念演变的解析》,《思想理论教育导刊》2014 年第 8 期。
101. 武东生、郝博炜:《思想政治教育有效利用人工智能的分析》,《马克思主义理论学科研究》2019 年第 3 期。
102. 武东生、王忠丽、陈杰:《思想政治教育学应重视对党员思想教育的科学研究》,《思想理论教育导刊》2019 年第 12 期。
103. 武东生、张然:《思想政治教育美育功能的生成逻辑》,《思想教育研究》2021 年第 8 期。
104. 武东生、赵冶:《关于“思想政治教育学研究对象”的研究述评》,《马克思主义理论学科研究》2016 年第 2 期。
105. 武治国:《自媒体应用思想政治教育的“工具性”危机与治理》,《黑龙江高教研究》2019 年第 4 期。
106. 习近平:《思政课是落实立德树人根本任务的关键课程》,《求是》2020 年第 17 期。
107. 徐金超:《自媒体环境下大学生社会主义核心价值观教育探析》,《学校党建与思想教育》2022 年第 6 期。
108. 徐蓉:《高校思想政治理论课话语体系建设的导向研究》,《教学与研究》2016 年第 3 期。
109. 徐蓉:《关于大中小学思想政治理论课教师队伍一体化建设的若干思考》,《思想理论教育》2019 年第 12 期。
110. 徐蓉:《关于中国特色社会主义理论话语传播发展维度的思考》,《毛泽东邓小平理论研究》2017 年第 3 期。

111. 徐蓉：《深刻认识全面推进高校课程思政建设的价值目标》，《马克思主义与现实》2020年第5期。
112. 徐蓉、王潇：《论高校思想政治教育的增值评价》，《教学与研究》2021年第12期。
113. 许瑞芳、高国希：《思想政治教育模式研究的回顾与展望》，《思想教育研究》2014年第8期。
114. 闫研：《自媒体视域下高校“三全育人”工作策略研究》，《思想教育研究》2021年第3期。
115. 杨武成、姚海田、于露：《融媒体视域下大学生思想政治教育现状及应对策略》，《高教学刊》2016年第20期。
116. 姚君喜、刘春娟：《“全媒体”概念辨析》，《当代传播》2010年第6期。
117. 于文娟：《智能媒体时代大学生媒介素养的嬗变与提升路径》，《传媒》2020年第14期。
118. 余一凡、武东生：《马克思主义思想政治教育的特色》，《理论学刊》2017年第1期。
119. 袁春平：《自媒体语境下教师权威的消解与重构》，《教学与管理》2017年第3期。
120. 袁雅莎：《自媒体时代高校思想政治教育的应对途径探析》，《思想理论教育导刊》2015年第11期。
121. 岳宗德：《论自媒体环境下主体间性大学生思想政治教育的转向》，《学校党建与思想教育》2014年第3期。
122. 张春斌：《自媒体时代舆论生成特点研究》，《中国广播电视学刊》2020年第1期。
123. 张大勇：《共赢高清全媒体运营新时代》，《广播与电视技术》2010年第4期。
124. 张端端：《自媒体时代高校思想政治教育话语权探究》，《学校党建与思想教育》2017年第20期。
125. 张锅红：《自媒体时代大学生对思想政治教育的认同研究》，《中国高等教育》2019年第1期。

126. 张辉刚、马亚亚：《把关理论视角下微阅读时代编辑角色的重塑》，《编辑学刊》2019 年第 2 期。
127. 张立梅、王国顺：《自媒体视域下思想道德教育存在的问题及解决策略》，《教学与管理》2019 年第 3 期。
128. 张丽霞：《自媒体时代高校思想政治工作的挑战与对策》，《河南社会科学》2017 年第 8 期。
129. 张林：《自媒体空间主流意识形态话语“传播力”的提升策略》，《广西社会科学》2020 年第 12 期。
130. 张林：《自媒体时代社会话语生态变迁：生成模式、主体形式与权力结构》，《理论导刊》2019 年第 12 期。
131. 张明平：《自媒体语境下高校主流意识形态教育的路径创新》，《中国高等教育》2017 年第 24 期。
132. 张鑫：《自媒体去中心化传播分析》，《传媒》2017 年第 7 期。
133. 掌海啸：《自媒体语境下高校思想政治教育话语权建设的策略》，《学校党建与思想教育》2020 年第 16 期。
134. 赵翠玲：《自媒体环境下思想政治工作话语权的困境及其出路》，《东北师大学报(哲学社会科学版)》2018 年第 2 期。
135. 赵宏：《自媒体时代大学生思想政治教育面临的挑战与对策》，《学术论坛》2013 年第 5 期。
136. 郑仕鹏：《自媒体环境下高校思想政治理论课创新机制构建研究》，《思想理论教育导刊》2016 年第 4 期。
137. 周源源、费国强：《微博视野下大学生思想政治教育对策研究》，《思想理论教育》2011 年第 9 期。
138. 朱可嘉：《自媒体环境下高校舆情工作路径探析》，《中国高等教育》2020 年第 11 期。

后　记

本书是在我的博士论文基础上修改完成的。

2007 年 9 月 14 日，是我第一次到南开的日子，我还记得那是一个满满秋意的午后。只是那时未曾想过，这一遇见便注定了日后 9 年的相知相伴。于我而言，这是巧妙的缘分，更是莫大的荣光。我在南开大学马克思主义学院思想政治教育专业学习了将近 108 个月，走过了 9 个春秋冬夏，度过了 3 285 个日日夜夜。在美好的青春岁月中，南开见证了我的青涩与成长，见证了我的努力与奔跑，而我也同样见证了南开的朝阳与晚霞，见证了南开的发展和壮大。在我心里，南开永远都占据着一个特别重要的位置。在南开，有我本科、硕士、博士的求学生涯，也有我最懵懂也最青涩的青春岁月。南开的一草一木于我而言，都是极为熟悉的，因为在每一个求学阶段暂告一段落的时候，我和舍友们都曾把毕业照拍在了南开的每一个角落，迎水道、儒西、八里台、津南……在南开，我结识了许许多多优秀的师长、同学和好友，我们都曾陪伴彼此走过一段难忘的岁月，如今，大家也都在不同的地方用心生活着、努力奋斗着。我们偶尔联系，发现大家依然是当初的那个样子。

2016 年，我独自一人开启了留学之旅，前往一个从未幻想过的国度和城市——波兰罗兹。这段岁月中，我基本上完成了博士论文的撰写，在此之余，我也走过很多城市，拥有了很多故事。有时候总是很巧合，命运也好像夹带了许多难以厘清的线头，牵着我从一个地方走向另一个地方。在离开这座以“小船”为市徽的城市之后，我来到了一个以“小船”为校徽的学校，也许这是冥冥之中注定的缘分，也许这是命运告诉我“你该像这样的小船一样，不惧过往、不畏将来”,也许这是内心在自我暗示“你该乘风破浪,驶向更远的远方”。不同的小船,却都开启了我生命中不一样的旅程,都打开了我未曾感受过的新世界的大门。

2017 年,我独自一人来到上海,来到同济。算一算,我到上海已经 5 年。5 年里,解锁了新的身份,解锁了新的城市,也解锁了新的生活方式。当初懵懂中作出的选择如今看来其实都是心之所向,只是有些道理总是需要时间才能慢慢明白。正因如此,我也非常喜欢柳青的那句话:“人生的道路虽然漫长,但紧要处就那么几步,特别是在人年轻的时候。”南开大学、罗兹大学、同济大学,带给我的既有羽毛亦有铠甲。所以,尽管自己并不是十分聪明,但我却时常感恩,因为自己其实非常幸运,能够在每一个阶段都走进一个包容我、我亦热爱的地方;能够在每一个阶段都遇到对我很好、我亦敬爱的师长前辈;能够在每一个阶段都拥有真诚、善良的可爱朋友。正是因为有着这些城市的滋养和熏陶,有着这些人的帮助与指导,我才慢慢从一个青涩的学生成长为一个略显成熟的老师。因此,在本书即将完成之际,我也非常感谢一路走来遇到的大家。

感谢我的导师付洪教授与付洪教授的爱人艾跃进教授。本科期间“西方政治思想史”这门课程开启了我和导师付洪教授、艾跃进教授之间神奇的缘分,非常幸运能够在硕士、博士期间跟付老师、艾老师学习知识、学习做人,而能成为付老师和艾老师的学生更是我每每想起就倍感温暖的一件事。在过去的日子里,付老师与艾老师如同亲人般无私付出和奉献,使我能在师长的庇护下好好成长。二位老师在科研、工作、生活等方面都是我的榜样,许多事情,也正是有付老师和艾老师的支持,我才能坚定踏实地继续前行。

感谢一直以来对我予以关怀的平章起教授,正是 9 年来在平老师的教育和帮助下,我才能够顺利成长并不断坚定自己的选择;感谢一直以来引导和关心我的武东生教授,感谢您在学业和生活中不厌其烦地帮我答疑解惑、指点迷津,启发我对问题进行深入思考,引导我能够以良好心态面对更多挑战。而两位老师儒雅的气质、渊博的学识、豁达的态度、乐观的性格也正是我将持续学习的目标。

来到同济大学马克思主义学院之后,我更是遇到了非常真诚、优秀的同事们。本书出版也得到了同济大学马克思主义学院的经费资助。感谢陆居怡书记、徐蓉院长的支持与帮助，感谢陈大文教授的指导与鼓励，在我遇到困惑时为我指明方向、答疑解惑，让我能够不断充实自己、突破自己，使我无论是在教学方面还是科研方面，都能不断学习、不断成长；还要感谢我的同事们在生活、学习、工作中对我的关心和指导，让我在来到上海、来到同济之后，能够迅速融入这个大家庭。同时，也非常感谢本书的责任编辑陈慧慧老师，她在对本书进行修改、编排时辛勤付出，在此也真诚地表示感谢。

感谢每一个给予我帮助、关怀和爱的朋友，你们的陪伴、关怀、鼓励，与你们所进行的每一次交流，都曾给予我力量，让我奋力奔跑，勇往直前。

最后，我还要感谢我的家人一直给予的陪伴和无私的爱，不论我在哪里，你们总是在我最需要的时候给予我支持和温暖，而家人带给我的安全感和归属感也始终是我不断前进的力量。

崔欣玉

2022 年 4 月于上海

图书在版编目(CIP)数据

自媒体环境下高校思想政治教育研究 / 崔欣玉著
.— 上海 ：上海社会科学院出版社，2022
ISBN 978－7－5520－3876－7

Ⅰ.①自… Ⅱ.①崔… Ⅲ.①高等学校—思想政治教育—研究—中国 Ⅳ.①G641

中国版本图书馆 CIP 数据核字(2022)第 160637 号

自媒体环境下高校思想政治教育研究

著　　者：崔欣玉
责任编辑：陈慧慧
封面设计：梁业礼
出版发行：上海社会科学院出版社
上海顺昌路 622 号　邮编 200025
电话总机 021－63315947　销售热线 021－53063735
http://www.sassp.cn　E-mail:sassp@sassp.cn
排　　版：南京展望文化发展有限公司
印　　刷：上海颛辉印刷厂有限公司
开　　本：710 毫米×1010 毫米　1/16
印　　张：13.5
字　　数：211 千
版　　次：2022 年 9 月第 1 版　　2022 年 9 月第 1 次印刷

ISBN 978－7－5520－3876－7/G・1205　　定价：68.00 元